高等教育政策与管理研究丛书

主编:陈学飞 副主编:李春萍

三 编
第 **5** 册

西方大学博雅教育组织变迁的历史比较研究

崔乃文 著

花木兰文化事业有限公司

国家图书馆出版品预行编目资料

西方大学博雅教育组织变迁的历史比较研究／崔乃文 著 --
初版 -- 花木兰文化事业有限公司，2019〔民108〕
目 2+198 面；19×26 公分
（高等教育政策与管理研究丛书 三编 第 5 册）
ISBN 978-986-485-828-6（精装）
1. 人文教育 2. 高等教育 3. 比较教育
526.08 108011559

ISBN-978-986-485-828-6

9 789864 858286

高等教育政策与管理研究丛书
三编 第五册 ISBN：978-986-485-828-6

西方大学博雅教育组织变迁的历史比较研究

作　者 崔乃文
主　编 陈学飞
副 主 编 李春萍
总 编 辑 杜洁祥
副总编辑 杨嘉乐
编　辑 许郁翎、王筑、张雅淋　美术编辑 陈逸婷
出　版 花木兰文化事业有限公司
发 行 人 高小娟
联络地址 台湾 235 新北市中和区中安街七二号十三楼
　　　　 电话：02-2923-1455 ／ 传真：02-2923-1452
网　址 http://www.huamulan.tw 信箱 hml810518@gmail.com
印　刷 普罗文化出版广告事业
初　版 2019 年 9 月
全书字数 197350 字
定　价 三编 6 册（精装）台币 12,000 元 版权所有 请勿翻印

西方大学博雅教育组织变迁的历史比较研究

崔乃文　著

作者简介

崔乃文，男，山东青岛人，博士毕业于华中科技大学教育科学研究院，现就职于扬州大学教育科学学院，台湾师范大学教育学系访问学者，在《高等教育研究》《清华大学教育研究》、《复旦教育论坛》等期刊发表学术论文多篇，并有多篇被《新华文摘》、《人大复印资料·高等教育》、《高等学校文科学术文摘》转载与摘编。现主要从事国际比较高等教育、高等学校组织与制度研究。

提　要

西方大学自中世纪诞生以来就有设置专门的学院对学生进行博雅教育的传统，从法国巴黎大学的"艺学院"，到德国大学的"哲学院"，再到美国大学的"文理学院"，构成了博雅教育学院的演变脉络。然而在大学从古典向现代转型的巨变时代，博雅教育学院在其诞生地欧洲大陆全面消亡，却被美国大学系统保存下来，融入到现代大学体系中。学院在欧陆和美国为何会面临废与存这两种截然不同的命运？本书运用历史比较分析方法，从知识演变与组织变迁关系的视角来回答这一问题。本书将呈现知识性质与功能的流变，及其所引发的古典学术与现代学术、古典博雅教育与现代专业教育的矛盾，并分析欧陆大学对矛盾的处理如何导致博雅教育学院的消亡，以及美国是如何通过对古典文理学院的重塑来协调与平衡冲突，从而保存了组织化的博雅教育。

序　言

　　这是一套比较特殊的丛书，主要选择在高等教育领域年轻作者的著作。这不仅是因为青年是我们的未来，也是因为未来的大师可能会从他们之中生成。丛书的主题所以确定为高等教育政策与管理，是因为政策与管理对高等教育的正向或负向发展具有重要、甚至是决定性的意义。公共政策是执政党、政府系统有目的的产出，是对教育领域社会价值的权威性分配。中国不仅是高等教育大国，更是独特的教育政策大国和强国，执政党和政府年复一年，持续不断的以条列、规章、通知、意见、讲话、决议等等形式来规范高等院校的行为。高等教育管理很大程度上则是政治系统产出政策的执行。包括宏观的管理系统，如党的教育工作委员会及各级政府的教育行政部门；微观管理系统，如高等学校内部的各党政管理机构及其作为。

　　这些政策和管理行为，不仅影响到公众对高等教育的权利和选择，影响到教师、学生的表现和前途，以及学科、学校的发展变化，从长远来看，还关乎国家和民族的兴盛或衰败。

　　尽管高等教育政策和管理现象自从有了大学即已产生，但将其作为对象的学术研究却到 19 世纪和 20 世纪中叶才在美国率先出现。中国的现代大学产生于 19 世纪后半叶，但对高等教育政策和管理的研究迟至 20 世纪 80 年代才发端。虽然近些年学术研究已有不少进展，但研究队伍还狭小分散，应然性研究、解释性研究较多，真实的高等教育政策和管理状况的研究偏少，理论也大多搬用国外的著述。恰如美国学者柯伯斯在回顾美国教育政策研究的状况时所言："问题是与政策相关的基础研究太少。最为主要的是对教育政策进行更多的基础研究……如果不深化我们对政策过程的认识，提高和改进教育效果是无捷径可走的。仅仅对政策过程的认识程度不深这一弱点，就使我们远远缺乏那种可以对新政策一些变化做出英明预见的能力，缺乏那种自信地对某个建议付诸实施将会有何种成果做出预料的能力，缺乏对政策过程进行及时调整修正的能力"。（斯图亚特.S.纳格尔.政策研究百科全书，北京：科学技术文献出版社，1990:458）这里所言的基础研究，主要是指对于高等教育政策和管理实然状态的研究，探究其发生、发展、变化的过程、结果、原因、机理等等。

编辑本丛书的一个期望就是，凡是入选的著作，都能够在探索高等教育政策和管理的事实真相方面有新的发现，在探究方法方面较为严格规范，在理论分析和建构方面在前人的基础上有所创新。尽管这些著作大都聚焦于政策和管理过程中的某个问题，研究的结果可能只具有"局部"的、"片面"的深刻性，但只要方向正确，持续努力，总可以"积跬步以至千里,积小流以成江海"，逐步建构、丰富本领域的科学理论，为认识、理解、改善政策和管理过程提供有价值的视角和工具，成为相关领域学者、政策制定者、教育管理人员的良师和益友。

主编 陈学飞

目

次

1、导 论

1.1 问题提出

1.1.1 问题的提出

"只要高等教育仍然是正规的组织，它就是控制高深知识和方法的社会机构"。[1]因此，考察高等教育系统的历史演变，既要考察知识自身的历史演变，又要考察大学组织的历史演变，更要考察在历史演变过程中两者互动的关系。欧美高等教育中博雅教育的历史就体现了知识与组织变奏的特征。

以"自由知识"（liberal arts）为内容的博雅教育是欧洲教育的核心观念。围绕"自由知识"，欧洲大学建立了"学院"——为实施博雅教育而单独建制的高等教育组织制度，从法国的"艺学院"到德国的"哲学院"再到美国的"文理学院"，构成了学院组织演变的基本脉络。近代社会以来，学术知识的性质与功能经历了从古典学术到现代学术的变革，随着知识功用性的日益突出，专业教育的地位也日益突出。对博雅教育和专业教育这对基本矛盾的不同处理方式，导致了实施博雅教育的学院组织在不同的国家出现了不同的变化。在德国、法国等欧陆国家，学院被瓦解并逐步走向消亡，被围绕现代学术建制的研究所、实验室和专业学院等现代学术组织所取代。博雅教育也随之失去了组织制度的支撑。然而，美国的学院组织并没有随着它在起源

---

1 伯顿·克拉克. 高等教育系统——学术组织的跨国研究[M]. 王承绪，译. 杭州：杭州大学出版社，1991：11

地的没落而消失，至今仍然以私立小型文理学院和哈佛、耶鲁等大学中的文理学院的形式而存在，并在其高等教育系统中占据重要的地位。哈佛大学前校长博克明确指出：文理学院是大学的中心。为什么源自欧洲大陆的学院组织在欧陆基本消失却被美国系统保存下来？探讨这一问题对理解博雅教育的历史演变、教育观念与教育组织之间关系变革的过程、甚至高等教育的国家形态都具有重要意义。本书采用历史比较分析方法，考察博雅教育知识性质的变化、学院组织制度变革以及两者之间的关系，分析学院组织制度应对学术变革的途径和方法，进而解释欧洲大陆和美国两种不同高等教育的国家形态形成的历史根源，并探讨学术组织变革的特征。

1.1.2 问题的现实维度

本书的问题意识首先源于现实观察：对当下中国、东亚乃至全球通识教育改革困境的思考。近十几年来，通识教育改革已经成为国内大学特别是一流大学教育改革的核心环节，是中国大学建设世界一流的重要举措。中国通识教育改革已经取得不少成效，例如通识教育课程体系的完善，经典文本教育被广泛倡导并在师生中产生一定影响，通识教育学院的建立等等。但实际上改革的阻力和困境远远大于成效。在专业学院的组织架构下，学生、各专业教师以及行政官员无法配合与协调，使改革停留在很表浅的层面，未能取得预期中的实质性效果。通识教育的困境不仅存在于中国，也是东亚乃至世界高等教育所面临的重大难题。台湾清华大学原校长沈君山指出，通识课程经常是"没有教授愿意上，没有学生愿意听，没有学校领导愿意管"，[2]这是台湾通识教育改革多年后难以改变的悲哀，努力几成徒劳。这也是包括日本、中国香港以及中国大陆所面临的普遍现状。通识教育改革为什么这么难？包括中国在内的很多重视通识教育的国家和大学对改革的困境已经有一定的认识，他们发现仅仅将重心放在课程改革上对于通识教育的效果并不理想，看到以专业学院为主体的现代大学组织对通识教育改革的阻碍作用，因此开始尝试各种形式或渐进或激进的组织变革。[3]这种变化反映了通识教育改革困境

---

2 甘阳. 通识教育：美国与中国［J］. 复旦教育论坛，2007（5）：23.

3 例如，北京航空航天大学以首先成立通识教育实验班，然后逐渐向全校推广的形式进行改革；而复旦大学则直接成立了面向全体本科生进行通识教育的复旦学院，这一改革举措正是对美国一流大学文理学院组织形式的效仿。

的核心问题，即必须存在相应的组织制度的支持。伯顿·克拉克（Burton Clark）对改革的困境与过程有深刻的分析。他在其经典著作《高等教育系统》中论述道：专业化学部组成的大学是并不适合推行通识教育的组织。历史上看，欧洲等地学术系统的专业学院被深深地制度化，对博雅教育的摒弃也在组织结构中被固定下来，因而通识教育的任何改革都变得困难甚至不可能。而通识教育在美国即使处于其最衰落的时期，也得到了两种关键组织强有力的保障，那就是大量四年制的小型私立文理学院和公立或私立综合性大学中核心的文理学院。学院的组织构架在各独立学系构建了一个基本的平衡，在组织制度上保障通识教育得以开展。他最终的结论是，组织决定了思想和改革的命运。[4]在此，克拉克虽然并未对这一问题进行展开论述，但他给出了大多数国家改革困境之根源的一个基本判断，就是不具备"文理学院"这样的能够推行通识教育的组织制度。而回望历史我们发现，美国的文理学院就是古典博雅教育的学院组织在现代社会的生命延续，而这一古老的学院组织在它的发源地基本消亡，但居然在大洋对岸的美国一直存在，并在今天成为美国高等教育引以为傲的典范组织，这一看上去略显吊诡的现象是如何发生的呢？所以需要由现实进入历史，对问题进行历史的考察和追问。本书提出的研究问题某种意义上可以理解为对克拉克深刻洞见的历史溯源和注脚，进而在历史语境中更深入地理解中国通识教育改革的困境。

1.1.3　问题的历史维度

社会学家约瑟夫·本-戴维（Joseph Ben-David）在对西方主要国家高等教育组织制度的比较研究中，非常重视历史的沿革，其代表作《学术中心：英国、法国、德国和美国》开篇即指出：更好的理解过去与当下，洞察历史对当下的巨大影响，可以使人意识到今天的安排对未来巨大的潜在影响，并使事物结构和功能之间未被觉察到的关系明晰化。[5]通识教育的历史形式被称作博雅教育，这一古老的教育观念起源于欧洲，并在大学出现之后以"学院"的形式在大学中被制度化，成为大学教育的核心。因而欧洲博雅教育的传统

---

4 伯顿·克拉克. 高等教育系统——学术组织的跨国研究[M]. 王承绪，译. 杭州：杭州大学出版社，1991：47-49

5 Ben-David, J. Centers of Learning: Britain, France, Germany and United States[M]. New York：McGraw-Hill Book Company，1977

一直都有"学院"这种组织制度作为保障。现代社会以来特别是19世纪，作为古典博雅教育载体的自由知识的性质发生了根本的转变，现代科学知识从自由知识中分化出来，成为现代社会主要的知识形态。现代学术要求对人类社会与自然界进行分门别类的科学研究和探索，相应地，其组织制度也应该从古典的学院组织转化为现代大学以专业学院为代表的专业化知识组织形式。在法国，这种转变是在大革命到拿破仑统治时期通过激进革命的方式短时段内完成的；德国则经历了一个相对长时段而又复杂的过程，最终也以研究所或实验室等现代大学组织形式取代了德国本土化的博雅教育组织即哲学院；在英国，19世纪中后期在英格兰遍地开花的新兴城市大学或"红砖大学"，是为适应现代工业化社会需求而出现的新型大学，其成立之初就抛弃了老旧的学院组织形式。而牛津和剑桥这两所大学（简称"牛桥"）的古老学院，背负着"已渗透到习俗或法律之中的种种传统、种种限制和种种偏见"，[6]在此时开启了漫长的现代化进程。也就是说古今学术及其相应的组织制度在近代欧洲呈现分明的对抗态势，要么像牛津剑桥这样的极个别的古老大学持守着传统，要么像欧洲大部分大学那样以研究所、实验室、专业学院等专业学术机构为主体的现代大学取代古典学院。但总体而言，学院这种组织形式在经历了19世纪的变革之后，基本从欧洲的高等教育版图中消失，欧陆模式统治欧洲乃至世界。不同于欧洲，学院组织在美国高等教育体系中以一流大学的文理学院和小型私立精英文理学院的形式广泛存在，其核心工作依然是博雅教育（通识教育）。也就是说，只有美国系统的保存了"学院"这一古老的教育组织形式。国内外的高等教育领域中，不乏对美国文理学院从课程到组织方方面面的研究，但是很少人追问，为什么现代社会中这种古代教育的组织形式在它的起源地走向衰亡，却能够在美国生存在下来。学院在欧洲是如何衰落的，而相较之下美国是如何将世界上最现代化的高等教育体系（以常春藤各校为代表的综合性研究型大学）与世界上最古老的高等教育组织（源于欧洲中世纪的学院）融为一体，且使后者成为美国一流大学的核心机构（文理学院），并被塑造为世界各国学者和教育者所赞赏和钦慕的典范与神话？

---

6 亚伯拉罕·弗莱克斯纳. 现代大学论——美英德大学研究［M］徐辉，陈晓菲，译. 杭州：浙江教育出版社，2001：249.

1.1.4　研究对象的界定

　　本书主要以法国和德国为代表的欧洲大陆国家与美国为主要研究对象，提炼法国"艺学院"（faculty of arts）、德国"哲学院"（faculty of philosophy）和美国"文理学院"（faculty of arts and sciences）作为学院组织演变的基本脉络。而这三类学院中都存在极具代表性的组织，分别是法国巴黎大学艺学院、德国柏林大学哲学院、和美国哈佛大学文理学院，本书的论述也主要以这三所学院为重心，同时，辅之以其他学院的情况为佐证。

　　另外，虽然英国牛津大学和剑桥大学（简称"牛桥"）的学院组织是西方博雅教育的重镇，但本书不对两所古典大学的学院进行专门分析，其原因在于：第一，牛桥的组织模式具有相对较强的地方性与特殊性，虽然它对美国研究型大学文理学院的演变产生一定影响，但相对于欧陆和美国大学系统，牛桥体系不具备如此显著的世界典范性效应；第二，美国高等教育体系特别是传统文理学院中也包含了牛桥体系一些基本的重要元素，例如博雅教育传统的强劲、博雅教育相关制度的延续、在组织层面保持和整合博雅教育与专业教育等等。而且，其组织制度的内在逻辑与美国文理学院具有一致性。因此，牛桥的学院变革不再辟专门章节的进行分析。

1.1.5　问题的结构

　　本书的研究问题用典型的历史比较分析的设问方式可以陈述为：现代社会以来，源于欧洲的博雅教育组织制度为什么在欧洲趋于消亡但却被美国保存下来？博雅教育组织历史变迁的跨国比较分析，对丰富高等教育组织理论有何贡献？

　　它可以被分解为以下几个需要回答的子问题：第一，古典博雅教育中知识的性质与功能及相应的学院组织制度形成与完善的过程，它是如何逐渐成为大学的核心组织的；第二，古典博雅教育的现代境遇，即古典学术与现代学术、博雅教育与专业教育，以及它们相应的组织制度逻辑产生了怎样的冲突；第三，在组织制度层面，几个主要国家处理这些冲突或矛盾的不同方式是什么？是哪些因素导致了这些国家面临类似的情形而采取了不同的处理方式？最终的结果是什么？第四，上述问题的答案，具有什么样的现实内涵？

1.2 研究意义

本书旨在通过对博雅教育学院组织历史演变的分析，揭示知识性质、知识功能与教育组织之间的复杂关系，进而探寻现代高等教育改革的历史根源。因此，本书的意义体现在：

在理论上——

第一，揭示知识的性质与功能、教育的理念与学院组织制度变革的关系。在以往博雅教育（包括通识教育）研究中，学者们往往聚焦于博雅教育理念与课程体系研究。从中外文献看，博雅教育思想（史）与通识课程改革构成了博雅教育研究的主体。但是，知识功能与教育观念的实现，必须以相应的组织为载体，如果没有组织制度上的保障，观念也只能是学者打造的空中楼阁和书房里的想象游戏。从美国通识教育研究的文献看，最近三十年大部分的研究和重量级的调查报告都以教育理念与课程改革为主题，而当课程取向的研究路径已经无法解释改革困境的时候，美国学者在近几年开始引入组织理论来对改革中的现象进行解释。也就是说，美国学界已经认识到教育观念与组织制度之间密切的关系，他们从思想史的规范性论证和乌托邦式的愿景建构中跳脱出来，转向对知识的组织进行剖析。本书在延续美国通识教育研究路径这一转向的同时，还引入了知识的性质和功能这一维度，从而试图揭示三者关系的历史演变，进而深化人们对高等教育组织特征及其历史演变的认识。

第二，在博雅教育学院组织变革的视角下，能够对欧洲大陆和美国两种不同高等教育国家形态的历史来源与结构特征、及其对博雅教育的影响，形成新的观察视角与认识。知识性质发生改变之后，西方高等教育形成了博雅教育和专业教育这对主要矛盾，对这组矛盾的不同处理方式形成了学院组织的不同命运，并导致了欧陆和美国两种不同的高等教育体系。研究将揭示美国研究型大学如何保持并重塑了学院组织，进而形成更合理的制度安排，这也或可从组织内部解释，美国继德国之后成为世界高等教育中心的原因。

第三，对组织理论研究与制度分析的贡献与意义。传统的组织研究与制度分析一般在激进与渐进的二元对立中理解和审视组织变革，特别是传统的历史比较（制度）分析，认为组织外部社会结构对变革具有决定性意义（即所谓"历史否决点"）。而本书聚焦于组织内部，考察组织功能要素与制度要素的演变与重组对于组织变革的影响。[7]这符合当代西方组织理论与制度变迁研究的新趋势。现代研究型大学中，博雅教育延续了传统心智规训与品格塑造的功能，而专业教育既包括培养职业从业人员，也包括培养专业的研究人员。也就是说，现代大学不同于其他组织，它是一个复杂的矛盾体，具有多重功能要素和相应的制度要素与逻辑，组织对不同的矛盾处理方式、功能要素与制度要素不同的排列组合方式，会形成不同的组织制度。传统的组织理论无法对大学组织中的现象与问题作出很好的解释。因此，关于学院（大学）组织的比较研究对于组织理论与制度分析具有重要意义，这也是为什么大学组织成为当代组织研究的重心的原因。[8]

在实践上——

第四，能够增进对当前中国研究型大学，乃至东亚和全球通识教育改革困境的认识。在许多情境中，现实问题很大程度上是历史问题。中国的通识教育改革实际是欧陆体系的大学如何重建博雅教育（通识教育）组织制度的问题。通过欧陆与美国的比较，分析传统的学院组织为什么在欧陆消亡，却被美国保持并重塑，十分有助于我们认识当前改革的困境。而且，对学院组织变革内在逻辑的理清，能够使我们在当前通识教育改革路径与实验繁多的情境中，有效审视哪些改革实验或模式探索更有价值和借鉴意义，为改革寻找新的方向、新的突破口。

1.3　概念辨析

概念是对人类认识自然与社会现象成果的凝练。不能理清博雅教育的概念体系，就无法理解博雅教育的组织，因而需要对博雅教育的相关概念进行辨析。然而，博雅教育和通识教育研究中最棘手的也最使人困惑的无疑是包含在这个研究体系中诸多的概念。"Liberal education"这个概念在西方思想史中极富传统意义，它内容复杂又歧义众多，一个重要表现就是，汉语世界对英语里同一个词存在不胜枚举的各种译法；而对内涵不尽相同的词，又大

---

7 本书中，大学组织的功能要素就是博雅教育、学术研究、职业技能培养、社会服务等现代大学的主要功能，以及相应的教育理念；所谓制度要素是指不同功能会对应不同的组织结构与制度逻辑。

8 Bastedo，Macheal N. The Organization of Higher education：Managing Colleges for a New Era[M]. Baltimore：The Johns Hopkins University press，2012：3

而化之的简单处理为一个译法。很多关于博雅教育的研究中都花了不少篇幅来对概念进行辨析与澄清，甚至有博士论文专门对博雅教育相关概念进行分析。而这些分析仍然可能存在以下两个方面需要进一步补充修正的地方：首先，对作为博雅教育概念体系中所包含的若干概念认识比较含混，对作为这一体系"主轴"的一对基本概念即博雅教育-通识教育和专业教育之间的矛盾解释上存在混乱。如果一个概念同时被用来指代两个或两个以上事物，而这些事物之间又存在很多不同，那么这就是亟需辨析和理清的概念，"博雅教育"就是这样的概念。仅从译法上看，"博雅教育"在中文世界就存在"自由教育"、"人文教育"、"通识教育"、"文理教育"、"文科教育"等等多种译法和表述；而专业教育中关于"专业"的多重含义，例如，主修专业、专门知识和专门职业并未得到区分。第二，概念流变与历史语境的考察相分离。涂又光指出，概念的辨析应该是"Meaning=Word+Context"。也就是说，概念的内涵是随具体语境变化而变化的。根据辩证历史唯物主义历史与逻辑相统一的理论，概念的演变史同时也反映出事物发展的历史。但是，概念的演变史往往比较复杂，在形式上并不一定严格遵循黑格尔的正反合三阶段。有时候，概念名称未变，但其内涵和外延却发生了变化。这种现象往往出现在新旧事物交替之际。在新的概念尚未形成之时，新的思想会借助旧的概念来表达。因此，概念考察必须与具体的历史语境相结合，如果脱离特定语境，概念的语义就会无限引申，外延无限放大，倘不进行仔细辨析，会造成认识上的模糊和错误，而无法把握概念的本质含义，从而在学术研究中造成更大的混乱。这是"博雅教育"这一从古代延续至今的教育概念在当代国内学界仍未被清晰认识的两个重要原因。基于这两点，这一部分将花一定篇幅对相关概念进行详细辨析，这是理解西方大学博雅教育组织变迁基本的认知前提。

1.3.1 博雅教育相关概念辨析

（1）博雅教育的语义与语境

中文世界对英文"liberal education"的多重译法中，本书所采用的"博雅教育"这一说法本来其实是特指 17、18 世纪英国培养绅士的教育，以凸显博雅教育在英国的独特传统。在英国语境中，博雅教育就是绅士教育，是适合于绅士这样的社会统治阶级身份与地位的教育，其内容包括优雅得体的教化、品位、举止、礼仪、审美以及社交能力和论辩能力等这些符合其身份的道德与技能，即"educated man"，这是进入社会管理阶层的必备。正如研究英国博雅教育史的著名历史学家罗斯布莱特所指出，博雅教育的观念源于 16、17 世纪的英国，至 18 世纪趋于鼎盛。所以很多学者不采用这一表达，而是直译为"自由教育"，这一译法目前也被广泛使用，但其问题是容易引起歧义，即希腊文和英文里的这个词是指 "自由人"的教育，直接表述为自由教育容易使人以"自由"或"自由主义"这样的概念来理解自由教育，从而产生认知上的很大偏差。因此，现在中文世界更多采用"博雅教育"这一译法，且对其理解和运用不仅仅局限于英国古典的绅士教育。

就博雅教育的内涵而言，这一概念具有古典和现代双重内涵。"博雅教育"首先是一个古典概念。它源自古希腊术语"eleutherion epistemon"和古罗马术语"artes liberales"。"eleutherion epistemon"直译是"自由人的知识"，"eleutheron"是指符合"自由人"（free man）身份的、与实用（chresimen）技术相对的，所谓"自由人"就是那些不需要从事物质生产劳动而有闲暇自由时间的统治阶级，他们所学习的知识自为目的，即为知识而知识，不具有任何外在的工具性；"epostemon"是指知识或认知，它特别强调沉思或思辨理论。所以博雅教育就是"自由人"或者是"符合自由人的"教育。[9]

而博雅教育的现代内涵，是在延续古典部分内容的基础上，增加了新的内容，即现代学术知识，包括自然科学与社会科学。正如彼得·戈登（Peter Gordon）指出的，现代博雅教育既包括传统博雅教育的特性，而且为满足工业化与扩张教育制度的需要，也容纳了更多的现代学科领域，如科学和技术等。[10]于是，博雅教育的"自由人"，在古代是贵族统治阶级，在现代是领袖（leader）或精英。

关于"自由人"教育的理解需要注意以下两点：首先，经过博雅教育，未必一定成为自由人，因此所谓博雅教育也可以被看作是培养自由人品格的教育。这些心智和品格可以为未来职业或品格可以为专业学习、未来职业和生活做准备。其次，博雅教育都不是面向特定专业和职业，它所培养的是贵

---

9 亚里士多德. 诗学[M]. 陈中梅，译. 北京：商务印书馆，1999：235

10 Gordon, P. Curriculum[A] A Century of Education[C] ed Aldrich, R London&New York:RoutledgeFalmer，2002:185–205.

族或精英所应具备的心智和品格。总体而言，关于博雅教育的语义其实并无太大争议，从西方一系列的经典文本中可以发现人们对博雅教育语义理解的一致性。例如，《西方教育词典》指出：博雅教育是旨在解放思想和精神，避免专门化，不做就业准备的教育。[11]

而美国两类在博雅教育观念上存在对立的文本对博雅教育语义的界定基本一致，在此称为耶鲁文本和哈佛文本。耶鲁文本即美国高等教育史上的经典文本 1828 年《耶鲁报告》，是古典博雅教育的代表性著作；哈佛文本包括哈佛作为现代大学的历史上一些类关于博雅教育的经典文本。1828 年《耶鲁报告》指出，博雅教育的目的在于心智训练，通过博雅教育扩展和平衡心智能力发展，具有自由而全面的视野，塑造美好和谐的性格。为了达到这一目的，学院里学科和课程设置的标准就是要有助于训练和发展学生的注意力、思维力、观察力、判断力、想象力、记忆力，激发并指导学生天赋的充分发挥和展现。报告认为学院的目的不在于"提供仅仅包括几门学科的部分教育；也不在于提供一种几乎包括了所有领域的零碎知识的肤浅的教育；更不在于传授任何专业领域的具体指示的专业教育或实用教育，而是在学生在校学习时间许可的限度内着手提供一种全面的基础教育"。[12]哈佛大学前校长博克在其代表作《回归大学之道》中指出，文理学院的博雅教育"毫不含糊地追求两大目标——训练智力和塑造品格"。[13]被称为现代大学通识教育"圣经"的《哈佛通识教育红皮书》则指出，博雅教育是培养"自由人"的教育，自由人不仅是统治阶级，而且是有闲阶级，他们的教育仅限于自由知识（liberal arts），没有任何实用色彩。自由人被培养成为思索与追求美好人生的人，他们的教育不是专门化的教育，亦非专业化的，其目的是培养出一个对于自身、对于自身在社会和宇宙中的位置都有着全面理解的完整的人。[14]2007 哈佛通识教育改革报告即《工作组通识教育改革报告》，也是在开篇即指出，哈佛学院的教育是一种博雅教育——是以从事自由探索的精神为指导而开展的一种教育，不以局部的或职业功利为关注的重心。这种类型的学识（learning）不

11 朗特里. 西方教育词典［K］.陈建平等，译. 上海：上海译文出版社，1988：170

12 耶鲁大学.耶鲁报告（一）[J].陈汉强等，译.国际高等教育研究，2008（1）：26.

13 博克.回归大学之道：对美国大学本科教育的反思与展望.侯定凯等，译.上海：华东师范大学出版社，2008:8

14 哈佛委员会. 哈佛通识教育红皮书[M] 李曼丽，译. 北京：北京大学出版社，2010：40.

仅仅是现有的丰富知识中的一种，而且是一种文明成果。它可以提升学生对自己生活在其中的人类社会和自然界的理解 ……博雅教育使学生"形成心智的技能与习惯"（the skills and habits of mind），从而塑造未来的生活。报告也指出，博雅教育不是"以职业为目的训练学生"。[15]

另外，致力于"宣传与推动 21 世纪的博雅教育"的美国学院与大学协会（AAC&U）定义了 21 世纪的"博雅教育"，即认为博雅教育提供给学生"在科学、文化与社会领域的广泛知识"，"培养学生的社会责任感，以及坚实、可转移的智力与实际技能，如交流技能、分析能力及问题解决技能"，它包括"通识教育课程，即所有学生都需学习的博雅教育课程，提供多学科、多种认知方式的广泛学习"。[16]另外，"AAC&U"认为博雅教育还包含"某个主修方面的深入学习"。

综上，不管在教育思想史的哲学或理念层面，不同思想家对博雅教育有怎样的纷争，由上述经典文本可以发现学界对博雅教育的一般性理解：一方面，博雅教育以心智训练（mental discipline）和品格塑造（character building）为主要目的；另一方面，博雅教育不面向职业，是与专业教育（professional education）相对的概念。在关于博雅教育的一般性理解上，学界并无太大争议。

第二，存在混乱和歧义之处是，不同语境中博雅教育被赋予不同的内涵，即"使用中"的博雅教育各有不同，总体而言，人们在使用博雅教育这一概念时，实际上存在着广义与狭义之分。

广义的博雅教育，不仅包括"liberal arts"即自由人知识教育，而且学院中读书会、辩论赛、教堂礼拜、导师辅导、社团活动、体育运动、师生共餐等等，都是以心智训练和品格塑造来培养"自由人"的途径，都被看作是广义的博雅教育的一部分。而这些职能主要由英美学院中的"寄宿学院"来完成。寄宿学院对于课堂博雅教育的智识训练起到补充的作用。寄宿学院原本就存在于中世纪大学，传承于英国的牛津和剑桥，后来又被哈佛校长洛厄尔引入美国大学。洛厄尔在进行博雅教育改革时认为，牛桥最吸引人之处是他们在培养知识广博、具有高社会交往能力的未来国家领导者和统治者的博雅

---

15 The Resident and Fellows of Harvard college.Report of the Task Force on General Education,2007：1.

16 What is 21st Century Liberal Education?［EB/OL.[2014-12-05] http://www.aacu.org/leap/what-is-a-liberal-education.

教育上所取得的成功。哈佛等校提供的博雅教育应当不仅培育他们的心智，还要塑造他们的品格，培养他们之间的友谊。因此，洛厄尔不仅通过通识课程改革来加强本科生的心智训练，而且积极引入牛桥的寄宿学院制。1914 年哈佛建成四栋住宿设施，至 1931 年前后，哈佛的寄宿学院体系基本形成。与中国大学的学生宿舍完全不同，寄宿学院远不止学生共同生活的场所，它由上述一系列制度和活动构成，这是贵族精英通过社交和体育运动塑造自己崇尚的完满人格和阶层价值观的理想工具。正如莫瑞森所言，"书本知识可以通过上课与阅读来掌握，然而只有成为学院共同体的成员，与老师和同学保持持续紧密的关系，通过不断地研究与辩论、吃吃与喝喝、游戏与祈祷，学生才能真正获得品格这一无价之宝。"[17]寄宿学院的性质就是精英社会交往和阶层再生产的价值与文化共同体。总体而言，广义的博雅教育由两部分组成，一部分是正式课堂上的"liberal arts"或通识课程的教育，主要是为了完成学生的智识训练；一部分是寄宿学院的非正式教育，主要承担课堂所不能完全达成的功能，即学生的社会化和品格养成。

狭义的博雅教育，是指"liberal arts education"（直译是"自由人知识教育"、"博雅技艺教育"等）即通过自由人的知识来培养自由人或自由人品格，也就是说，仅取上述广义界定的第一部分意思。在这里，"liberal arts"是一套知识体系。它并不是现代学术意义上的与自然科学即理科相对应的人文学科（更不是"艺术"），而是与职业性、技术性和经验性知识无关的一套整全性（comprehensive）的、有秩序的知识体系，通过这套知识的学习能够达到心智规训与人格塑造的目的。"Liberal arts"在不同的时期呈现出不同的内容和知识体系。作为古典学术，它包括中世纪艺学院的"七艺"和"三种哲学"，到 19 世纪初哲学院的"wissenschaft"，形成了语文学-历史学和数学-物理学的完整体系。作为现代学术，它是围绕"大问题"（big question）或基础问题（basic question）建构的一套基础文理学科知识体系，包括自然科学、社会科学和人文学科的基础学科。"liberal arts"是博雅教育最核心的内容，下文将详细辨析。

本书主要将博雅教育做狭义理解，即"liberal arts education"，是指通过学院中的"liberal arts"进行心智训练和品格塑造，从而培养自由人或自由人

---

17 Morison, S. E. The Development of Harvard University: 1869-1929［J］Cambridge：Mass，1930：142.

品格的教育。所以本书不对寄宿学院做过多考察，虽然它也是广义博雅教育不可忽视的重要组成部分。另外需要指出的是，在美国的语境中，"general education"一般就是广义博雅教育的第一层意思，所以美国学者和改革者在研究通识教育改革时，一般是研究课堂通识课程的教育，而在论及"liberal education"的时候，才把寄宿学院制包含在内。而从文献资料看，通识教育改革在中国的语境中，既包含了通识课程的改革，也包含了寄宿学院改革。这种认知与指代上的差异实际也反映了人们对于博雅教育概念体系理解上的含混。

（2）"Liberal arts"：博雅教育核心内容的内涵演变

"Liberal arts"是对"eleutheron epostemon"和拉丁文"artes liberals"的英文翻译，这个概念的内涵在西方思想史上聚讼纷纭，其中文译法更是种类繁多，有学者统计，"liberal arts"的已有译法包括"自由民学科、自由学科、自由科学、自由技艺、自由人的技艺、适合于自由人研究的科学、自由学艺、自由学术、自由文艺、自由之艺、自由七艺、自由职业、文科七艺、文学、文学艺术教育、综合性文科教育、文雅学科、博雅艺术、博雅科目、博雅之艺、美优之艺、自由艺术、人文学科、人文科学、人文学艺、文科、学学文科、文科教育、文理科、文理学科、高等文理学科、文艺、学艺、通艺、通识、通才七艺、雅艺、高尚优美的才艺、君子之道、高尚学科等等"。[18]之所以会有如此繁多且歧义丛生的译法，一是因为中文世界没有与"arts"一词相应的词语，更是对其内涵难以把握；二是因为"libral ats"在西方不同国家和不同历史阶段有不同的含义与内容。总体而言，"学科"、"技艺"和"知识"三个词语最常用来翻译"arts"。

首先，关于"arts"翻译为学科的争议，美国学者拉图卡认为，"liberal arts"的"七艺"是知识分类而不是学科，但也有文献将知识分类与学科等同，可以将其理解为自由人学科或自由人知识。第二，翻译为"技艺"，是因为这两个字是借用哲学界对古希腊文"τεχνη"的翻译，这个词与"epistemon"相互交织，柏拉图有时对这两个词并不加区分。[19]它实际是用一

---

18 沈文钦."自由"人与"自由"知识:西方 liberal education 概念史研究[J].教育学术月刊,2008(03):16-21

19 孙周兴. 技艺与自然[A]. 西方现代技术文化与后现代哲学论文集[C]. 兰州：兰州大学，2004：5

个特定的词来翻译"art"这个在 17 世纪末都没有专门定义的词语。[20]相应的，实行"liberal arts"教育的组织"faculty of arts"则被翻译为"艺学院"。第三，目前更多的用法是直接称呼为"知识"，即将"liberal arts"称为"自由知识"。"自由知识"的问题是很难准确反映"arts"的义涵，也可能产生诸如"自由教育"这一译法的歧义。总体而言，将"liberal arts"翻译为"博雅技艺"应该是相对比较妥当的译法，但是本书还是以"自由知识"表述"liberal arts"，原因有二，第一，不同于被广泛使用的"博雅教育"，学界很少使用"博雅技艺"一词，从文献看，"自由知识"是最被广泛采用的说法；第二，由于本书是从知识演变的视角来考察博雅教育学院组织的变迁，所以将"arts"译为"知识"来契合本书的语境，但由于学界几乎从未使用过"博雅知识"这一说法，所以只能使用"自由知识"一词。术语使用上的无奈与纠结也再一次反映了博雅教育这一概念体系的混乱与歧义丛生。

第二，译法上的混乱不代表对"liberal arts"内涵理解的混乱。"Arts"是一套整全性的有秩序的知识体系，通过这套知识能够达到智力训练的目的。而"liberal arts"是"自由人"所需要掌握的技艺，是实现博雅教育目的的知识，即包括人文的知识也包括关于自然的知识。由于不同地域和时代对于自由知识的理解不同，因而"arts"所包含的知识的门类和范围也不同。"Liberal arts"在中世纪的主要内容是七艺（"三科"和"四艺"），它源于古希腊，成型于古罗马。其中，三科（文法、修辞、辩证法）是人们进行思考和表达的形式原则，主要目的是以理性论证上帝存在与基督教信仰，它构成中世纪博雅教育的核心部分。中世纪初期，文法和修辞占据主导地位，关于上帝和信仰的知识只需要通过讲解灌输给信徒就可以了。然而，由于或然性、似真性的领域看起来远远大于由严格论证主导的领域，这些领域亟需得到论证，因而辩证法越来越重要。这也意味着哲学和理性占据了重要位置。也是在中世纪，liberal arts 逐渐不局限于七艺的范畴，由于辩证法对理性的强调，哲学开始进入艺学院并占据重要位置，艺学院（faculty of arts）逐渐变成了哲学院（faculty of philosophy）。在 17、18 世纪的英国，liberal arts 从适合自由人的知识转变为"适合绅士的技艺"，即"博雅技艺"，其主要内容包括数学和古典文学与艺术。而在德国的古典大学，"liberal arts"的表现形式

---

20 雷蒙斯，R. 关键词：文化与社会的词汇[M]. 刘建基，译. 上海：生活·读书·新知三联书店，2005：19

是哲学或"知识的整体性"（wissenschaft），沃尔特·佩里（Walter C.Perry）认为，德国古典大学哲学院的知识最接近"arts"，包含精神和道德哲学、语义学、历史学及与其同源的地理学和编年史，以及政治哲学、经济学、财政学、外交学、数学和物理科学。[21]如今，"liberal arts"在当代美国的语境下，它更多的被翻译为"文理学科"（arts and science），包括人文学科、社会科学和自然科学三大体系，是一种经过整合的通识教育知识体系。

（3）通识教育："liberal arts education"的现代形式

通识教育通常与狭义的博雅教育即"liberal arts education"相对应，根据上文所引美国学院与大学协会（AAC&U）的文献，这里将通识教育界定为"所有本科生共享的博雅教育课程"（liberal education curriculum）。可见，"general education"一般被看作是"liberal arts education"的现代形式。而这一点在哈佛红皮书里有更明确的界定，红皮书认为"博雅教育可以被看作是通识教育的早期阶段"，它们虽然程度有所差别，但"本质相同"。[22]

之所以称为"现代形式"，是因为现代学术是一个学科分殊的体系，它瓦解了传统的"liberal arts"这套整全性的知识体系（如"七艺"、"三种哲学"、"wissenschaft"等）。通识教育必须在古典的"liberal arts"瓦解之后，在现代学术中重新建立这套独立、系统的知识体系，这被当前美国学界称为"统整"通识课程。[23]美国通识教育课程主要存在两类结构：一类是分类选修课程（distribution），一类是核心课程（core）。分类选修课程要求学生在几个知识领域，一般是人文学科、社会科学和自然科学三大领域中各修几门课程，学校并不统一设计通识教育课程体系，学生只要在各领域自由选修并修够规定的学分即可。核心课程是大学统一规划的通识教育课程体系。罗索夫斯基认为，核心课程就是传统上个别学科的重要基本主题进行重新组合的一种课程安排和设计，其目的是为全体学生提供共同的知识背景。核心课程又存在

---

21 Perry, W. C. German university education, or the Profession and Students of Germany [M] London: Longman, Brown, and Longmans, 1848: 71

22 哈佛委员会. 哈佛通识教育红皮书[M]. 李曼丽, 译. 北京: 北京大学出版社, 2010: 40.

23 Ratcliff, J L&Johnson, K D&Gaff, J G Changing General Education:New Directions For Higher Education[M]. Francisco·Washington·London: Jossey-Bass Publishers, 2004.

两类结构：第一类是学校规划一套全校本科生必须的课程，这类课程结构的代表就是哥伦比亚大学的当代文明课和人文经典课两门共同核心课程；第二类是学校通过确定几个主题而规划几类课程体系，学生在每个课程体系中必修若干学分。而通过罗伯特·纽顿（Robert R. Newton）所概括的美国大学自由知识及相应的通识课程模式，可以大体了解美国当代"liberal arts"的三类主要知识体系和模式（见表1-1）。

表1-1　美国大学通识课程基本模式

	巨作模式	学科模式	公民模式
主要观点	关注人类社会永恒问题	心智训练，理解世界的方法	培养公民，为民主社会服务
大学功用	延续传统	促进学科知识与方法的发展	民主社会变革的进步力量
课程内容	西方传统中伟大人物与思想	各学科的概念和研究方法	适应和促进现代社会的重要知识与技能
教育目标	通过阅读经典而培养具有古典气质的有教养的人	为培养各学科的研究者做准备	有效的公民
教育重心	完满人格	方法	行动
深度和广度	广泛审视西方传统的核心内容	深入学习各基础学科	广泛涉猎现代社会的知识
统整性的来源	整合回答永恒问题历史观点	学生个人整合学科知识	为未来生活做准备的知识与技能
教师	有教养的通识教育教师	学科专家	能够在专业领域培养非专家的教师
院校类型	文理学院或综合性大学的专门机构	院系实力强大的研究型大学	以顾客为中心的和具有公共服务意识的学校
取向	以古典永恒思想和价值观塑造当代学生	基本学科方法	发展塑造未来社会所需的技能和责任感
倡导者	赫钦斯、阿德勒、本奈特、切尼、布鲁姆	布鲁纳、菲尼克斯	杜威、查尔斯

资料来源 Newton．R．R．Tensions and Models in General Education Planning [J] . The Journal of General Education，2002（3）：180

（4）人文教育："博雅"与"人文"的纠葛

在中文语境中，博雅教育或通识教育经常被等同于人文教育，所以，在博雅教育整个概念体系中，人文教育是一个比较含混的概念，有必要对这一概念进行辨析。来澄明它与博雅教育的关系。2005 年，中国文化论坛召集海内外著名学者研讨中国通识教育的现状与未来，这是中国学者开始倡导学习美国进行本科通识教育改革的起点之一，会议用"人文教育"一词来指代博雅教育和通识教育。而这里的人文教育，是对"liberal arts education"的翻译与认识，他可能容易导致人们将"liberal arts"理解为人文学科。美国人也常把"liberal arts"和"science"作为一组相对的概念来使用，在这里，他们对"liberal arts"的理解明显是人文学科。因此，更有意义的问题是，人们为什么会有这种理解？人文即"humanities"同"liberal arts"究竟是何关系？

回溯历史，"人文"（humanities）概念的演变，自古希腊后大体经历了四个重要的阶段，即古罗马人文主义、文艺复兴时期的人文主义和德国新人文主义以及现代科学范式中的人文观念。古罗马的人文主义者最早使用了"人文"（humanitas）一词，它是对古希腊文"paideia"（教化）一词的拉丁文翻译。罗马人文主义中的"人文"实际就是与"野蛮"相对应的，即学习古希腊的文明而使自己摆脱野蛮的状态，成为符合人性的文明之人。文艺复兴时期的人文主义则是通过古罗马人文主义直接回到古希腊的教化传统。其要旨是为了摆脱中世纪的蒙昧和黑暗，而彰显"人的自然"，即解放人的本性和欲望，它在教育上表现为人们对扩充知识的欲望。在学科上表现为对文学的推崇。它的最终目的是主要通过文学来达到完满人格。在古罗马和文艺复兴时期，"人文"不仅包含我们现在所理解的人文学科的内容，而且也包含数学和关于自然的知识，而这些关于自然的知识完全不是现代科学的概念，其哲学基础和其他"人文学"是一致的，所以也是"人文"的范畴。实际上，在罗马人那里，"humanitas"就是"artes liberales"的简称。[24]因此，这这一时期的历史语境中，"liberal arts"就是"人文学科"。

古希腊的"教化"和古罗马、文艺复兴的"人文"概念到了德国演化为"修养"（bildung）。"修养"是洪堡、施莱尔马赫、席勒等 19 世纪德国新

---

24 江宜桦. 从博雅到通识：大学教育观念的发展与现况，政治与社会哲学评论，2005（9）：41

人文主义者思想体系的核心概念。新人文主义者的大学教育目的被概括为"经由学术的修养"（bildung through wissenschaft）。伯顿·克拉克认为洪堡等人文主义者的教育理念是博雅教育在德国的本土化形式。首先，"wissenschaft"这个词在国内学界被译为"科学"，但实际上它并不是现代科学即"science"的概念，其直接的译法是"知识的整体性"。在词源学上，"wissenschaft"是从德文"wissen"（知识）一词引申出来的抽象名词。文德尔班明确指出，"wissenschaft"对应的是古希腊的哲学概念。[25]这一术语实际是指作为整全知识体系的自由知识。因此，德国大学哲学院的"哲学"不是现代学科意义上作为学习的一个分支的"哲学"，而是博雅教育的整全性知识体系，而哲学院则是德国博雅教育的场所。海德格尔认为，哲学教育是"由一个包罗万象的哲学倾向引导的，这个哲学倾向以知识的所有本质领域及其所属的工作方式的内在总体关联为目标"。[26]包尔生则指出，"哲学院的名字源自哲学囊括所有科学的那个时代：宇宙学和物理学、逻辑学和形而上学、伦理学和政治学等都曾包括在哲学当中"；"一切科学无疑都属于哲学院，主要有两大分支，即数学-物理科学和语文学-历史科学，这二者包含了所有可能的研究领域"。[27]而"bildung"即修养则是自由知识的道德目标，是洪堡等新人文主义者理想中的道德人格。这种道德人格只能通过接受博雅教育来养成。"bildung"一词在德文中具有文化、教养、教育等意涵，它源于文本，是与社会、政治无关的纯粹精神性的东西，它体现为在自由知识的陶冶下，拥有丰富的内在世界和澄明的自我意识，最终个性与人格得到充分的修养。[28]而洪堡的看法则与亚里士多德的哲学思想一脉相承，认为哲学是通过理性获得所有具体事物和学术分支的终极的根本原理或原因，只有通过纯粹理性思辨的哲学训练才能成为有"修养"的人。自然科学虽然在19世纪的欧洲业已成形，但由于它对具体事物的研究和对实验方法的强调、反对哲学的纯粹思辨性与洪堡的博雅教育理想相悖，因而被排除在大学体系之外。后人常常以现代社会的认知方式把19世纪初德国大学的"bildung through wissenschaft"

---

25 文德尔班. 哲学史教程[M]. 罗达仁，译. 北京：商务印书馆，1991：8

26 张汝伦. 海德格尔与大学改革[J]. 读书，2006（12）：130

27 包尔生. 德国大学与大学学习[M]. 张弛等，译. 北京：人民教育出版社，2009：414

28 埃利亚斯，N. 文明的进程[M]. 王佩莉，袁志英，译. 上海：上海译文出版社，2013：25

解释为"经由科学的教育"（science through education），是一种误读。[29]"经由学术的修养"揭示了"人文"概念特有的历史语境和认识论基础，即新人文主义根本上还是一种前现代的古典观念，他在哲学认识论上延续"eleutheron epostemon"的哲学基础即古希腊目的论自然观。而"新人文"的"新"是新在人文修养必修经由古典学术研习与创造才能达到，它区别于英国的人文观念，即人文修养的内容与标准都是给定的。在这三个时期中，"人文"与博雅教育和自由知识的根本性质是相通的，人文教育几乎等同于博雅教育。而只有当关于自然的知识从古典自由知识中分离出来，并形成现代自然科学，"人文学科"形成与"自然科学"相对的知识体系之后，人文教育与博雅教育、自然科学的关系变得复杂起来。

　　人文与科学的对立始于近代社会，关于自然的知识从自由知识中分离出来并成为自然科学。这一过程实际就是韦伯所说的"祛魅"。"祛魅的世界观既是现代科学产生的依据，又是现代科学产生的条件"。[30]关于自然的知识被彻底地去除道德意义或神圣性，而必须通过数学结合实验的方法来探索事物的客观规律。甚至关于人类社会的研究也日趋纳入现代科学范式中。韦伯在其著名演讲《以学术为志业》中有进一步论证，他认为现代知识并非建立在"完满人格"或内在"体验"之上，而是由各种科学方法、技巧和其他实践方式组成，生活被纳入理性算计的范围和纯技术性指标之下。科学背后并不存在至高的价值预设。韦伯重树学术志业的路径是，通过严格的科学或学科的训练，使人达到智识上的"清明"，从而有能力自己去选择和建构意义，达到以学术为志业的目的。与韦伯相似，当代政治哲学家查尔斯·泰勒（Charles Taylor）将这一过程表述为"大脱嵌"（great disembedding），即个体从前现代充满意义的自然秩序中脱离出来，自然对于人不再具有道德意义。[31]施特劳斯亦有深刻的表述：现代科学与古代哲学的一个根本差异是"哲学或科学不再是其自身的目的"，"哲学或科学不再被理解为本质是沉思和

29 Bachelor of What, Master of Whom? The Humboldt Myth and Historical Transformations of Higher Education in German-Speaking Europe and the US[J], European Journal of Education，2006（2）

30 格里芬. 后现代科学：科学魅力的再现[M]. 马季方，译. 北京：中央编译出版社，2004：1

31 Taylor, C. Modern Social Imaginaries［M］Durham: Duke University Press Books，2003：88-109

傲慢的，而是行动和仁爱的；它将征服于人的状况，将以人类的力量为目的而进行开发，通过对自然的理性征服而使人成为自然的主人和拥有者"。[32]那个时代的著名哲学家霍布斯甚至激进地声称人就是彻底的自然物。他认为掌握了因果律或者掌握了对必然性的认识，才是人获得自由和解放的根本。而沃勒斯坦则对这一过程做出过清晰的分析："随着实验性、经验性研究对于科学视界的重要性日益加强，哲学在自然科学家的眼里也日益成为神学的替代物"，"自然科学一直都在竭力地为自身争取与另一种称为哲学的知识形式完全相异甚至截然对立的社会思想上的合法性"。科学的性质逐渐得到清晰界定，这就形成了新的知识分类方法：研究人的经验世界的人文学科与研究自然世界的现代科学被区分开来。现代科学又分化为具有不同研究对象和内容以及方法体系的多种学科或知识门类，并不断地专门化和精细化。以德国大学为例，19世纪初期的德国大学，主导自然科学的认识论是亚里士多德的"隐德莱希"即活力论。活力论认为万事万物的本真形式是灵魂，即"隐德来希"，这种非物质的精神因素使有机体的生命得以生长与完满。不难看出，强调人格修养和内在力量的新人文主义与亚里士多德的活力论一脉相承，后者实际就是新人文主义自然科学观的认识论基础。新人文主义者同科学家和法国启蒙思想家都强调人的自由，但是拒绝把自然看成无思想的物质机械运动或纯粹自然力量。现代自然科学兴起之后，古典目的论逐渐被现代科学的机械论取代，德国大学从新人文主义的古典博雅教育转向现代科学的研究。学者们开始反对人文主义对主观感受的侧重，强调客观中立性，主张进行现代科学严格的心智训练，要求学生精通科学探究的基本模式。人文与科学的分裂正是由于上述古代人和现代人在认知世界上的根本不同所导致的，它的本质是知识性质的根本改变，即古典自由知识和现代科学知识之间的对立。古希腊时期并不存在科学与人文的分离，因为这种二分在古人的认知结构中并不存在，人的意义和价值与外在的整个宇宙秩序是统一的。而现代社会，世界已经不再充满意义，人的理性活动是对世界规律的因果式、机械式探寻，不再与"人文"和意义相关联。这实际就是休谟指出的事实与价值的鸿沟。相关方面康德亦有深刻的论证，即康德所论证的人的自由和自然的不可通约性，科学研究的是自然，自然按照因果规律运行，受因果必然性支配，而人不是自然规律的奴隶，人的自由也有规律，但不能还原为科学的

---

32 Strauss，L. The City and Man[M].University of Chicago Press，1978:36

因果律，否则人就没有自由和尊严可言。因而康德的解决方式是：悬置科学知识，为信仰留存地盘。

科学与人文的分裂与对抗导致了两种后果：一种是欧陆大学普遍将博雅教育理解为人文教育，并以现代科学的专业教育取代了人文教育与博雅教育，人文教育更多是人文学科的教育，也是专业教育体系中的"专业"；另外一种是美国大学的理解与处理方式，即认为自然科学也具有人文性质，是博雅教育的组成部分，因此，美国大学则通过课程改革将古典博雅教育转变为现代通识教育，后者既包括人文课程，也包括科学课程。两者在通识课程中的比重比较均衡。总体而言，可以在一般意义上将人文教育分为狭义和广义的理解。广义的人文教育并不等于人文学科的教育。在古代，关于自然的研究（自然哲学）属于人文教育，基于古代的哲学认识论，对于自然的研究本质上是人文性质的；而现代大学中，数学、物理等科学教育在心智规训和思维养成上具有重大意义，所以依然具有强烈的人文教育的性质。因此，广义的人文教育是指"成人"的教育，与博雅教育和通识教育大致对等；而狭义的人文教育则是指人文学科的教育，是博雅教育和通识教育三大组成部分（人文、自然科学、社会科学）之一。

（5）专业教育（professional education）：与博雅教育相对的概念

专业教育与博雅教育相对的一个概念。本书的专业教育对应英语中的"professional education"，是基于高深知识，以进入特定职业领域为目的的高等教育。这也是西方学界关于专业教育的一般界定。

在高等教育领域，汉语"专业"这一表述在英语语境中主要对三个含义不同的词：第一个是"major"，即学生在本科阶段主修的课程与知识领域，又称"major field of study"；第二个是"specialized"（专门化的知识），它是指知识分类；第三个是"professional"（"专业"、"专门职业"或"专业职业"），指职业类型，根据本-戴维的界定，它是以高深学问为基础、必须接受高等教育才具有从业资格的职业。[33] 本书的专业教育取 "professional education"。

具体而言，"specialization"是一种知识的分类学，指各种不同的知识门

---

33 Ben David, J. Centers of Learning: Britain, France, Germany and United States[M].
　　New York：McGraw-Hill Book Company，1977：30

类和知识分支，不同知识分支有不同的研究对象、内容和方法体系。现代科学知识的各分科或分支并不一定对应职业的社会分工。而"profession"这个词特别强调只有在高等教育机构获得文凭之后才能从事的职业。"specialization"意义上的专业教育确切的翻译应该是"专门化教育"（specialized education），是指隶属于学科门类之下的次级分类的知识分支领域的学习和专攻；"profession"意义上的专业教育（professional education）是以培养学生职业能力为目标的教育。

专业教育（professional education）是基于高深知识，以进入特定职业领域为目的的高等教育。包括以下内容：首先，它是以某些基础学科知识为根基，由此构成其实践的理论基础，并据此发展成为专业。例如，医学教育中的化学和生命科学，法学中的伦理学，工程教育中的物理学和数学等等；第二，某些应用学科知识，由此产生常用的诊断方式和解决问题的方法；第三，技能和态度。在运用基础和应用知识时，必须具备某种技能和态度，这些技能和态度，直接与服务于顾客的绩效有着实际的影响。技能与实践培训有关，这也是专业教育中"学徒"传统的延续。态度则包含专业的从业规范、职业道德和伦理。因此，从学科教育的角度来看，专业教育应包含基础文理学科教育、专门化的应用学科教育和专业的临床实践性的培训，它既强调理论导向（应用理论），又强调实践导向（职业发展）。

专业教育有古典和现代之分。古典形态的专业教育，依然以古典学术或自由知识为内容，主要是法学、神学和医学三科，为与其他职业相区别，这三种职业被称为"有学识的职业"（learned profession），[34] 即意味着这三种职业都要求掌握高深学识。而现代专业教育与古代专业教育具有重大不同。古典专业教育以古典学术为主，零散、非系统，现代专业教育具有分明界限和规范培养体系，包含众多职业和学科（管理、工程、社会工作、师范等等，且仍在增加），大规模、系统地培养专业人员，并且创造了若干特定的组织形式，如专业学院、学系、研究所等等。现代专业教育不仅培养职业的从业者（职业性专业教育），还培养专业的研究人员（学术性专业教育）。

而本书的专业教育，正是指"professional education"。之所以不取"specialized education"是因为：第一，西方语境中的专业教育主要是指

---

34 Ben-David, J. Centers of Learning: Britain, France, Germany and United States[M]. New York：McGraw-Hill Book Company，1977：35.

"professional education"，而"specialized education"可以译为"专门化教育"。例如，《美国高等教育百科全书》的"专业教育"词条是"professional education"，是指"对学生进行培训，使之成为某个特定领域里的职业性的从业者。"因此，"专业学位课程通常会包含课程论文、应用研究、有指导的临床实习或实地实习。"第二，"specialization"仅仅是指某一个知识分支，而一个面向某一职业的专业并不仅仅对应一个知识分支。第三，博雅教育和专业教育都会包含"specialization"，某一学科或知识分支，特别是基础文理学科，当它处于博雅教育课程体系中，服务于心智训练和人格塑造的功能时，它属于博雅教育的自由学科、自由知识；当它处于专业教育的课程体系中，以服务于对未来职业从业者的专业技能训练为主要功能时，它就属于专业教育的组成部分。也就是说，像语言学、历史学、艺术学这些基础文理学科，既具有心智训练和品格塑造的非功利性目的；也可以作为专业教育的预备性基础学科，其目标都指向实用，意在培养专业的职业人才。因此，不能以"specialization"作为区分博雅教育和专业教育的标准，博雅教育和专业教育都存在"specialization"的教育。所以博雅教育与"specialized education"也不构成基本矛盾。

1.3.2　学院

本书中的"学院"，特指欧美大学为实施博雅教育而单独建制的组织。"学院"这一名称在汉语中用以指代对象过多，许多功能甚至性质不尽相同的组织都被翻译为"学院"。例如，美国实行博雅教育的专门组织"liberal arts college"被称为学院，专业教育的组织即"professional school"被称为学院，一些具有一定程度综合性的学部即"faculty"有时也被译为学院，科学院即"academy of science"等专门从事学术研究的国家机构也被称为学院。也就是说，中文语境中，"college"、"school"、"faculty"、"academy"等，很多情况下都被翻译为学院。所以这里必须明确界定，本书中的学院，特指博雅教育的组织，这类组织中，比较典型的包括法国巴黎大学的"艺学院"、英国牛津大学和剑桥大学的"学院"、德国的"哲学院"和美国的"文理学院"。这些学院并非不同国家各自独立产生的组织，而是存在历史的传承或关联。艺学院是博雅教育最初的形式，而从中世纪末期开始，由于语法和修辞地位逐渐下降，四艺更日趋边缘化，七艺课程逐渐转化为逻辑和哲学，再加上亚里士多德自然哲学的兴起，艺学院更名为哲学院。英国牛津大学和剑桥大学的学院则是仿照巴黎大学艺学院建立的组织，而美国的文理学院产生于英属殖民地时期，是模仿牛桥的学院建立的。

古典博雅教育中，这类组织在欧陆被称为"faculty"，英美被称为"college"。其中，"faculty"一开始是专门的教学组织，是学者行会即一群教师的集合体。博雅教育的组织与专业教育的组织同样被称为"faculty"，艺学院与法学、神学和医学三个学院都是"faculty"。而当"faculty"一词用来指涉学术组织时，它内在地具有"知识的整体性"的意涵。例如，19 世纪的法国学者认为，拿破仑改革之后的法国高等教育中，faculty 名存实亡，就是因为 faculty 成为专业化的教育组织，而且它在高等专科教育体系之外，地位几乎无足轻重，传统上巴黎大学意义上的强调知识整全性的"faculty"不存在了；又如 19 世纪末美国传统的文理学院中出现了现代学术研究组织时，将研究生院（graduate school）与文理学院合并，成立"文理学部"（faculty of arts and sciences）。"college"在中世纪大学中，一开始是指学生的住宿学院和行政管理机构，不是教学和学术研究的组织。英国牛津、剑桥的诸学院是民主选举、自我管理的自治组织。而巴黎大学诸学院由外部权力机构进行管理，例如巴黎大学索邦学院是由巴黎郊区的副主教和教士以及大学校长和学监负责。外部权力机构负责学校任免权，日常事务则由其授权于大学内部官员管理。后来教师逐渐进入"college"讲课，至 15 世纪，"college"成为了教学的中心。1445 年，整个巴黎大学都已经坐落在学院里，欧洲住宿学院在此时彻底完成了转型。而到 16 世纪，"faculty"仅仅是大学正式活动的场所，其实主要就是举办学位授予仪式，除此之外，几乎再无其他功能。此时，"college"作为大学的组成部分，远比大学重要。特别是在巴黎大学，原先属于"faculty"的教学职能，都已经分散到了"college"中。[35]而现代专业教育在大学兴起之

---

35 相关文献参见 Gabriel，A．L．The College System in the Fourteenth-Century Universities［A］The Forward Movement of the Fourteenth Century［C］Ed．Utey，F．L Ohio：Columbus，1961：124 Tapper，T&Palfreyman，D Lessons from Continental Europe：The Collegial Tradition as Academic Power［A］. The Collegial Tradition in the Age of Mass Higher Education［M］. Ed．Tapper，T&Palfreyman，D．Springer Science & Business Media，2010：136. Cobban，A．B．The Medieval Universities：Their Development and Organization，1995：130-132. 以及涂尔干．教育思想的演进［M］. 李康，译. 上海：上海人民出版社，2003：122.

后，欧洲大学又用"faculty"来指称具有一定综合性的专业学院。

　　总体而言，"faculty"某种程度上传承了它的历史义涵，是在学术知识上具有一定综合程度的组织，如美国一流大学的文理学院、欧洲具有综合性的专业学院，都以 faculty 命名，它有时候也被翻译为学部。而"college"在美国的语境中一般用于小型文理学院和寄宿学院，这也是继承了它在中世纪的意涵；"school"在高等教育语境中一般是专业学院。而在当代美国的研究型大学中，"college"、"faculty"和"school"这三个词都被用来指代文理学院，但它们在性质与功能上相同，不需要根据字面上的不同再做内涵上的区分。

　　博雅教育的学院又分为古典学院和现代学院。古典学院的代表性机构包括艺学院、哲学院和美国殖民地时期的文理学院。现代意义上的博雅教育学院一般指美国的文理学院，其中，"文理"一词的称呼包括"arts"、"liberal arts"、"humanity and science"和"arts and science"等等。文理学院有两种形式，一是独立设置的私立小型文理学院，二是综合性研究型大学特别是常春藤大学中的二级学院。本书的文理学院，主要指后者。

　　考察这些学院的知识体系与目标，它们普遍不是围绕某一专业或职业建构，每个学院都是以一套整全性的自由知识体系为主要内容，通过这套知识体系来训练心智与品格，意图使学生形成自由人特征。它们明显区别于专业教育的组织，因此被看作是博雅教育的组织。这一点在西方若干经典文本中都可以得到证明。就艺学院而言，涂尔干在《教育思想的演进》里明确指出，中世纪大学是形式教育而非实质教育，这里的形式教育就是进行心智规训和人格塑造，而不是实质性的专业技能的训练。就哲学院而言，哲学院是由艺学院改称而来的，它以"wissenschaft"为主要内容，根据洪堡、费希特等哲学院主要改革者的观点，哲学院是通过"wissenschaft"进行心智训练和人格塑造即博雅教育的组织，他们明确反对专业教育；包尔生的著作《德国大学与大学学习》是在学界广为引用的经典著作。包尔生认为："（哲学院的）哲学是从一般意义上进行科学推理的逻辑方法学的先决条件的研究，从而提出真理的标准"，由此他把哲学院的德国大学生的学习概括为"哲学文化"，而哲学文化的内涵与目标就是："一个人能够将自己的思想观点很好地协调起来。这应该正是所谓通识文化的目标。强调学生通识文化的教育，实际上是对学生自身价值的尊重，重视学生的修养，在教育中重视培养具有修养的人"。由此可见，哲学院是典型的博雅教育的学院。就文理学院而言，伯顿·

克拉克在《高等教育系统》中认为美国的博雅教育（通识教育）得以顺利开展的正是由于美国存在博雅教育组织上的保障，即文理学院。而本-戴维在其代表著作《学问的中心》中也认为"美国的博雅教育具有组织上的保障，存在创设统一课程的组织结构和权力。"

由此可见，艺学院、哲学院与文理学院被看作是进行博雅教育的组织，是学界共识。而由于这些学院一脉相承、性质相同，有的学者按照当下的称谓习惯，把这几类学院都译为文理学院。

另外，关于"学院组织制度"这一表述中"制度"一词，根据当代制度分析的研究，对"制度"的界定一般被分为两个方面，一方面是显性的正式规则与组织，一方面是非正式的规则和规范，包括文化、习俗、习惯等等。本书的"组织制度"主要取前者的含义，是指正式的组织结构和规则，但也包涵规范性的和文化认知性的因素对于正式组织结构的影响。

1.3.3　小结

经由上述详细辨析，本书几个核心概念的内涵如下：

博雅教育（liberal arts education）：　学院通过自由知识（liberal arts）进行心智训练和品格塑造，从而培养自由人或自由人品格的教育，不以职业为目的。

专业教育（professional education）：以高深学术知识为基础，培养学生职业能力为目标的教育。古典专业教育主要是律师、牧师和医生三种职业。现代专业教育是以现代学术为基础，大规模地、系统地培养专业人员，包括职业的行业从业者（职业性专业教育）和学术研究者（学术性专业教育）。博雅教育和现代专业教育构成高等教育的主要矛盾。

需要特别注意的是两点：第一，博雅教育和主修专业（major）、专门化的学科知识不构成对应的概念。一来主修专业和专门学科知识分别是课程与学术知识的表现形式，还上升不到教育理念和人才培养模式的层面。二来文理学院的主修专业，被看作博雅教育的一部分，而现代博雅教育的通识课程，必须由一个个专门化的学科知识构成。第二，通识教育与专业教育在美国历史与现实语境中不构成对应概念，因为通识教育被理解为通识课程，在这个意义上，他虽然是博雅教育的组成部分，但也可以构成专业教育知识体系的一部分，即基础文理知识。在中国，通识教育被理解成与专业教育相对的概念。这源于中国大学将通识教育理解为西方语境中广义博雅教育，也就说通识教育也被作为教育理念和人才培养模式，与专业教育相对。

通识教育（general education）：采取美国学院与大学协会（AAC&U）的界定，本书将其看作是古典意义上"liberal arts education"的现代形态。

学院：欧美大学为实施博雅教育而单独建制的组织，在本书中主要指法国的艺学院、德国的哲学院和美国的文理学院，由于他们的性质相同，也可统称为"文理学院"。

1.4　文献综述

国内关于博雅教育的文献已经非常多，但是并没有人对本书提出的问题进行系统研究，而国外则存在不少与本书主题间接或直接相关的研究，因此，文献综述部分将以国外文献为主。从学科领域上看，对博雅教育观念及其学院组织变革的研究主要来自思想史家、历史学家和社会学家这三类学者。从研究对象上看，一些涉及德美英法四个主要国家的历史比较分析著作大都以德国和美国为论述核心，如约瑟夫·本-戴维和威廉·克拉克（William Clark）等的著作。而其他侧重国别史的研究中也是以德国和美国为研究重点，这是由于德国和美国的高等教育最具典范意义且学院组织变革的过程最为复杂。因此，本书也将以德、美比较为核心，以法、英的情形为参照。本节将与研究问题相关的文献分为两大部分进行综述，即博雅教育思想（史）研究和博雅教育组织变革研究。

1.4.1　博雅教育思想（史）研究

（1）博雅教育思想通史研究

比较有代表性的思想史研究包括布鲁斯·金博尔（Bruce Kimball），谢尔顿·罗斯布莱特（Sheldon Rothblatt），第纳尔·格莱尔（Diana Glyer）与大卫·威克斯（David L. Weeks），厄尔·麦克格雷斯（Earl J. McGrath）、盖里·米勒（Gray Miller）以及国内学者沈文钦等人的研究成果。相关文献沈文钦博士在《西方学者对博雅教育思想史的研究：1890-2005》一文中按照不同历史阶段进行了列举。[36]其中，教育史家金博尔的著作《雄辩家与哲学家：博雅教育

---

36 沈文钦. 西方学者对博雅教育思想史的研究：1980-2005[J]. 清华大学教育研究，
　　2009（6）：104-112

观念史》一书是学界第一部博雅教育思想通史。他认为西方存在两种博雅教育传统，一种是雄辩家传统，一种是哲学家传统。前者意义上的"自由人"是国家政治精英和领袖，后者意义上的"自由人"是闲逸的古典学术研究者。[37]美国学者格莱尔和威克斯则细分了西方博雅教育史上出现过的四种基本范式（paradigm），即古希腊哲学传统、人文主义传统、现代科学范式以及20世纪实用主义的版本。[38]历史学家罗斯布莱特对英国博雅教育的传统进行了详细的论述，其重要成果包括《英国博雅教育的传统与变革》[39]、《现代大学及其图新》[40]以及论文《冥想的肢体：英语世界的博雅教育》[41]等。他分析了英国博雅教育在19世纪转型的原因，包括官能心理学的兴起、绅士教育遭到挑战、实证主义、专业主义意识形态崛起等最终使博雅教育放弃的对人的塑造走向科技化与专业化。[42]罗斯布莱特在此试图提炼影响博雅教育现代转型的基本因素。沈文钦关于英国博雅教育思想史的研究对于进一步认识和理清博雅教育庞杂的概念体系具有重要意义，但过于注重细微的语义辨析。以上这些学者的著述虽然不同程度地涉及了自由知识性质与教育观念的现代转型，但并没有进行系统的论述。而自由知识或古典学术的现代境遇是本书关注的重要内容，它是学院组织变革的基本因素。进一步的文献搜索发现，关于德国博雅教育观念的研究和部分博雅教育观念的比较研究更具启发意义。

（2）德国博雅教育理念的研究

德国博雅教育组织的变革是本书关注的重点，所以这里特别关注专门研究德国博雅教育观念的文本。与本书相关的这方面研究有两类，第一类是关

---

37 Kimball，B．A．Orators and Philosophers：A History of the Idea of Liberal Education[M]．New York：Teacher College Press，1986

38 Glyer, D&Weeks, D. L. The liberal Arts in Higher Education[M]. University Press of America，1988：xvi-xx

39 Rothblatt, S. Tradition and Change in English liberal education[M]. London：Faber and faber，1976

40 罗斯布莱特，S．现代大学及其图新[M]，别敦荣，译．北京：北京大学出版社，2013

41 Rothblatt, S. The Limbs of Osis：Liberal Education in the English-speaking world[A]. Sheldon Rothblatt. The European and American University since 1800：Historical and Sociological Essays[C]. New York：Cambridge University Press，1993

42 Rothblatt，S．Tradition and Change in English Liberal Education[M]．London：Faber&Faber，1976：159-160

于德国博雅教育观念核心概念"bildung"的研究，理解"bildung"是理解德国博雅教育本质的基本路径。社会学家埃利亚斯在其巨著《文明的进程》中对"bildung"做出了经典界定，这个词在德文中具有文化、教养、教育等意涵，它源于文本，是与社会、政治无关的纯粹精神性的东西，它体现为在自由知识的陶冶下，拥有丰富的内在世界和澄明的自我意识，最终个性与人格得到充分的教化。[43]而近十年比较有代表性的新研究成果包括朱利安·哈曼（Julian Hamann）的论文《德国人文科学中的教化》[44]以及拉斯·勒弗莱（Lars Lovlie）和保罗·斯坦迪什（Paul Standish）的《教化与博雅教育观念》[45]。第二类是近二十年来历史学家关于洪堡观念的研究成果。伯顿·克拉克在《探究的场所》中指出，洪堡观念实际是欧洲博雅教育在德国的一个变种。从西方最新的研究成果看，理解洪堡观念及其对德国大学的影响是理解德国博雅教育观念及其学院组织变革的起点，因为相关研究成果不同于我们以往对洪堡观念及其实践的理解，这些学者通过扎实的史料考证和哲学功底对以往关于洪堡观念那些似是而非的混沌说法进行了质疑与批判。此类研究的对象可以统称为"洪堡神话"（The Humboldt Myth）。也就是说，他们认为洪堡观念不过是后人缔造的神话而已。其代表性人物包括高等教育学者米歇尔·阿什（Mitchell G. Ash）[46]、马尔腾·西蒙斯（Maarten Simons）、索斯滕·纳鲍姆（Thorsten Nybom）[47]、德国教育史家雷纳·施魏因斯（Rainer C. Schwings）以及历史学家茜维娅·佩尔恰克（Sylvia Paletschek）[48]等。其中，佩尔恰克通

43 埃利亚斯，N. 文明的进程[M]. 王佩莉，袁志英，译. 上海：上海译文出版社，2013：25

44 Hamann，J. 'Bildung' in German Human Sciences：The Discursive Transformation of a Concept[J]. History of Human Science，2011（12）：47-72

45 Lovlie，L & Standish，P. Bildung and the Idea of a Liberal education[J]Jounal of Philosophy of Education，2002（3）：317-339

46 参见阿什的代表性论文：Bachelor of What， Master of Whom? The Humboldt Myth and Historical Transformations of Higher Education in German-Speaking Europe and the US[J]，European Journal of Education，2006(2）以及著作：Germany Universities Past and Future：Crisis Or Renewal[M]. New York：Berghahn Books，1997.

47 Nybom，T. A Rule-Governed Community of Scholars：The Humboldt Vision in the History of the European University. [A]P. Massen&J. P. Olsen，University Daynamics and European Integration[C]. Dordrent：Springer Science+Business Media B. V、2007：55-88.

48 Paletschek，S. The Invention of Humboldt and the Impact of National Socialism：The

过历史考证发现，洪堡的代表性文章《论柏林高等学术机构的内部和外部组织》（未完成）在整个 19 世纪都鲜为人知，直到 1903 年才被布鲁诺·格布哈特（Bruno Gebhardt）在柏林科学院的档案中发现。而"洪堡理念"、"柏林大学模式"等概念在 19 世纪的学术研究中也从未出现过。因此，她得出的激进结论是，"洪堡理念"不过是后人创造的神话，现有史料无法证实德国现代大学的建立与洪堡理念有什么关系。而米歇尔·阿什则在其论文《洪堡神话与德语国家和美国高等教育的历史转型》中进行了总结性的研究，归纳了关于"洪堡神话"的五个基本观点：第一，直到 20 世纪初，所谓洪堡观念的内容才与洪堡的名字联系起来；第二，柏林大学建校之前，现代大学的组织制度和实践业已存在于其它大学。第三，与实用无关的所谓纯科学研究在德语地区的大学中从未建立起统一的管理原则；第四，19 世纪末发现的与洪堡有关的高等教育文件，与被当前看作是他所创造的德国大学体系的危机，同时发生并具有一致性；第五，洪堡观念的内容与现代高等教育之间的紧张关系很早就出现了。[49]这些论证对于我们再认识德国大学的学院组织变革无疑具有重要的反思价值和史料意义，使我们必须重新思考到底是何种因素促使德国大学从博雅教育的古典组织转型为现代大学组织。然而，此类研究虽然以丰富而扎实的史料为论证依据，但其结论存在窥豹一斑的缺陷。这些学者的研究过分纠结于洪堡本人，应该注意的是，即便我们承认洪堡观念本身不过是被后人创造的神话，但也应看到洪堡所信奉的新人文主义（代表人物亦包括施莱尔马赫、席勒、歌德等人）在柏林大学建立之前与之后的一段时间在理念上对于改革的作用。另外，对所有简单粗暴的二元对立式叙事，都必须皆持谨慎态度，因为这容易使我们忽略历史的复杂性并难以认识真正的因果机制。在这些研究中，马尔腾·西蒙斯的论文《欧洲大学中"经由研究的教育"：论学术研究的取向》跳出了对洪堡观念的纠缠，将目光集中于"经由研究的教育"这一德国大学哲学院的关键主题，明确区分了现代人所认识的 19 世纪德国大学的观念即"经由科学的教育"（education through science）与

German University Idea in the First Half of the Twentieth Century[A]. Szollosi-Janze, M. Science in the Third Reich[C]. Oxford：Berg, 2001；37-58.

49 Ash, M. Bachelor of What, Master of Whom? The Humboldt Myth and Historical Transformations of Higher Education in German-Speaking Europe and the US[J]. European Journal of Education, 2006（2）：245-267.

实际的德国大学观念即"经由学术的教化"（bildung through wissenschaft）之间的重要差异，重新审视了当代学界的认知对德国大学观念的传统观点。[50]

（3）博雅教育理念的比较研究

对不同国家博雅教育观念进行比较的研究并不多，比较有代表性的是阿伦·阿维拉姆和梅尔茨的研究成果。阿伦·阿维拉姆（Aharon Aviram）的论文《大学的人文主义概念》对德、法、英三国不同的博雅教育观念进行了比较分析。[51]阿维拉姆首先比较了德国和法国博雅教育的观念，他准确地指出19世纪德国大学博雅教育中"研究"的概念与现代科学与实证主义支配的研究概念不同，它反映的是新人文主义者的学术观，是基于理解自身与其他文化的努力，与个体的自我认识、自我实现过程相关。而大革命后的法国高等教育则是真正的实证主义科学概念，且大学目标、研究方法与社会需求相符合。而关于英国和德国的区别，他认为，英国大学传统的博雅教育与19世纪德国新人文主义具有本质不同。在英国的博雅教育概念中，个体根据明确的培养模式接受所谓"绅士"教育，它基于古典文化，只有通过古典文化的教育，才能被这个统一的社会阶层所接纳。因此，个体在接受文化、观念和标准的时候，扮演的是一个消极角色，只有一个人内化了文化的基本结构并据此形塑了自己的生活和观念之后，创新才是被允许的。相比之下，在德国新人文主义的概念中，目标并未预先设定，能决定目标的是个体，是他自己自我设计的过程，自己赋予生命以意义。德国博雅教育培养的学生更具学术创造性。

另一项著作是科学史家梅尔茨（John Theodore Merz）的《十九世纪欧洲思想史》，他同样比较了德国、英国和法国的博雅教育理念与科学精神。其独特之处在于发掘传统博雅教育观念与现代科学观念之间在学院组织变革之中的继承关系。[52]例如，在关于德国的一章中，他特别强调德国古典博雅教育的精神特别是哲学院"Wissenschaft"强调纯粹知识的伦理意义遗传给了新时代的科学家，使后者以同样的精神研究从英国和法国引入的精密自然科学问

---

50 Simmons，M．"Education Through Research" at European Universities：Notes on the Orientation of Academic Research[J]．Journal of Philosophy of Education，2006（1）：31-50.

51 Aviram ，A．The Humanist Conception of the University：A Framework for Post-Modern Higher Education[J]．European Journal of Education，1992（4）：397-414.

52 梅尔茨. 十九世纪欧洲思想史[M]. 周昌忠，译. 北京：商务印书馆，1999：9.

题，新旧之间的作用最终产生了独特的结果。这也是德国与英法两国之间最重要的区别。当然，这种旧事物对于新事物的遗传关系以及新事物对旧事物的改造关系，内含的复杂机制尚需进一步分析与澄清。

1.4.2　博雅教育组织的经典研究

关于博雅教育的学院组织研究中，存在三个经典文本，涉及法国、英国和德国三个主要国家的古典学院组织。它们分别是涂尔干在《教育思想的演进》中关于中世纪巴黎大学艺学院的分析，纽曼在《历史素描》中关于牛津、剑桥的学院的叙述，以及康德在《系科之争》中关于德国大学哲学院的研究。这些经典研究为我们理解欧洲博雅教育的学院组织奠定了基本的认知基础，包括学院的基本特征和国别差异。

（1）学院作为学者自治的行会：涂尔干关于巴黎大学艺学院的经典研究

College 这个词源于拉丁文"collegiums"，它最初是指宗教团体，后指建立在成员权利平等基础上的行会组织。涂尔干的研究揭示了学院是通过教师的教学和学生的学习实践自发演化形成的，学院组织是其成员平等自治的行会。首先，学院通过学者行会的"就职礼"与教会的"执教权"之间的博弈，获得了行会自治的权力。因此，学院首先是教师法团，是一群人的组织而非一堆科目的组织，"university"这个词并不是指人类学问的整全总体，而是指法团，即任何拥有一定程度一致性和道德一体性的集合。第二，"同乡会"这一巴黎大学的主体机构对学院的形成具有重大作用，它是学生活动与膳宿的中心，随着这些同乡会的壮大，教学中心逐渐从教学区的公共学校转移到学院内部，涂尔干将其称之为"革命"，最终学院成为巴黎大学的中心，学院为师生的学习和生活创造了一种道德环境，成为师生在道德上的共同体。[53]

（2）学院作为师生的道德共同体：纽曼关于英国学院的经典研究

纽曼在其《大学的观念》之外的另一部经典著作《历史素描》（《Historical Sketches》）中通过对大学与学院的对比分析非常深刻地描述了学院作为师生"道德共同体"的本质。纽曼认为大学与道德无关，是在将学院与大学相区分的意义上说的。大学的教授制度只关心知识的传授和研究，不关心学生的

---

53 涂尔干. 教育思想的演进［M］. 李康，译. 上海：上海人民出版社，2006：10.

道德教化；大学对知识的崇尚助长理智的傲慢。而学院则能够补救大学的缺陷：作为小型的师生共同体，给学生创造"家园"之感；学院与教会联系密切，通过宗教与道德力量塑造学生统一的道德人格。实际上，纽曼已经认识到了现代科学知识的实证取向与古典博雅教育的道德取向之间的冲突，他论述道："学院是秩序之所，是深厚持久的依恋。大学致力于神学、法学、医学、自然史、自然科学以及一般性的科学及其传播；学院则致力于理智和道德方面的品性之塑造、心智的培育、个体的发展，学院致力于文学、古典学以及入门性的科学，后者将增强人的心智……大学是前进的因素，学院具有保守的倾向。"纽曼所分析的大学与学院的冲突就是现代大学组织与古典学院组织的冲突，他充分意识到了前者对后者的消解甚至摧毁作用。[54]另外，在《大学的理念》中，纽曼也分析了艺学院与专业学院、博雅教育与专业教育的关系。

（3）学院作为奉行纯粹理性原则的学术组织：康德关于德国大学哲学院的经典研究

在 18 世纪后期德国人呼吁采取法国模式的声浪中，康德是古典学院的坚定捍卫者。他的《系科之争》是研究德国哲学院最为经典的文本，对德国博雅教育组织的本土化特征做了最经典和明确的表述。康德认为，法学院、医学院、神学院等专业学院是为政府和教会服务，因此受到国家的支配。而哲学院则关注学术本身的知识旨趣，其研究内容由学院自身的标准来评判，不受政府等外在条件的干扰，只遵循纯粹的理性原则。[55]康德的著作点出了作为德国大学博雅教育组织的哲学院的基本特质。

1.4.3　博雅教育组织变革的研究

不管是在学院组织的国别研究还是历史比较研究中，学者对德国和美国学院的重视要高于英国和法国，因为德国和美国的高等教育体系影响相对更大，情况更复杂。在约瑟夫·本-戴维的比较研究中，德国和美国是他最重要的研究对象，关于美国和德国学院组织的变革是本-戴维研究的重点；而威廉·克拉克对英法德三国高等教育体系从博雅教育组织转型为研究型大学的过程

---

54 Newman, J. H.　Historical Sketches［M］. Nabu Press, 2010.

55 康德. 论教育学［M］. 赵鹏，何兆武，译. 上海：上海人民出版社，2005.

进行了比较分析，他在其专著的导论中明确表示以德国为研究重点，以英法为对比。这部分综述本-戴维和威廉·克拉克的比较研究成果。

（1）哲学院组织变革的研究

中国学界关于 19 世纪德国大学的理解大体上是由陈洪捷[56]和亚伯拉罕·弗莱克斯纳（Abraham Flexner）[57]广为引用的著作所塑造，认为是洪堡观念导致了德国现代研究型大学的产生，这种认识忽视了不少历史细节和因果逻辑，缺乏对德国大学组织变革过程更细致和深入的历史学和社会学分析。从上文综述可以发现，国外的史料和文献业已表明 19 世纪的德国大学存在一个由博雅教育的古典组织转向现代科学研究的研究型大学的过程。这一过程非常复杂，所以一直是西方历史学家和社会学家关注的焦点，他们对这一过程的发生机制进行了细致的历史社会学分析，已经超越了陈洪捷和弗莱克斯那的认识，而这些研究并没有引起国内学界的注意。

西方学界关于 19 世纪的德国大学如何从以哲学院为主体的博雅教育组织，转型为以专业学院和专门化机构（实验室、研究所）为主的现代大学组织的研究，是由本-戴维所开启的。从时间上大体可分为两个阶段，第一阶段是 20 世纪 60 年代至 70 年代，代表性的学者是本-戴维和他的学生齐洛佐沃（Awraham Zloczower）[58]，以及他的合作者、社会学家兰德尔·柯林斯（Randall Collins）[59]。其它具有代表性的研究来自美国历史学家查尔斯·麦克利兰（Chales McClelland）、加拿大历史学家史蒂文·特纳（R. Steven Turner）[60]等人。本-戴维等人认为德国大学学院组织变革的核心机制是德国高等教育的管

56 陈洪捷. 德国古典大学观及其对中国的影响[M]. 北京：北京大学出版社，2006.

57 弗莱克斯纳. 现代大学论[M]. 徐辉，陈晓菲，译. 杭州：浙江教育出版社，2001.

58 Ben-David，J& Zloczower，A. Universities and Academic Systems in Modern Societies[J]. European Journal of Sociology，1962（3）.

59 Ben-David，J&Collins，R. Social Factors in the Origins of a New Science：the Case of Psychology[J]. America Sociological Review，1966（4）.

60 特纳的相关论文包括：The Growth of Professorial Research in Prussia，1818 to 1848-Causes and Context[J]. Historical Studies in Physical Science，1971（3）：137-182；Justus Liebig versus Prussian Chemistry：Reflections on Early Institute-Building in Germany[J]. Historical Studies in Physical Science，1982（1）：129-162；Paradigms and Productivity：The Case of Physiological Optics，1840-1894[J]. Social Studies of Science，1987（1）：35-68；Albisetti，J，McClelland，C. E&Turner R. S. Science in Germany[J]. Osiris，1989（5）：285-304.

理体制。大学外部的政府管理体制和内部的教授寡头体制与德意志由于邦国林立所造成的各大学、各邦国之间的学术竞争市场之间相互作用，形成了独特的学院组织变革过程与结果，最终导致了现代科学的不断扩张与学科分化。总之，这些学者研究建构了最初的基本分析范式与框架；第二个阶段研究阶段是 20 世纪 80 年代到 90 年代，比较有代表性的学者包括戈特·舒普林（Gert Schubring）[61]、蒂莫西·勒诺（Timothy Lenoir）[62]、大卫·卡昂（David Cahan）[63]、拜纳姆（W. F. Bynum）[64]、凯瑟琳·欧莱斯科（Kathyrn Olesko）、阿林·塔奇曼（Arleen Tuchman）[65]等人。这一阶段的研究已经从前阶段关于大学组织的国际比较和宏观分析过渡到具体区域、大学、学科、学派甚至实验室的个案研究。

在这些学者中，除了本·戴维是社会学家之外，大部分学者的学科背景都是历史学。历史学家更重视史料考证和历史叙事，并不追求提炼解释因果机制的系统分析框架和形式理论，但其研究具有重要的史料和证据价值。从这个意义上讲，历史学家的史料挖掘为社会学家的研究提供证据基础和事实支持。另外，这些学者以大学组织为主要研究对象，更多地将现代大学组织与古典学院之间处理为一种断裂性关系，忽视了组织中新旧因素的交融与延续性。

（2）文理学院组织变革的研究

美国学界关于学院组织变革的经典研究来自哥伦比亚大学教育学院的厄尔·麦克格雷斯（Earl J. McGrath），他在其《研究生院与博雅教育的衰落》、

61 Schubring, G. The Rise and Decline of the Bonn Nature Sciences Seminar[J]. Osiris, 1989（5）: 56-93.

62 Lenoir, T. Laboratories, Medicine and Public life in Germany 1830-1849: Ideological Roots of the Institutional Revolution[A]. The Laboratory Revolution in Medicine[C]. Andrew Cunningham, Perry Williams; Coleman, W&Holmes, F. L: The Investigative Enterprise. Experimental Physiology in Nineteenth-Century German Medicine. Berkeley/Los Angeles/London: University of California Press, 1988.

63 Cahan, D. Hermann von Helmholtz and the foundations of nineteenth-century science[M]. Berkeley/Los Angeles/London: University of California Press, 1994.

64 Science and the Practice of Medicine in the Nineteenth Century[M]. Cambridge: Cambridge University Press, 1994

65 Tuchman, A. M. Science, Medicine, and the State in Germany: The Case of Baden, 1815-1817[M]. Oxford: Oxford University Press, 1993.

《文理学院变成专业学院了吗？》、《专业中的博雅教育》等多种著作和论文中分析了美国从古典博雅教育的文理学院向现代研究型大学转型的历程中"学院"的命运。[66]美国文理学院的变革存在多种情况和形式，因此有学者分析概括了这些不同的变革形式及其中的因果逻辑。

耶鲁大学历史学家乔治·皮尔森（George Pearson）总结了传统学院的四种转型模式：西部的州立大学抛弃传统的学院理想而倾向于本科生院的职业教育；像约翰·霍普金斯这样的东部大学将学院依附于研究生院；以哈佛为代表的将学院改组为大学；以耶鲁为代表的在学院之上建立大学。[67]

而尤尔根·赫伯斯特（Jurgen Herbst）的论文则主要分析了古典的文理学院为应对研究型大学的崛起所做的改革，其论文案例丰富且相对系统。他认为欧洲特别是德国大学观念的引入与美国研究生院的建立导致了美国文理学院的多种变革形式，他归纳了三种学院变革的制度安排。第一种以约翰·霍普金斯大学和克拉克大学等新型研究型大学为代表，建立专门从事现代科学研究的研究生院，不招收本科生。但这些大学的学者逐渐意识到大学是无法取消本科生通识教育的。他们逐渐寻求适应研究生和本科生两类教育的方式，向本科生院灌输德国哲学院的精神来平衡职业主义的倾向。第二种是哈佛、耶鲁、普林斯顿等本来就存在古典文理学院的大学组织，他们面临的问题是如何使文理学院适应新的研究性课程。赫伯斯特认为，这些传统文理学院在向现代研究型大学转型的过程中，哈佛校长艾略特所倡导的本科生课程的自由选修制度尽可能地保存了古典文理学院的组织。而在普林斯顿大学案例中，他颇具创见地指出普林斯顿大学的改革远非一个研究生院战胜博雅教育的过程，而实际是英式学院教育精神的研究生教育。第三种将博雅教育和科学研究组织相分离，前期以密歇根大学、明尼苏达大学为代表，在文理学院中前两年实行博雅教育，后两年专业教育，这一安排普遍早于学院改革的

---

66 参见：McGrath, E. J. The Graduate School and the Decline of Liberal Education[M]. New York：Bureau of Publications Teachers College，Columbia University，1959; Are Liberal Arts Colleges Becoming Professional schools[M]. New York：Bureau of Publications Teachers College，Columbia University，1958;Libieral Education in the Professions[M]. New York：Bureau of Publications Teachers College，Columbia University，1958.

67 Pearson, G. W. Yale College: An Education History, 1871-1921[M]: New Heaven：Yale Univesity Press，1952：44-45.

七八十年代，在当时并未成功；后期以哥伦比亚大学、芝加哥大学和斯坦福大学为代表。在结论部分，赫伯斯特认为正是由于美国缺乏欧洲高级中学这样的结构，研究生教育的先驱们在改革中逐渐意识到美国学院无法变成专业学院。他们因此认为，学院的任务是将博雅教育和专业的学术训练相融合，认识到通识教育和专业教育都有正当性理由。[68]

劳伦斯·维赛则在其广为引用的著作《美国现代大学的崛起》中系统考察了 1865 到 1910 这段美国大学的形成时期，对美国高等教育如何从古典博雅教育的学院组织演变为现代学术机构进行了系统研究。[69]而哥伦比亚大学教授安德鲁·德尔班克（Andrew Delbanco）2012 年出版的著作《学院：过去是什么，现在是什么，应该是什么》从当下的问题意识出发，回溯过去，代表了这方面最新的研究成果。[70]

而以下几位学者对美国研究型大学文理学院的研究则提出了与本书密切相关的问题并进行了解释。社会学家爱德华·希尔斯（Edward Shils）在研究美国大学演变史中提出的问题是为什么文理学院没有被专业化的学术制度所取代，而是融入了美国现代大学。他认为这是由于，第一，大学必须利用文理学院的教学资源来补贴专业化的学术研究；第二，正是文理学院的本科教学阻止了学科狭隘的专业化，迫使专业研究者不得不面对根本问题的思考，回归人性与文明的基本问题，文理学院使不同专业的学者建立紧密联系，形成学术共同体。[71]国内学者李猛则试图对希尔斯的问题进行回应，他以美国高等教育史上的"大学化"改革切入，指出美国重建文理学院是为了通过学院通识教育与共同生活的探索，克服研究型大学中本科教育面临的困境。[72]美国社会学家兰德尔·柯林斯（Randall Collins）是从美国大学专业教育与专业学院演变的逻辑指出了文理学院存在的必要性。他认为，专业和专业学院地位

68 Herbst, J. Liberal Education and the Graduate School：An Historical View of College Reform[J]. History of Education Quarterly，1996（4）：244-258.

69 维赛. 美国现代大学的崛起[M]. 栾鸾，译. 北京：北京大学出版社，2011.

70 Andrew Delbanco. College: What it Was, Is, and Should Be[M]. Princeton: Princeton University Press，2012.

71 Shils E. The order of learning: Essays on the contemporary university[M]. Routledge, 2017：9.

72 李猛.在研究与教育之间：美国研究型大学兴起的本科学院问题[J].北京大学教育评论，2017（4）：2-19.

的成功构建并不仅是源于专业技能，而是贵族与精英通过仪式性程序、象征性权力、自我理想化自证以及营造神秘感或秘密性来完成的，文理学院的存在，就是为了精英们在进入专业教育这一教育序列的垂直终点之前，先在文理学院奠定自己的文化地位，它远不是为专业训练做的基础文理知识准备。[73]

（3）博雅教育组织变革的比较研究

本-戴维和克拉克的研究虽然是为数不多的与本书直接相关的研究成果。本-戴维关于学院组织变革的历史比较分析是相关研究的源泉，后续的相关工作都是在本-戴维建立的框架中完成的，包括威廉·克拉克的成果。

本-戴维在其多种著作（如《学术中心》等）和论文（如《现代社会的大学和学术体系》等）中探讨了博雅教育学院组织向现代大学转型的过程。他研究发现，虽然英德法等欧洲主要国家的高等教育体系依然包含了博雅教育思想的传统，但是在近代社会以来博雅教育的内容和组织却逐渐不复存在。他通过英法德美四国的比较分析发现被欧洲大学放弃的古典学院却被美国大学保存下来（即文理学院），致使此后美国的通识教育始终具有组织上的保证。作为旧制度主义分析时代的社会学家，本-戴维认为高等教育组织的管理体制是组织变革的核心因果机制。其中，德国和美国的大学是其最主要的研究重点。他对德国学院组织变革的研究可以提炼为宏观的"分权化的竞争"[74]和微观的"角色混合"[75]两大机制；而同样具备这些机制的美国却并没有因为现代大学的崛起而取消古典的学院组织，本-戴维的独特解释是：美国继承了苏格兰启蒙运动的经验传统，能够包容古典和现代学术，使两者未呈现欧洲大学式你死我活的对立态势；[76]第二，在组织结构上，美国缺乏欧洲国家在现

---

73 兰德尔·柯林斯.文凭社会：教育与分层的历史社会学[M].刘冉，译.北京：北京大学出版社，2018：305.

74 Ben-David，J& Zloczower，A．Universities and Academic Systems in Modern Societies[J]．European Journal of Sociology，1962（3）.

75 Ben-David，J&Collins，R．Social Factors in the Origins of a New Science：the Case of Psychology[J]．America Sociological Review，1966（4）.

76 和本-戴维同时期的著名高等教育学者约翰·布鲁贝克（J．Brubacher）与威利斯·鲁迪（W．Rudy）合著的经典著作《美国大学学院史：1636-1975》亦认为苏格兰传统对美国高等教育的重要影响，并对其做出了颇具解释力的分析。参见：Brubacher，J&Rudy，W．Higher Education in Transition：A History of American Colleges and Universities[M]．New-Jersey：Transaction Publishers，1997.

代化过程中形成的强有力的政府组织，美国高等教育不会获得政府的大力资助，但也不存在政府对大学自上而下的专业化改革。在大学的渐进演变中，现代研究机构（研究生院）和古典文理学院相较欧洲简单对抗的局面相对复杂。他们一定程度上是相互促进的关系：新建研究型大学为哈佛等古老的文理学院提供经过现代学术体制训练过的学者。最终，研究生院对于美国大学起到了十分微妙而独特的作用：在没有取代文理学院的同时，帮助文理学院完成现代化的路程；而那些古老名校中，研究生教育被保留在本科教育的文理学院中，形成研究和教学相互制衡的组织结构。[77]

威廉·克拉克教授的《学术卡里斯玛与研究型大学的起源》这部近七百页的著作出版于本-戴维去世后的三十年（2006 年），但其在范式上并未超出本-戴维的分析框架，他是在后者工作的基础上进行了更加微观的历史比较分析。通过大量的史料特别是对"习明纳"和"哲学博士"的考察完善了本-戴维的框架和经验基础，例如，该书第一篇第六章"哲学博士"具有重要的史料价值，作者通过整理 19 世纪德国大学博上论文发现，至 19 世纪 30 年代柏林大学成立二十年之后，自然科学方面的论文依然比较贫瘠，许多现代学科在 30 年代尚不存在。从论文数量看，古典学术的富足同自然科学的贫乏形成鲜明对比。此时，有官方预算支持的古典语文学习明纳满地开花，而资金丰富的现代科学研究机构非常之少。这是我们探讨德国大学哲学院变革的历史与经验事实基础。克拉克将自己的历史研究概括为所谓"管理资本主义"（managerial capitalism）的分析框架。研究涉及四个主要国家的比较分析，但以德国为分析重点。其核心观点是：国家官僚体制和管理资本主义的兴起是现代学术制度取代古典博雅教育组织的基本动力与核心因果机制。

这些研究一般包括以下两个特点：第一，注重外部的社会结构因素，很大程度上认为是外部的因素决定了学院组织的变革，而本书将特别强调知识性质与功能等组织的内部要素；第二，往往认为真正的变革是断裂性的。这两个特点非常符合传统历史比较分析特别是历史比较制度分析的路径。然而，组织制度有骤然的改变，也有顽固的持续性，即使最激进的制度变迁和历史断裂也夹杂着相当的连续性与内部因素。发掘旧观念与新观念、旧制度和新制度之间的延续和继承关系（上文提到梅尔茨从思想史的角度进行了尝

---

77 Ben-David, J. Centers of Learning: Britain, France, Germany and United States[M]. New York：McGraw-Hill Book Company，1977.

试分析）、新旧要素的交互与重新排列组合，在本书分析德国哲学院和美国文理学院的变革中是极其重要的。

1.5 研究方法与分析框架

1.5.1 研究方法：比较历史方法

社会科学的研究方法（Method）[78]大体上分为两种，即规范研究（Normative Research）和经验研究。而经验研究又包括实证研究和阐释性研究（Interpretive Research，或称为"质性研究"，即"Qualitative Research"）。前者是借用自然科学的方法研究社会领域的问题，方法论层面属于科学范式；后者通过对单个案例的过程追踪、细致描述与分析，来挖掘和阐释行动者建构意义（meaning-making）的过程，方法论层面属于人文学范式。而在实证研究和阐释性研究之间，还存在一个中间道路，即比较研究方法。

本书采用的历史比较分析就是一种比较研究方法，即把多个不同案例放在对称的位置上加以比较并从中找出一个关键性问题，目的是寻找导致这些案例之间不同的理论或关键机制。这一方法往往被西方学者运用到社会运动与革命的研究中，通过对各个主要国家的比较来分析社会运动和革命的基本发生机制。它也同样可以运用到对欧陆和美国的博雅教育的学院组织变革的研究中来。比较是社会科学的核心方法之一，通过比较才有可能发现真正的因果机制。基于单个案例的研究对某一现象和问题或许能够进行深入透彻的描述和挖掘，但有时候难以发现真正的因果机制。比如，有学者认为美国之所以能够保留学院组织，是因为其高等教育体系中存在一个能够容纳各种群体或阶层利益的自由竞争市场，学院正是"受益于这样的自由竞争体制，才没有退出历史舞台"。[79]但实际上，这一各种利益、组织制度和教育观念自由竞争的机制在 19 世纪 30 年代之后的德国高等教育体系中也存在，然而德国

---

78 中文的"方法"一词在英语中有三个词，对应了研究方法三个层次："technology"是研究技术，即收集、处理和分析材料的方式，如观察、访谈、问卷、实验等等，属于微观层面；"methodology"是方法论，包括认识论、价值观和修辞等等，属宏观层面；"method"是研究方法，是将特定理论与技术结合而形成的研究工具，是沟通微观和宏观的中观层次，是研究范式的具体化。

79 张东辉. 历史文化视野下的美国博雅教育学院模式（上）[N]. 中国社会科学报，2010-06-24（9）.

博雅教育的组织哲学院却在长时段的自然演化中逐渐消亡了。因此，只有藉由比较才可以发现，仅仅是这一机制并不能解释本书提出的问题，需要通过对案例国家进行深入分析和反复对比，才有可能发现真实而系统的因果机制。第二，本书比较的对象之间具有基本的对称性，空间上法国、德国都属西欧，但政治、经济与文化上欧陆和美国都属于资本主义国家；学院组织变革都处在大致相同的历史时段中，即大体都在 19 世纪开始经历从古典学院向现代大学的转型，法国是 18 世纪末到 19 世纪初，德国、美国都是在 19 世纪。

本书的历史比较分析思路，主要源于比较历史制度分析的代表人物茜达·斯考切波（Theda Skocpol），而她的方法则源自约翰·斯图亚特·密尔（John Stuart Mill）的求同求异法。这一方法要求案例之间符合对等性和独立性的原则，但在现实中这两个特性基本呈现矛盾关系，对等的案例通常无法保证独立性，特别是在具有高度对称性的多个案例中，独立性几乎是不存在的。它其实是将自然科学的实验方法运用到社会研究上来，由于社会生活和环境不是实验室，往往无法像实验科学那样保证案例间没有任何联系。

所以，不能用实证方法与定量分析来衡量比较历史分析，后者的真正优势是复杂性、独特性、背景制约和偶然的历史事件：[80]首先，定量分析由于其在方法论和研究技术上的特性，在解释组织制度现象时具有先天的劣势：定量研究者必须超越具体的历史与社会背景，或从统计意义上控制其它机制，而抽象探讨某一机制的作用，但一个复杂的制度现象的演变往往是由许多机制综合作用形成的。因此，定量分析最多能够抽象出某种在形式上具有普遍性的社会机制，但当他用来解释具体而复杂的制度现象的时候，很有可能出现两种困境：产生所谓"多对一"问题，即对复杂制度现象的解释往往刻意模拟出非常多的定量模型，我们并不知道哪种模型真正解释了现象；或者用某一定量模型直接解释复杂的制度现象，最后得出错误的结论。[81]第二，案例数量虽然少，但通过对其大量深入的观察和评估，对各种因素进行不断考察和梳理，分析各种机制之间的相互作用，从而使研究对某一特定结果的解释

---

80 Kalberg，S．Weber's Critique of Recent Comparative-History Sociology and A Reconstruction of His Analysis of the Rise of Confucianism in China[A]．Lehmann, J. M．Current Perspective in Social Theory[C]．Stanford：JAI Press，1999：209.

81 参见赵鼎新．社会与政治运动讲义[M]．北京：社会科学文献出版社，2006：169-174. 以及周雪光．组织社会学十讲[M]．北京：社会科学文献出版社，2003：134.

是可理解的、合乎逻辑的。

斯考切波在其代表作《国家与社会革命》所运用的比较方法如今受到一些批判，但其重要优势正是在于她对三个案例国家的革命是如何发生的这一问题严谨深入的陈述。斯考切波在历史比较分析方法上的贡献恰恰被另一社会学家威廉·休厄尔（William H. Sewell）称为"多重因果叙事"，只是由于她对实验性方法的过渡迷恋，这一方法优势和创新并未被明确传递出来。[82]

本书认为，密尔与斯考切波的方法虽然具有上述学者所指出的诸多缺点，但比起其他认知方式，依然是相对可靠的。更何况很多批评者忽视了比较历史分析在叙事上的优势，且正如休厄尔指出的，比较历史分析在历史叙事上的长处能够一定程度上弥补其缺陷。特别是密尔的求异法，如斯考切波所言，相异案例的比较在逻辑上优于相似案例的比较。也就是说，一个好的理论或分析框架，应该能够解释更多变异。这是本书相异案例比较的基本方法逻辑。

表 1-2　求异法的基本逻辑

案例 1	案例 2	备注
a	a	各案例之间的相似之处
b	b	
c	C	
x	非 x	导致案例产生不同结果的关键因素
y	非 y	不同的结果

资料来源：Skocpol，T. Emerging Agendas and Recurrent Strategies in Historical Sociology [A]. Skocpol，T. Vision and Method in Historical Sociology [C]. 1984: 356.

结合陈那波博士对西方文献的归纳，[83]历史比较分析的主要特征可以归结为以下几点：第一，历史比较分析以问题取向而非理论取向，而且问题是所谓"第一序列问题"，即研究刚开始时就存在的直观的社会生活问题，这些问题普通人也会不断提起，比如本书关心的为什么博雅教育的古典学院组织

---

82 威廉·休厄尔. 历史的逻辑：社会理论与社会转型[M]. 朱联璧，费滢，译. 上海：上海人民出版社，2013.

83 陈那波. 历史比较分析的复兴[J]. 公共行政评论，2008（3）：58.

被美国高等教育体系保存了下来？第二，以因果分析为核心，提炼因果机制，这是一切比较研究的核心。多个案例之间的比较可以发现真正的因果机制；第三，强调研究的累积性优势；第四，关注历史的发展和演变。历史比较分析对案例的研究是一个动态的过程，它不同于定量分析的相对封闭静态过程。当然，历史比较分析在时间上不是全时性的，而是有时段的限制，比如本书研究对象的时间主要限定在19世纪。第五，历史比较分析是"系统的、背景制约式的比较"。它不像定量分析通过控制条件和限定变量来得出某种单一的一般理论，而是考虑个案的整体背景，分析某一因果机制的同时不脱离其他重要因素。由于研究者对他的个案往往非常熟悉，因此得出因果机制可能是更加真实的。

历史比较分析的方法被广泛运用于经济学（经济史）、政治学和社会学等社会科学研究中，产生了大量一流的社会科学著作。近几十年，作为一类分析框架，西方的新制度主义特别是历史制度分析为历史比较分析方法的发展做出了杰出贡献，形成了有效而颇具活力的历史比较分析框架，是本书所赖以解释问题的主要思想资源与框架。

1.5.2　分析框架：比较历史分析

（1）比较历史（制度）分析框架的流变

本书解释的是学院组织制度的变迁，而传统的比较历史制度分析擅长于解释制度是如何影响行动者的，对制度自身是如何形成、变化和发展的关注度不够，对制度变迁的解释主要依赖于史蒂芬·克拉斯纳（Stephen D. Krasner）所提出的断裂均衡模型，[84]其核心概念是"路径依赖"和"历史否决点"。"路径依赖"是指某种制度一旦形成，不管它是否有效，都会在一段时间内持续存在，并影响其后的制度选择，就像进入某种特定路径，使得扭转成本十分昂贵。因此，制度发生根本性变迁的原因，是所谓"历史否决点"——即外部的结构性因素——的出现。例如，他们认为只有发生类似于经济危机或战争这类外部冲击，制度才会发生实质性变化，所以变迁在形式上的表现是"断裂性"的。早期历史制度分析的这套解释逻辑在组织与制度变迁研究

---

84 参见 Krasner，S. D. Approaches to the State Alternative Conceptions and Historical Dynamics[J]. Comparative Politics，1984（2）：223-246，以及 Sovereignty：An Institutional Perspective[J]. Comparative Political Studies，1988（1）：66-94.

中所处的位置如下图：[85]

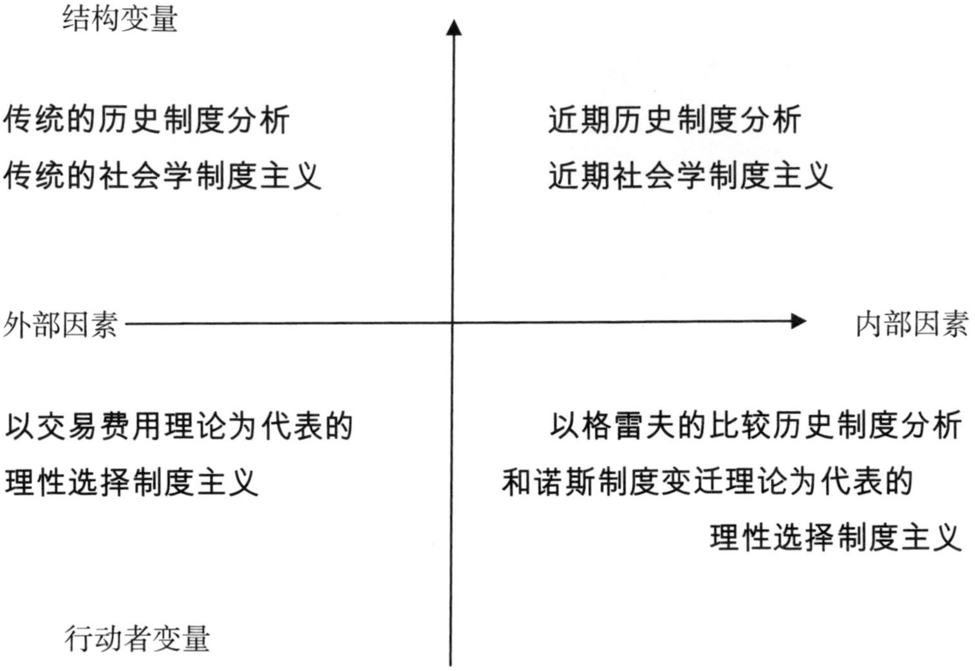

结构变量

传统的历史制度分析
传统的社会学制度主义

近期历史制度分析
近期社会学制度主义

外部因素 ——————————————→ 内部因素

以交易费用理论为代表的
理性选择制度主义

以格雷夫的比较历史制度分析
和诺斯制度变迁理论为代表的
理性选择制度主义

行动者变量

图 1-1　组织制度变迁基本类型的坐标图

就本书而言，首先，只有艺学院的变迁是一个非常符合断裂均衡特征的过程，德国哲学院和美国文理学院（包括牛桥的学院）都是渐进演变，而且呈现出不同的变迁路径和结果，包括本书并不辟专门章节论述的牛津、剑桥的学院变革也是一个渐进变革的过程。第二，从上文研究综述看，以往的相关研究已经对学院组织变迁的外部社会结构和制度环境因素做出了充分的探讨，很多已成学界共识。例如，科学革命或工业革命对学院变革的影响；以及美国自由竞争的意识形态、市场机制和民主制度有利于高等教育多元化发展，传统的文理学院正是在这种社会结构中得以存在下来，本-戴维已在其多种著作中已对此做过经典的论证。

21 世纪以来，西方历史制度主义研究者超越了传统的断裂均衡模型，最新的历史比较研究取向集中于通过挖掘内部要素，来探讨组织制度的渐进变

---

85 豪尔和泰勒将新制度主义划分为三个流派，即历史制度主义、理性选择制度主义和社会学制度主义，参见 Hall, P. A& Taylor , Rosemary C. R. Political Science and the Three New Institutionalism[J]. Political studies，1996（5）：936-957.

迁（表 1-3 的第一象限）。正如美国历史学者孔飞力指出的，任何具有普世性质的问题必定会在所涉及的个案中在某一层面以其本身内在的，而不是外部的方式被提出来。因此，比之来自外部世界的影响、根植于本土环境及相应的知识资源的内部动力带有更为根本的性质。归根结底，制度环境的影响要通过内部动力而起作用。[86]具体而言，内部视角具有以下三个重要特征：

首先，由于新的研究趋势特别关注组织制度的渐进变迁，因而需要从组织内部寻找动因，相关研究最终集中于组织变革的内部动因（endogenous sources）视角；

第二，渐进性的组织变革关注组织内部的多种要素，因此，新的研究趋势在解释组织变革的时候自然聚焦于组织中多重要素的冲突、协调与重组，由于多重要素存在多种组合方式，因此组织变革也存在多种结果。不过，本书是在历史制度分析的框架下展开，所以对内部因素和行动者变量的强调并不否定传统的断裂均衡模型对变迁的解释，只是说这一模型适用分析的组织与制度现象相对局限，也不能完整解释本书的问题。

第三，如果承认渐进性的组织变革是组织内部多重要素的重组，就会自然关注组织中的重要行动者的作用。历史制度分析本来是建立在对理性选择理论的批判上的，侧重结构的决定性作用。但是近些年由于上述原因，行动主体受到一定重视：在同样的约束条件下，行动者通过制度要素的重组可以创造性的塑造制度，例如，同样面对知识性质的变革，三种学院的变革产生了不同结果，特别是文理学院的改革者通过要素的重新组合，得到了很好的效果。进一步的，寻求与理性选择制度主义的整合，看到结构性因素需要通过微观行动者起作用，沟通宏观和微观层面的分析。

（2）本书的分析框架

首先，提炼学院组织变革的一般因素或共同要素，即知识的性质。伯顿·克拉克在《高等教育系统》中指出的，知识是高等教育组织的主要材料，大学是围绕知识建构的组织。要"考察知识的特殊性质，把知识作为主要材料，围绕它来组织活动"。因此，知识性质与体系的演变从根本上决定了高等教育组织的变迁，它是三个博雅教育组织变革所面临的共同问题。其发生作用

---

86 孔飞力. 中国现代国家的起源[M]. 陈兼，陈之宏，译. 北京：生活·读书·新知三联书店，2013.

的机制将体现在文中的两个部分：第一，自由知识体系本身从"七艺"到"三种哲学"，再到"wissenschaft"不断完善、从大学的预备性知识逐渐上升到核心知识的过程，相应的，学院组织存在一个从艺学院到哲学院的演变过程，即从作为大学预科性质的组织，一直到大学的核心组织。第二，近代社会以来，知识性质的变化导致了这三类组织共同的重大变革，或者消亡，或者重塑。

但是，知识性质的变化只是解释了学院变革的共同因素（对应表 1-2 的"a、b、c"），即知识性质的变化导致了各国学院组织的变革。它无法解释"差异"（对应表 1-2 的"x"），即如何解释三种学院变革的在组织制度与结构上的不同路径与后果。

这就需要引入第二个核心解释机制，即知识功能（或组织功能，当知识的功能经由组织承认而被组织化之后，知识的功能就成为组织的功能。例如，古典学术一直具有培养哲学家的功能，但是这一功能真正普遍制度化为学院组织的功能是在 19 世纪的哲学院）。斯坦福大学经济学家阿夫纳·格雷夫（Avner Grief）所开发的"历史比较制度分析"（HCIA）框架，将导致制度演变差异的原因，归结于"理性的文化信念"，它是指社会内部，每个人预期他人在不同情况下如何行为所形成的"共同信念"。它决定每个人最优的策略选择，从而决定组织方式与制度选择。"理性的文化信念"是格雷夫经济史研究中的核心概念，被他用于分析热那亚商人和马格里布商人代理制度的差异。由于要面对"如何监控海外贸易的代理人"这一共同问题，两个地方都产生了代理人制度，但是这一制度却存在"第二方实施"还是"第三方实施"的差异，格雷夫认为这是由两地不同的文化信念导致的，作为基督教徒的热那亚商人信奉个人主义，作为穆斯林教徒的马格里布商人信奉集体主义，由此决定了行动者对其他人行为的预期，从而选择某种具体策略，最终导致了不同的制度安排。[87]这一思路极具启发意义，仿效格雷夫，本书所提炼的相应的核心机制就是知识功能机制，即行动者正是由于对知识功能（组织功能）认知的差异，从而产生了高等教育不同的价值排序与教育理念。就博雅教育而言，学术知识的功能主要是心智训练与品格塑造；就专业教育而言，学术知识的功能主要在功利价值，它面向职业，培养职业从业者和专业的学术研究者。不

---

87 格雷夫. 大裂变：中世纪贸易制度比较和西方的兴起[M]. 郑江淮等，译. 北京：中信出版社，2008.

同国家对于博雅教育和专业教育这组矛盾的不同处理方式，形成了不同的组织结构和高等教育体系。同时，在组织制度与结构上做出恰当的设计与安排也是落实相应观念的保障，知识功能与组织制度相互强化，同等重要。

因此，在组织层面处理博雅教育与现代专业教育的矛盾，实际涉及知识功能与组织功能排序的问题。大学是规模庞大而复杂的组织，其复杂性表现在大学组织的多重功能与目标上，最基本的包括博雅教育（通识教育）、职业教育、科学研究以及社会服务等等。每一种功能或功能要素组合都对应特定的制度安排、组织结构和行动模式。而不同的大学组织对知识的功能会有不同的认知和排序，从而形成不同的高等教育制度安排与组织结构。

总体而言，本书将形成"知识性质-知识功能-组织制度"的分析框架。其中，知识性质的变化是学院组织变革的一般特征，而知识功能认知与组织制度设计的差异解释了变革的不同路径。

这个框架有以下几个融合西方最新研究趋势的新特点：

第一，本书借鉴了近些年历史比较制度分析的新成果，大体上处于"图1-1"的第一象限。除艺学院外，西方大部分博雅教育组织经历了一个渐进演变的过程，因而本书从以往对工业革命、社会文化等外部因素的关注，转到内部，强调知识性质、知识功能等内部要素；

第二，知识性质发生变化，大学组织中逐渐形成了多种功能，对多这些功能要素不同的认知、排序与组合，形成了不同的学院变革过程与结果。因此，知识功能（组织功能）的机制可以用来解释变革的差异。

第三，承认渐进性的组织变革是组织内部多重要素的重组，就会自然关注组织中的重要行动者的作用。他们反映了学院对知识性质与功能的认知，并能将其落实在制度选择与组织建构层面，形成新的制度。19世纪，艺学院、哲学院和文理学院的变革分别由三类精英群体主导，即政治家、科学家和教育家，他们分别反映了支配改革不同的主导观念，最终使三种组织产生了不同的变革结果和制度安排。

（3）本书的结构：

导论之后，本书的第二部分分析古典博雅教育的知识性质与功能，指出自由知识是博雅教育的核心，古典自由知识包括关于自然的知识，具有统一的哲学认识论基础，因而强调整全性。

第三部分进入古典博雅教育的组织制度，随着古代学术从"七艺"、"三种哲学"到"wissenschaft"的演变与完善、大学的自由知识从预备性知识上升到核心知识，古典博雅教育的组织存在一个从艺学院到哲学院逐渐完善的过程，该部分的核心在于论证博雅教育如何成为欧陆高等教育体系的核心、学院如何成为研究型大学的中心组织。文章将指出：艺学院是博雅教育在大学中最初的组织建制，其知识体系经由 13 世纪的学术革命，从七艺为主过渡到三种哲学，这为后来哲学院知识体系与组织功能的升华奠定了基础；艺学院主要是专业学院的预备学院。随着新的学院组织——德国大学"哲学院"的出现，不仅自由知识的内容发生了新的重大变化，学院的地位也从低级学院成为大学的核心组织。哲学院将是本书分析的重点之一，它是一个新旧交替的组织形态，变革过程十分复杂。它既是博雅教育和古典学术在历史上相对完善的组织形式，但在知识体系、知识功能和组织功能上，又孕育了现代学术组织诞生的因素。

第四、五两部分揭示知识性质的变化所引发的古典学术与现代学术、古典博雅教育与现代专业教育的冲突，并分析这种冲突是如何导致欧陆大学学院组织消亡的。特别是哲学院，经历了新旧功能要素和制度要素的过渡、重组与替代的演化路径，这一部分将试图理清哲学院变革的内在机制与复杂过程。

第六部分聚焦于美国文理学院的演变，通过与欧陆的比较，分析美国的哈佛、耶鲁等传统文理学院是如何合理协调与处理两种功能和理念的矛盾，通过对传统学院组织的重塑，从而保存了建制化的博雅教育。

最后一部分通过总结呈现本书的结论、对中国通识教育改革现实问题的启示、以及未来可能的研究方向。

2、古典博雅教育：知识性质和教育理念

2.1 自由知识的基本性质

古典博雅教育源自古希腊，其内容是作为古典学术的"自由知识"（liberal arts）。如前文所述，亚里士多德著作中的希腊语"eleutheron episteme"即"自由知识"的概念是对博雅教育核心意涵的最初阐述。"eleutheron"是指符合自由人身份的、与实用技术相对的；"episteme"是指知识或认知，它特别强调沉思或思辨理论。[1]自由知识就是符合自由人身份的知识。

在《工具论》的《论题篇》中，亚里士多德将知识领域划分为思辨科学、实践科学和创制科学。在《形而上学》中他进一步指出，思辨科学是以认识"事物的理由、原因或根据"为目的的，包括数学、物理学和形而上学；实践科学包括伦理学、经济学和政治学。而创制科学则是关于机械和艺术等生产方面的知识，包括建筑、医学、缝衣制鞋、雕塑、绘画等。[2]其中，思辨科学是与经验的、实用性、技术性知识相对立的知识，它是在实用知识之后产生的，不以实用为目的，是人为了摆脱愚昧而自由进行探索的知识，因此，思辨科学是真正的"自由知识"。[3]学界一般用"整全知识"、"为知识而知

---

1 亚里士多德. 诗学[M]. 陈中梅，译. 北京：商务印书馆，1996：235.
2 亚里士多德 形而上学[M] 苗力田，译. 北京：中国人民大学出版社，2003：119-124.
3 亚里士多德. 形而上学[M]. 苗力田，译. 北京：中国人民大学出版社，2003：5.

识"来概括自由知识的性质。

这是由古代人认知世界与社会的基本方式决定的，在哲学上，这一认知方式被称为"宇宙目的论"。"宇宙"即"comos"，是指包容一切的具有普遍秩序的统一整体。而"目的"即"telos"，是指在神创世界中包括人在内的万事万物都被赋予本性（nature）或目的，通过特有的"活动"（ergon）实现自身目的。宇宙目的论就是认为万物按其本性在宇宙秩序中和谐统一。

这一认知方式决定了自由知识的两个基本性质：

首先，自由知识本质上是一套整全性的思辨理论知识体系。第一，自由知识是"理论思辨性"的。思辨就是超越观察所能证实的限度，构建对世界整体看法，从而获得人类经验与世界运作方式的基本原理和整体理解，洞悉影响人类生存的永恒性因素。第二，对永恒理论的追求决定了自由知识的"整全性"特点，即它是一个内在统一的系统。这种统一不仅是方法上的统一，而且是知识体系上的统一。也就是说，对于一切知识分支或具体事物的研究，不管关于自然的知识还是人文的知识，最终都需要经由统一的方法归依于一般的原理和标准。这种知识作为"高深学识"（higher learning）被认为比经验性的、实用性的知识更有价值。由此，自由知识与博雅教育在基本性质上趋向一致。

其次，自由知识能够达成某种理想中的道德人格。正如韦伯所指出的，祛魅前的世界是充满意义的统一整体。人的目的是宇宙目的的一部分，人的最高活动就是对这个宇宙秩序和目的以及人在宇宙中的位置进行理性思辨，以此来获得人的自我认同和价值意义，最终达到其目的即"最高善"的道德人格。[4]正是由于人的理性活动是对宇宙整体秩序的思考，因而自由知识必然是整全性的知识。因此，整全性知识并不是所有知识分支的集合，而是指哲学知识或神学知识。

同时，事物"各有共通的善为大家向往的目标"，[5]而不是受外力支配、不成为任何手段和工具，而理性思辨是人"唯一因为自身之故而被人喜爱的活动。所以他除了所沉思的问题外不产生任何东西"。[6]而"沉思"的生活就是指向"最高善"的生活。正如沈文钦博士指出的，"自由人教育不仅是一种在理性和逻各斯中的教育，也是一种在德性之中的教育……理论的生活是

---

4 亚里士多德 形而上学[M] 苗力田，译 北京：中国人民大学出版社，2003：259-260.

5 亚里士多德. 形而上学[M]. 吴寿彭，译. 北京：商务印书馆，1997：255.

6 亚里士多德. 尼各马可伦理学[M]. 廖申白，译. 北京：商务印书馆，2003：306.

最幸福的生活。"[7]因此，理性思辨自为目的。这就是博雅教育"为知识而知识"的哲学意蕴。

另外，自由知识中亦包含关于自然的知识。古代社会中并不存在自然科学和自由知识的分离。关于自然的知识被称为"自然哲学"，它是自由知识的组成部分，是亚里士多德《物理学》探讨的主要内容。自然哲学与其他自由知识具有统一的认识论基础即宇宙目的论。它与作为现代科学的"自然科学"（science）应做出明确区分。历史哲学家柯林伍德（Robin George Collingwood）分析了自然哲学的目的论特性："自然的行为根源是其自身之内的某种东西；如果根源在它之外，那么他的行为就不是本性的，而是被迫的。"[8]例如高山流水，在自然哲学中就是自然的目的和本性的体现。这种认识明显与现代科学相悖，后者认为高山流水与目的和本性毫无关系，而是受重力支配导致的。又如，在自然哲学中，物理学和道德哲学是连续而统一的，由上帝创造的力学，向上推出上帝自身的性质，包括上帝与人类的道德关系。所以自然哲学探讨自然事物的运行不是发掘科学意义上的客观规律，人们关注自然是思考它对人意味着什么，它的如其所是（being so）意味着什么，[9]其认识论基础和论证方法与其它哲学分支完全相同。综上可知，古希腊的自由知识统一于目的论的认识论之下，其最终目的是实现"最高善"的道德人格。后来思想史家梅尔茨对自由知识的属性也有深刻阐述：一切哲学和历史学术的特点是它们研究一个大的题材，而这题材不可能轻易划分为许多可以分别加以处理的独立部分；因为它们的兴趣主要依附于这样的事实：它们研究人类心智在过去和现在的作用原理和表现。因此，这些学术不得不总是把行动和目的的大统一放在首位，以观点的完全性为目标，把一切特殊研究都归依于一般原理和标准，一切哲学和历史科学都不得不应用这种整全性的观点。[10]

2.2 博雅教育的基本功能

博雅教育的主要功能是通过自由知识的心智规训和人格塑造来达到所谓

---

7 沈文钦. 近代英国博雅教育及其古典渊源[D]. 北京：北京大学，2008：51.

8 柯林武德. 自然的观念[M]. 吴国盛，译. 北京：北京大学出版社，2006.

9 陈嘉映. 哲学·科学·常识[M]. 北京：东方出版社，2007：12.

10 Merz, J. T. A History of European Thought in the Nineteenth century vol. 1[M]. Edinburgh&London：William Blackwood&Sons，1923：180-181.

"成人"即培养自由人或自由人品格的目的。发展人的心智，具体方法是"心智规训"。"心智规训"作为教育方式，包括（1）基础心智能力的训练，如通过文法、修辞和逻辑等获得基本的思维能力;（2)高级心智能力(higher-order intellectual ability) 的培养，如通过古典哲学、高级数学等进行高深学识的理论探究。心智规训是从事任何职业的必要前提和未来生活的必要准备，因为通过这套思维训练获得心智能力，学生才能形成知识上的迁移，对物质世界和人类世界的理解才能在更深的理论层面相互协调从而融会贯通为整体。当然，并不是所有的知识都适合于心智规训，它是经过精心筛选的知识体系，例如艺学院的七艺和三种哲学，哲学院的"wissenschaft"等。智力规训与品格塑造是统一的，通过古典学术的学习来达到塑造道德人格的的目的。在古代社会，道德人格就是成为统治者和贵族所需要的基本品格。

总之，古典博雅教育以自由知识或古典学术为核心，其基本性质是，以目的论的哲学认识论为主导，是一套整全性的思辨理论知识体系；其基本功能是通过心智训练和品格塑造培养自由人。由于经由博雅教育的学生并不一定成为这两种自由人，因此其功能可以更严谨的界定为培养自由人或自由人品格。

3、古典学院组织的形成与完善

　　"学院"的创建在组织制度上保证了博雅教育的开展。而欧陆的博雅教育学院组织制度经历了从中世纪巴黎大学"艺学院"到19世纪初期德国大学"哲学院"这样一个逐渐演化与完善的过程。在这一过程中，自由知识体系从"七艺"、"三种哲学"再到"wissenschaft"（"一般科学学说或理论"），内容不断得到丰富，"学院"在组织制度上不断完善，在大学组织中的地位也不断上升，由神学的"婢女"演变为大学的核心组织。

3.1　艺学院的知识体系与组织制度

　　博雅教育在大学中的最初建制是中世纪巴黎大学的艺学院。早期的巴黎大学以神学院、法学院和医学院等培养职业从业人员的专业学院为主体，艺学院作为三个专业学院的预备机构，其主要功能是训练和养成基础的心智能力，为未来的专业教育做准备，具有公共基础教育的性质。

　　初期，艺学院的主要知识体系是"七艺"。七艺是经由古希腊和罗马时代的积累与整合所形成的古典自由知识体系的总称，又分为属于语言学科的"三科"和属于数学学科的"四艺"。"三科"包括语法、修辞和逻辑，是人进行思考和表达的形式原则，是艺学院教育的核心。其中，逻辑作为适用于一切领域的分析工具，是处于支配性地位的知识。"四艺"包括算数、几何、天文和音乐，被称为"四种数学"。这些知识需要通过重复性的技能训练将思维模式强加给学生，所以艺学院以讲座（lectio）和辩论（disputatio）作为主要的心智规训方式："讲座在于使学生认识"权威"，并通过权威使学生掌握所学学科的全部内容，辩论对于教师来说，是比文献评述更自由地深入探讨某些问题的方法；对于学生，是实践辩证法原则的机会，也是检验其思维敏捷与推理合理状况的时机。"[1]七艺被视为全部学术的总括。

至 13 世纪，艺学院内发生了一次重要的学术变革，亚里士多德的哲学著作经由"大翻译"运动进入学院，自由知识体系的内容新增了形而上学、道德哲学和自然哲学等"三种哲学"。它主要是通过研究物质世界和人类世界的"原理、原因或根据"来塑造高级心智能力。艺学院划分了学士讲座和硕士讲座两种讲座，[2]以及艺学学士和艺学硕士两种学位。"三种哲学"成为硕士讲座的核心内容和艺学硕士学位的主要要求。[3]不同于预备性的学士讲座，硕士讲座重在经由高深学识使学生形成思考理论知识的高级心智能力。至此，艺学院形成了由"七艺"（三种语言、四种数学）和三种哲学组成的古典自由知识体系。

从知识功能上看，七艺被认为是最适合于用来塑造贵族精英与领袖，特别是神职人员的知识体系。而考察史料发现，学术研究实际一直没有成为艺学院的主要功能。这体现在两个方面，首先是神学的统治地位难以撼动，虽然 13 世纪亚里士多德著作的翻译运动使艺学院中形成了哲学学术研究的风气，艺学院的学者为争取学术自由和哲学学术的主体地位，也试图以学术理性对抗宗教信仰。然而，至 1270 年，古典学术的研究自由遭受重要打击，巴黎主教惩处了与基督信仰相悖的学术理论；而 1277 年的关键法令则强化了神学的优先性，以立法的形式反对哲学家对信仰的侵入，击溃了艺学院教师的反抗，使纯粹理性的学术研究受到巨大打击。最终，学术研究的功能只是短暂的存在，此后，艺学院又重归其传统角色和传统三科的教学与学习。[4]第二，巴黎大学的毕业生往往并不倾向于成为艺学院的学术研究者。供职于教会和政府分别是巴黎大学毕业生的首选和次选，大学的教师和研究者职业地位相对低下，往往是一种无可奈何的选择。因此，总体上讲，学术研究是中世纪

---

1 雅克·韦尔热. 中世纪大学[M]. 王晓辉，译. 上海：世纪出版集团，2007：48.

2 吕埃格. 欧洲大学史（第 1 卷）[M]. 张斌贤，译. 保定：河北大学出版社，2008：357.

3 爱德华·格兰特. 近代科学在中世纪的基础[M]. 张卜天，译. 长沙：湖南科学技术出版社，2010：60.

4 韦尔热认为 1277 年的惩处是中世纪大学的一个重要历史时期，参见雅克·韦尔热. 中世纪大学[M]. 王晓辉，译. 上海：世纪出版集团，2007：77.

大学的边缘功能，大学主要培养牧师和政府官员，而不是培养教师。正如柯林斯所指出的，中世纪学者将学术研究引入学院的使命，是由后来德国大学哲学院的改革完成的。[5]

从组织上看，作为现代研究型大学的原型，中世纪大学的组织结构大体可以分为两种，[6]一种是博洛尼亚大学模式，它是围绕单科或多科知识领域而建立，在组织构架上是一种单层线性结构；第二种就是巴黎大学，它是"艺学院+专业学院"的双层组织结构，这种结构的内在逻辑是：学生在进入高级的专业学院接受面向职业的教育之前，必须首先在"学院"接受博雅教育的心智规训和品格塑造。但需要注意的是，巴黎大学的专业学院在本质上其实依然是古典博雅教育。不同于现代大学的专业学院，古典大学的专业学院所培养的并不是所谓职业技能。这是由自由知识的性质和体系决定的，即职业性、技术性的知识是与自由知识相对立的鄙俗的知识。古代社会的贵族统治者最需要的不主要是所谓职业技能，而是心智能力与道德素养，经由心智训练和形式教育所获得的语言、辩论与逻辑分析能力可以胜任所有教会与政府机构的职位。即便是医学院中，正如哈罗德·珀金所指出的，教师和学生也主要专注于医学经典的研习，完全不会进行临床技术的学习与训练。这种情形一直延续到19世纪初期的德国古典大学。只有当知识的性质与功能发生根本变化，古典大学的专业学院才演变为这种的现代专业学院。[7]

关于艺学院与三个专业学院的关系，纽曼（John Henry Newman）在其著作中有详细阐述。他认为，尽管艺学院是低级学院，但是它的博雅教育却决定了大学的特质，即"艺学院包含的研究，关系到适合一所大学的学科问题，以及心智培养的素材"，因而艺学院是必须的。……"大学的基础寓于艺学院中。"[8]如果没有艺学院，专业学院就与大学之外的律师、医生等职业及其训练没有本质区别。正是以艺学院为基础，专业学院才有了其高深学术的特

---

5 兰德尔·柯林斯. 哲学的社会学：一种全球的学术变迁理论（下）[M]. 吴琼等，译. 北京：新华出版社，2004：782.

6 拉斯达尔提出了三种原型大学，即巴黎大学、博洛尼亚大学和牛津大学、剑桥大学。伯顿·克拉克则提出两种原型大学，本书取后者。

7 Ferruolo, S. C. "Quid dant artes nisi luctum?": Learning, Ambition, and Careers in the Medieval University[J]. History of Education Quarterly, 1988: 1-22.

8 纽曼. 基督教与文学 在哲学与文学院的演讲[A]. 大学的理念[C]. 高师宁等，译. 贵阳：贵州出版集团，2006：205.

质。正如纽曼所言，在大学内部，专业学院的教师"清楚自己及自己研究的领域处在什么地位，他从一个高度实事求是地接近它，他对所有知识已经有了一个概貌，由于其他学科的竞争，他才不会变的狂妄自大，他从别人的研究里获得一种特殊的启发、一种思想的高尚、一种自由的沉着，他用哲学与才华对待自己的领域，但这并不属于研究本身，而是属于博雅教育"。……"经由培养的心智本身就好，所以给每一种工作或职业带来力量和优雅，使我们变的更有用，使更多人变得更有用。"[9]可以说，纽曼很好地阐释了巴黎大学等古典大学艺学院与专业学院、博雅教育与专业教育之间的关系，它与后文将要分析的美国研究型大学文理学院的教育与制度逻辑是一致的。

但是在地位上，艺学院由于被神学所统摄，所以主要还是低级学院。考察艺学院的知识体系演变过程，前期的语言和数学具有预科性质，后期出现的三种哲学的教学主要是以对亚里士多德权威文本的细致研读与阐释为主，特别是13世纪中后期学者学术自主的努力被压制之后，哲学学术的教学就完全不能与宗教教义相抵牾了，而必须以神学院的正统为指导。因此，艺学院的教学在性质上还是为神学服务的"婢女"，艺学院在大学组织结构中是一种低级学院。

总之，艺学院是古典博雅教育的最初的学院组织形式。巴黎大学所创设的双层架构的结构奠定了古典大学博雅教育的制度化模式。如后文所讨论的，在法国大革命之后，随着巴黎大学的消失，这一组织结构在法国也随之消亡。但是，巴黎大学的组织结构在德国大学得以延续，其中，作为博雅教育组织的艺学院以哲学院的形式在欧洲继续保留。

3.2 哲学院的知识体系与组织制度

作为博雅教育的组织，德国大学"哲学院"这个名称是在"人文主义运动将事物的称谓普遍作了改变之后"，由艺学院改称而来的。[10]但哲学院不仅仅只是名称的转换，而是从古典学术组织过渡到现代大学组织的重要中介，关涉到知识性质与体系的变迁、知识与组织功能的冲突与完善，以及组织制度要

---

9 纽曼. 大学的理念[M]. 高师宁等，译. 贵阳：贵州出版集团，2006：154.

10 包尔生. 德国大学与大学学习[M]. 张弛等，译. 北京：人民教育出版社，2009：
    40.

要素的替换与演变，是一个新旧因素相互抵牾，却又彼此交织、融合的充满张力的复杂过程。要解释这一过程，必须从知识性质、知识功能和组织制度等层面对哲学院的变革进行系统考察。

3.2.1 哲学院的知识性质

首先，哲学院的知识体系仍然是古典学术为主导的，但是与艺学院相比，其知识体系与功能已经具有新学术的成分，当然，这种新成分还不足以改变其古典学术的性质。

3.2.1.1 哲学院知识体系的旧元素

哲学院跟现代大学的"哲学系"完全不是一个概念，哲学院的"哲学"不是现代学科意义上作为一门学科的"哲学"，而是指一种整全性的知识体系，包含精神与道德哲学、语文学、历史学及与其同源的地理学和编年史，以及政治哲学、经济学、财政学、外交学、数学和物理学。[11]包尔生指出，"哲学院的名字源自哲学囊括所有科学的那个时代：宇宙学和物理学、逻辑学和形而上学、伦理学和政治学等都曾包括在哲学当中"；"一切科学无疑都属于哲学院，主要有两大分支，即数学—物理学和语文学—历史学，这二者包含了所有可能的研究领域"。[12]康德则将哲学院中的知识分为两大部门，"一是关于记忆性的知识（历史、地理、学术性的语言知识以及人文学等等有关于经验知识的博物学所能提供的一切都属于这个部门），另一个则是关于纯粹理性的知识（纯粹数学和纯粹哲学，关于自然以及道德的形而上学）以及学术的这两个部分之间的交互关联。因此它覆盖了人类知识的所有部分（因此也包括关于高等系科的记忆性知识）"。[13]

数学-物理学和语文学-历史学这两大知识领域所包含的分支与现代学术的学科分化具有本质的不同，前者依然是古典学术的范畴。两者的根本差异是：古典学术各知识分支的研究，包括经验研究，都必须上升到形而上学的层面，其最终任务是揭示特殊领域的法则如何与先验领域联系在一起的。正

---

11 Perry，W. C. German University Education：Or the Professors And Students of Germany[M]. London：Longman，Brown，Green，And Longmans，1846：70.

12 包尔生. 德国大学与大学学习[M]. 张弛等，译. 北京：人民教育出版社，2009：415.

13 康德. 论教育学[M]. 赵鹏，何兆武，译. 上海：上海人民出版社，2005：70.

如雅斯贝尔斯指出的，"统一性的哲学理念会变成对单一知识有机体的寻求，由此就开始了各个知识分支向着同一个目标合作"，[14]不管是数学—物理科学，还是语文学—历史科学，这些知识分支都在方法论和知识体系上趋向理论性的统一整体。这种整体性德语统称为"wissenschaft"，这个词英语一般译为 science，中文译为科学，实际上并不准确。德国哲学家文德尔班明确指出，wissenschaft 与古希腊的哲学（philosophy）实际是一回事，[15]它是对世界进行统一理解的整全知识，不是现代学科。所以它直译就是知识的整体性，费希特将其定义为"一般科学学说或理论"。[16]而哲学院是"由一个包罗万象的哲学倾向引导的，这个哲学倾向以知识的所有本质领域及其所属的工作方式的内在总体关联为目标"。[17]包尔生把哲学院知识体系的这一特质称为"哲学文化"，他论述道："与现实的统一相对应，所有科学最终都要形成一个统一体，如果宇宙是一个单一的体系，那么有关它的知识最终必然也要形成一个统一的思想体系。这样一个自称把所有的现实包含在一种终极的统一思想中并加以理性阐释的思想体系，就叫做哲学……由于我们受推理本能的驱使，因而不愿意知道一些零碎的片段，而希望对事物整体有一个全面的了解，知道他们之间的关系及意义。只有在我们懂得部分与整体间关系时，部分才真正具有意义。只有那些把自己所在学科看作是全部相关知识当中的一个组成部分的人，才能保证自己不犯偏见，不会过高估计自己所在学科的价值。"这就可以解释为什么当时施莱尔马赫在建议保留学位制度的时候，认为应将文理学科（arts and science）领域的最高学位统称为哲学博士（Ph. D），而不是指明具体的学科领域。

19 世纪初期哲学院的古典学者、历史学家、数学家、物理学家、生物学家和天文学家等等，都是古典学术意义上的哲学家，他们都在"一般科学学说或理论"之下定位其学术分支，使各知识领域的研究相互融合与促进。所以，教授需由能够对整个学科提出系统完整、逻辑严密的人担任，不管处于何种知识分支，他们必须能够提出一整套的哲学体系。哲学院中也存在现代

---

14 雅斯贝尔斯. 大学之理念[M]. 邱立波，译. 上海：上海人民出版社，2007：122.

15 参见文德尔班. 哲学史教程[M]. 罗大仁，译. 北京：商务印书馆，1991:8.

16 Merz，J T. A History of European Thought in the Nineteenth century vol. 1[M]. Edinburgh&London：William Blackwood&Sons，1923：171.

17 张汝伦. 海德格尔与大学改革[J]. 读书，2006（12）：130.

学术意义上的自然科学家，但他们依然在古典学术的整全性体系中为自己学科的正当性进行辩护。例如，德国大学中现代化学学科的先驱李比希，基本是以现代科学的方法和规范研究化学，但他不得不在其实验室里对重大问题进行整全性的解释，从而防止各学科分裂，或未能统一于哲学知识体系中。[18] 正如科学史家威廉·克拉克指出的，19世纪30年代，并且可能到1948年甚至更晚时期的德国各邦国，自然科学还必须在古典语文学家和哲学家、人文主义者和唯心主义者建构的社会文化舞台上演出。[19]

在这三十年左右的时间里，哲学院的知识体系都是以古典学术为主导的，自然科学方面论文数量非常稀少。我们选取四所大学哲学院，将它们的博士论文研究领域分布情况整理为以下几个表格，可以直观的呈现古典学术在哲学院中的主体地位。[20]这四所大学具有一定代表性：柏林大学是这些新型大学的先驱，历史悠久的哥廷根大学也是德国最卓越的大学之一，吉森大学最先引入现代科学研究方法，是德国大学现代学术的主要阵地，多尔帕特大学是设立之初就存在应用取向的新兴大学。

表3-1　柏林大学哲学院1815—1835年博士学位论文研究领域分布情况（以两年为一段）

	古典语文学	哲学	历史学	数学	自然史与生物	物理学与化学	数理与实验物理学	气象与天文学
1815-1816	4	2						
1817-1818	1	1	1					
1819-1820		1				1		
1821-1822	3		3			1		
1823-1824	1	1	1	1		1		
1825-1826	6	3	4	1		2		1
1827-1828	3	2	3		1			

18 Merz, J T. A History of European Thought in the Nineteenth century vol. 1[M]. Edinburgh&London：William Blackwood&Sons，1923：214.

19 Clark, W. Academic Charisma and the Origins of the Research University. [M]. Chicago&London：The University of Chicago Press，2006：446.

20 原始材料出自 Clark, W. Academic Charisma and the Origins of the Research University. [M]. Chicago&London: The University of Chicago Press, 2006: 500-508.

1829-1930	6	2	4		1	3	2	
1831-1832	7	2	3	1	1	2	1	
1833-1834	6	1	5	2	2	3		
1835-1836	10	1	5	4	3	1		
总计	47	16	29	9	8	14	3	1

表3-2 哥廷根大学哲学院1815—1835年博士学位论文研究领域分布情况
（以三年为一段）

	古典语文学	哲学	历史学	数学	自然史与生物学	物理学	化学	数理与实验物理学
1815-1817	2	1		2				
1818-1820					1			
1821-1823	5	2		2	2	1		1
1824-1826	1		1		1		2	
1827-1829	5	2	1	3		1	1	
1830-1832	12	1	4		1		3	
1833-1835	8	1		1	1		2	
总计	33	7	6	8	6	2	8	1

表3-3 吉森大学哲学院1814—1837年博士学位论文研究领域分布情况
（以三年为一段）

	古典语文学	哲学	历史学	数学	自然史与生物学	物理学与化学	数理与实验物理学	现代语言学	财政学与经济学
1814-1816			2		1	1			
1817-1819	3	2		1					
1820-1822	2	3	1	1				1	1
1823-1825	1	1	2	3	1	1			3
1826-1828	6	8	1	1		2	1	1	2
1829-1831	2	5	1		2	1	1		
1832-1834			1					1	
1835-1837			3			1		1	
总计	14	19	11	6	4	6	3	4	5

表 3-4　多尔帕特大学 1805—1837 年博士学位论文研究领域分布情况（以五年为一段）[21]

	古典语文学	哲学	历史学	数学	化学	生物学	数理与实验物理学	财政学与经济学
1805-1810			2		2			2
1811-1816		1	1	2		1	1	3
1832-1837	4		2	1	1	2		1
总计	4	1	5	3	3	3	1	6

博士论文研究领域的分布情况基本能够反应大学中哪些知识最重要，构成该组织主体性的知识体系。从表格可以看出，这一时期，传统的古典学术特别是语文-历史学体系占据绝对优势地位，即便在德国现代科学研究的先驱吉森大学也是如此。

实际上，包括数学、物理学、化学和生物学在内的数学-物理学体系在知识性质上也大多属于古典学术，这一领域中大部分的教席都是被信奉德国唯心主义的自然哲学家所占据，以古典式的思辨方法为主导。[22]新型大学中，作为古典学术的数学-物理学体系在 19 世纪最初三十年中都很不发达。而自然哲学研究者占据哲学院中自然科学教席，显然是受黑格尔和谢林等哲学家的影响，后文将会指出哲学唯心主义者不仅是大学的改革者，而且其哲学思想在哲学院知识体系中占据主导地位。自然哲学源于亚里士多德哲学，属于古典学术，它在研究方法上以思辨为主，反对归纳、经验与实证。时任耶拿大学教授的谢林于 1797 年出版的《自然哲学观念》，标志着自然哲学统治德国大学的开始。直到 1831 年，柏林大学前任校长黑格尔去世，自然哲学作为现代科学的阻滞力量才日趋减缓。自然哲学的特点包括：

第一，自然哲学的研究范式是古典学术主导的，自然哲学家一般拒绝使用观察和实验的方法，在他们看来，运用定量和现代科学机械论来解释自然的原理，不仅意味着对心智规训非功利性的背叛，而且也被认为是完全无效的。因此，自然哲学的研究方式与现代科学相悖反。另外，由于牛顿物理学的巨大影响力，数学方法虽然在自然哲学家解释自然现象时得到了一定程度

---

21 1817-1831 年间该大学只产出一篇财政学与经济学论文，不再在表格中记录。

22 Merz，J．T．A History of European Thought in the Nineteenth century vol．1[M]．Edinburgh&London：William Blackwood&Sons，1923：180-181.

的应用，但是教授和学生的数学知识普遍不足。在大多数大学中，数学教学主要局限于算数、线性代数、二次方程、平面几何等简单知识。

第二，自然哲学各个知识分支的边界模糊。物理学就是一个几乎无所不包的自然哲学知识领域，它除了具有现代物理学所包含的含义外，还包括天文学、生理学、解剖学、地质学、采矿学等等。另外，数学、物理学和化学这三个在现代科学中界线分明的学科此时也是混在一起的。例如，罗斯托克大学中，哲学院的一位教授同时讲授物理学、化学和植物学，而在柯尼斯堡大学，一位教授要同时负责植物学、动物学、矿物学、化学和物理学的教学。而数学和物理学的结合、数学和化学的结合在德国新型大学中则是非常普遍的情况。[23]

第三，采用现代科学实验方法的一些学科，如实验化学等，此时还被看作经验性的"实用技术"，无法登上哲学院理论研究的大雅之堂。这点从李比希在 1838 年对德国大学自然科学特别是化学研究状况的批评中可以得到证实。这位从法国归来的自然科学家观察到，普鲁士大学对古典语文学和哲学存在一种偶像崇拜式的遵从，将它们作为真正教育（true education）或教养（bildung）的基础及学术研究的典范。李比希甚至把自然哲学比作"瘟疫"，认为自然哲学扭曲了普鲁士人关于实验物理学和化学的观念，使他们把化学仅仅看作一门技术或手艺，主要将其用于制造苏打和肥皂，或者炼钢，而非科学研究的领域，没有看到化学的真正价值。他发现德国大学化学讲座是被自然哲学家所占据的，教授根本没有实验室，经费也少的可怜。[24]

总体而言，数学-物理学体系属于古典学术，以现代学科的标准看，它很不发达、学科意识与界限模糊。而且，从博士论文分布表也可以发现，它们在哲学院博雅教育体系中处于附庸的地位。

从知识性质可以判断，在 19 世纪 30 年代之前，德国大学还没有成为现代研究型大学。哲学院还是古典博雅教育的组织。哲学院的古典知识体系已经十分完善，以语文学-历史学体系为主，辅之以数学-物理学这一自然哲学体

---

23 Ruegg, W. A History of the University in Europe, vol Ⅲ Universities in the Nineteenth and Early Twentieth Centuries[M]. New York：Cambridge University Press，2004：501-502.

24 参见李比希的文章《奥地利化学的基本状况》转引自 Turner, S. Justus Liebig versus Prussian Chemistry：Reflections on Early Institute-Bildung in Germany[J]History Studies in the Physical Sciences，1982（1）：130-132.

系。引人注目的是，古典语文学研究的博士论文数量最为庞大。这是因为古典语文学不仅是文字表达的工具，而且是塑造古典学术思维、心智与道德人格的核心。而这一教育理念被博雅教育的当代形式即"通识教育"继承下来，形成通识教育中的一个基本观念，即语言能力决定人发展的潜力，因此，不仅德国古典大学十分重视古典语文学的研习，当代研究型大学的通识课程中，语文和写作能力也是重中之重，是博雅教育的核心功能。

哲学院对古典学术的重视反而使现代科学在大学中衰退，正如本-戴维指出的，"那些写德国大学历史和科学传统的人一般都不考虑这样一个事实，德国的新大学建立之后马上产生的效果是经验自然科学的衰退，注意到这一点是有意义的。"现代学术的学科分化，例如人文学科和自然科学的二元对立，对于哲学院的大部分学者而言是非常陌生的。[25]另外，本-戴维还进一步分析道：没有任何证据可把德国大学最后的科学生产率归因于改革时期占支配地位的洪堡哲学思想。21 世纪以来一些欧洲历史学家和高等教育学者围绕所谓"洪堡神话"议题展开的系列研究也认为，洪堡理念虽然是系统论证新型大学的经典文本，后来柏林大学也是按照洪堡的蓝图建立的。但正如历史学家佩尔斯恰克指出，洪堡理念的经典文献《柏林高等学术机构的内部和外部组织》整个 19 世纪罕有引用，它直到 1903 年由布鲁诺·格布哈特（Bruno Gebhardt）在柏林科学院的档案馆里发现，才得以正式出版。佩尔斯恰克进一步指出，洪堡理念实际是 1910 年纪念柏林大学创校一百周年时，由后人塑造的神话，目的是促进大学的学术研究与知识增长。而米歇尔·阿什也认为，我们现在所理解的洪堡理念的内容在二十世纪初才和洪堡的名字联系起来。[26]这些历史研究无疑呼应了本-戴维的判断。但有中国学者并不认同本-戴维等人的说法，他认为德国"古典大学观就其实质而言，与现代的科学研究活动及观念有着内在逻辑上的一致性，这是古典大学观之所以能够推动德国大学变革的内在前提"。这实际上更侧重教育

25 Mcclelland, C. E. State, Society and University in Germany, 1700-1914[M]. New York：：Cambridge University Press，1980：125.

26 Paletschek，S. The Invention of Humboldt and the Impact of National Socialism：The German University Idea in the First Half of the Twentieth Century[A]. Szollosi-Janze, M. Science in the Third Reich[C]. Oxford：Berg，2001 以及 Ash, M. Bachelor of What， Master of Whom? The Humboldt Myth and Historical Transformations of Higher Education in German-Speaking Europe and the US[J]. Europcan Journal of Education，2006（2）.

观念上的传承因素，而没有考虑知识性质上的本质差异。后文将会论述，哲学院的现代科学家取代自然科学家，涉及现代学术观念及相应组织制度的建立，是一个复杂又艰辛的过程。"断裂性"的观点和陈洪捷"延续性"的观点都不足以概括哲学院组织的变革过程。

3.2.1.2 哲学院知识体系的新成分

然而，与艺学院不同的是，哲学院知识体系也具有了新的成分，它包括两个方面：第一，在知识性质上，它包含了一些现代学术；第二，它逐渐确立了古典学术研究的功能。虽然艺学院在一个短暂的时间段里也存在古典学术研究的现象，但是其真正制度化是在哲学院中。

第一，在语文学、历史学、化学等领域中出现了现代学科的成分。哲学院的语文学与历史学特别发达，这两种人文学科首先形成了相对独立的学科意识，是现代学科的雏形。古典语文学早在 18 世纪的哥廷根大学与哈勒大学就已经形成了学科意识。而在新型大学中（这里将 19 世纪初期成立的柏林大学以及仿照柏林大学建立或改革的其他大学称为"新型大学"，以区别于 18 世纪的传统德国大学。把 19 世纪三四十年代现代学术兴起之后、并建立了相应的学术组织制度的德国大学称为现代研究型大学）最典型的例子则是兰克的历史学研究。兰克于 19 世纪 20 年代先后在莱比锡大学和柏林大学担任教授，其历史学不再是作为博雅教育或"liberal arts"的历史学，而是一个专门学科和专业化研究，培养职业的历史学研究者。而在自然哲学诸讲座中，也开始存在一些崇尚实证的现代科学家，例如李比希和约翰尼斯·米勒（Johannes Muller）等人，这些学者是哲学院中反对唯心主义支配的古典学术、倡导现代实证研究的先驱。

另外，古典学术本身存在分化与精细化的趋势，这为现代学术的发展与现代学科意识的形成奠定了基础。大学课程目录的历史演变清晰展现了这一过程。[27] 18 世纪初，根据瑞士德语地区的巴塞尔大学，学科目录是按照教授资历进行排列的，学科尚未专业化，哲学院的教授可以在内部讲座横向流动，也可以纵向流动进入高级学院。而到了 18 世纪中期，根据 1755-1756 年哥廷

---

27 关于课程目录的原始材料详见 Clark，W. Academic Charisma and the Origins of the Research University[M]. Chicago&London: The University of Chicago Press，2006: 54-59.

根大学的课程目录，学科排序转变为以主题或知识分支为依据，而不再是教授的资历。目录显示，首先是神学、法学和医学等依次位于最高等级的学术，然后在较低次序上是哲学院的哲学、数学、历史和古典语文学等，每个知识领域中，教师的排序不是按照资历，而是按照知识分支的次序。新型大学则基本确立了完整而健全的古典学术知识分类秩序，根据 1822 年柏林大学的目录，哲学院将古典学术进行了精细而有序的分类与建制，哲学是首要的核心学术，其次是数学与自然哲学，然后依次为财政学、历史学、艺术史以及古典语文学。[28]

第二，相较于艺学院，哲学院确立了古典学术的研究功能，这是哲学院改革的两类重要行动者，即新人文主义者和唯心主义者共同努力的结果。

新人文主义者首次突破了传统学院博雅教育的观念，他们第一次试图在学院组织中，通过建制化的学术研究来进行博雅教育。传统的艺学院以及牛桥学院中的博雅教育过程一般是封闭的，即向学生灌输固定和正确的知识体系与规范。艺学院的道德规训必须符合宗教教条。最典型的是牛桥的学院，个体根据明确的教育模式接受所谓"绅士"教育，只有通过古典文化的陶冶，个体才被统一的社会阶层所接纳。学生必须接受语文学、道德哲学和数学中已经被广为接受的知识。所以，传统博雅教育中，个体在接受文化、观念和标准的时候，扮演的是消极角色。[29]

而新人文主义者则试图以自由探究式的积极学习、主动创新来替代灌输性、强制性的传统方式，形成了新学问（new learning）与新观念，可以概括为"经由学术达到教化"（bildung through wissenschaft）。"教化"一词在德文中具有文化、教养、教育等意涵，它源于经典"文本"，是与实用技术和社会政治无关的纯粹精神性的东西，康德用"教化"一词泛指个人心智、及道德与情感的发展。在 18 世纪 70 年代到 19 世纪 30 年代，"教化"被看作是一个教育学的概念，被解释为每个人应接受的博雅教育。[30]这一概念曾被学

---

28 课程目录一般按照学科的重要性排名。教育学虽然在学科序列中排名第二，但在柏林大学中只有一门课程。

29 Aviram，A．The Humanist Conception of the University：A Framework for Post-Modern Higher Education[J]．European Journal of Education，1992（4）．

30 Hansen，K H& Olson，J．How Teachers Construe Curriculum Integration:The Science, Technology，Society （STS） Movement as Bildung[J]．Journal of Curriculum Studies，1996（6）：670.

者们赋予多种含义，但其基本内涵是明确的，简约的表达就是经由"自我塑造"（self-design），[31]最终能够达到新人文主义理想中的完善人格与品质。而自我塑造的途径是深入古典文本、精研古典学术。[32]由此，新人文主义者将博雅教育的方式从外部规训转向内部自我完善，通过解决新问题的原创性研究来形塑心智与品格。"只有通过自由探索来研究新问题，心智能力和广博学识才能被视为高等教育的标志。"[33]施莱尔马赫对此有精彩的表述："唤醒已由多种知识武装起来的心灵高贵的年轻人的学术观念，帮助他们掌握有志于从事研究的专门领域的知识，以便使他们将学术观点看待任何事物变为第二天性，使他们不是孤立地、而是在于知识整体的密切联系中认识个别事物。这样，在他们的思想中就意识到了学术的原理，从而获得开展研究、发现、呈现和解决问题的能力。"[34]

由此可以理解哲学院初期"教学与科研相统一"（Einheit von Lehre und Forschung）的内涵。这里的"教学"完全可以理解为教育的意思，即（自由）教育与研究相结合。博雅教育的教学成为一种研究性的教学，理论研究与创新更具规训心智与品格塑造的意义。因此，教学与研究结合、教学自由、学习自由等哲学院学习的基本原则才被提了出来。不过，实证主义的现代学术兴起之后，这些原则的内涵发生了重大变化，被现代学者进行了重新解读，才形成了现代人所理解与阐释的洪堡原则，它与新人文主义者所提出这些原则的原初义涵已经存在不小差异。而在当时，新人文主义者这些独特的博雅教育观念最具开创性的意义是：为在制度上确立古典学术研究的组织功能奠定了基础。[35]但需要注意的是，正如施莱尔马赫在其重要文章《关于德国式大学的随想》一文中指出的，学术研究应该是科学院而非大学的任务，大学的

31 Aviram ，A. The Humanist Conception of the University：A Framework for Post-Modern Higher Education[J]. European Journal of Education，1992（4）.

32 Mcclelland，C. E. State，Society and University in Germany，1700-1914[M]. New York：：Cambridge University Press，1980：125.

33 Ben-David，J. Centers of Learning: Britain, France, Germany and United States[M]. New York：McGraw-Hill Book Company，1977：73.

34 Charle, C A History of the University in Europe, vol Ⅲ: Universities in the Nineteenth and Early Twentieth Centuries（1800-1945）[M]. New York：Cambridge University Press，2004：48.

35 但需要注意的是，参见张斌贤，等. 柏林大学建校史：1794-1810[J]. 高等教育研究，2010（10）：87.

目标是培养学生的科学精神，即运用哲学来分析问题的能力。在这一著作中，他主要论述的也是品格塑造与教学，而非学术研究。由此可见，在新人文主义者看来，学术研究仅仅是训练心智的手段，哲学院的主要功能并非学术研究，而这也是他们与费希特等唯心主义者的重要分歧之一。柏林大学建校之前，施莱尔马赫等新人文主义者和以费希特为代表的唯心主义者之间有一场大论战，呈现了两类改革者在某些核心理念上深刻的分歧。但新人文主义的新观念依然构成了大学学术研究观念的先导，唯心主义者在此基础上真正确立了哲学院古典学术研究的功能，而且建立了相应的组织制度。正如兰德尔·柯林斯所言，唯心主义是支配哲学院运行的主流意识形态，而"唯心主义的开创者是大学改革运动的领导者"。[36]费希特是柏林大学首任通过选举当选的校长，黑格尔则是第三任校长。费希特等人从以下两个方面确立了古典学术研究的功能。

　　首先，费希特作为柏林大学首任选举产生的校长，对柏林大学的建校方案与教育思想进行了最完整的阐述，相关文献包括《论学者的使命》（1794）、《关于爱尔兰根大学内部组织的看法》（1805）以及最重要的《在柏林建立一所高等教育机构的演绎计划》。很多学者把费希特看作是柏林大学观念真正的奠基人，正是由于费希特对于大学改革提出了最系统而完善的思想体系。在这些著作中，费希特确立了哲学是衡量其它一切知识分支假设与原则的理性标准，重申了康德在《院系之争》中的观点，后者是唯心主义者大学改革的观念前奏，这一重要著作论证了哲学学术研究作为哲学院的核心功能、哲学院作为大学核心组织的正当性基础。康德将大学的学者区分为两种：专业人员和知识分子。大学中的高等学院，即神学院、法学院和艺学院三个专业学院负责培养专业人员。专业人员是政府的工具，学习是为了特定的功利目的，而非为了知识本身的发展。哲学院则专注于知识本身的旨趣，由学术自身的标准进行自我评判，不受外在干预，只服从自身的理性原则。哲学是大学理性原则的捍卫者，没有哲学，大学亦无存在必要。康德指出："大学中同时包含一种在教学方面可以独立于政府命令之外的学院是绝对重要的。它无需颁布命令，能自由地评判每一件事物，只关注自身的科学旨趣，亦即真理。"因此，哲学院的主导功能是古典学术研究，且它必须是大学的核心机构。

---

36 兰德尔·柯林斯　哲学的社会学：一种全球的学术变迁理论（下）[M]．北京：新华出版社，2004：791-807．

其次，唯心主义者奠定了新型大学哲学院基本的研究范式与研究内容，与新人文主义所设想的学术自由、百家争鸣的情形不同，新型大学哲学院基本是被唯心主义哲学认识论所统摄的，后者占据了大部分的自然哲学讲座。19 世纪中期之前，德国大学"对于学术目标的表述仍然倾向于某种包容一切的唯心主义。即使是德国教职员中的自然科学家，在演讲中也不会对非经验主义理念有所不敬"。[37]而这也正是现代科学家在哲学院中建立现代学术体系、改革哲学院组织制度，所面对的最大阻滞力量。

总之，经由新人文主义者和唯心主义者两组行动者的共同努力，古典学术研究成为哲学院的核心功能，围绕这一功能，哲学院建立了相应的组织制度。

3.2.2　哲学院的组织制度

19 世纪之前，新型大学的制度因素就已经在哈勒和哥廷根等古典大学出现，因此本节首先回溯与剖析新型大学建立的传统组织制度因素，然后解释新型大学哲学院的组织制度是如何建立和完善的，并揭示作为新旧之交的过渡型制度，其旧结构承载新功能的组织特点。

3.2.2.1　传统哲学院的组织制度[38]

18 世纪的哲学院大体具有两种身份，首先，它依然是高级学院的预备性学院；第二，和中世纪大学相似，大部分哲学院的学生并不进入高级学院继续学习，而是完成哲学院的课程就直接毕业，进入中等学校做教师。因此，18 世纪的哲学院具有浓厚的师范教育的性质。哲学院进行教学与研究的基本组织单位与制度是习明纳，它早在柏林大学建校之前就已经存在于德国大学之中。1695 年，哈勒大学成立的"教师习明纳"（Seminarium Praeceptorum）是大学中出现的第一个习明纳，习明纳重要的功能是培养高级中学（gymnasium）古典文科教师。习明纳的导师一般认为将来担任古典文科教师

---

37 维赛. 美国现代大学的崛起[M]. 栾鸾，译. 北京：北京大学出版社，2011：132.

38 这一节的分析所依据的史料是美国科学史家威廉•克拉克的著作《学术卡里斯玛与研究型大学的起源》，本书根据其所提供的线索和诸多有价值的史料，重新梳理这一时期哲学院组织制度演变的过程，并试图提炼这一演变过程的基本逻辑与特征。原始材料参见 Clark, W. Academic Charisma and the Origins of the Research University. [M] Chicago&London: The University of Chicago Press, 2006: 141-182.

的学生有必要进一步升入神学院学习，因此习明纳中存在大量神学课程，从这个意义上讲，习明纳也是高级学院特别是神学院的预备机构。在工作过程与教学方式上，仍然以中世纪的讲座和学术辩论为主。

18 世纪 70 年代之后，古典语文学习明纳在德国大学哲学院中兴起和蔓延，某些哲学院逐渐具备了 19 世纪初新型大学甚至现代研究型大学的部分功能要素与制度要素。具体而言，就是哥廷根大学和哈勒大学两所学校，其它大学的哲学院和习明纳在总体上依然主要是培养中学古典文科教师的师范性质的机构。这两所学校哲学院习明纳的目标不再是培养中学教师，而是培养学者或大学教师。相应地，哲学院的组织制度与工作过程也发生了一系列的变革。这些极具创新意义的改革先后源于哥廷根大学哲学院古典语文学家海涅（C. G. Heyne）的语文学习明纳，和海涅的学生哈勒大学沃尔夫（Friedric August Wolf）的语文学习明纳。

哥廷根大学哲学院早在 1738 年成立的第一个古典语文学习明纳就已经具备了两个新特征：第一，在讲座和辩论之外，写作成为学术工作的最高形式，这是中世纪的艺学院和传统的以神学为主的习明纳所不具备的特征；第二，它将服务于神学的习明纳转变为一般的艺学和哲学（arts and philosophy）习明纳，它名为"语文学"，但实际涵盖了包括神学、历史、数学、自然哲学在内的广泛的知识分支。但是，这些新举措在当时仅仅是地方性现象（通过表 3-5 也可以发现）。直到 1763 年后海涅开始负责语文学习明纳之后，哥廷根的影响力才开始扩散。海涅的习明纳形成了一种崭新的工作方式：学生每天必须花几个小时学习古典人文学科课程。另外，修辞学教授专门训练和指导拉丁文的诠释、写作、会话和辩论。每一个学生都要轮流对一名古典作家的文本进行阐释，包括语法和文本的批判，同时，还要以熟练的拉丁文就某一主题进行写作与辩护。可以发现，海涅的习明纳已经不再是培养中学教师的机构，而是初具古典学术研究的功能。

受哥廷根大学的影响，1773 年之后语言学成为各大学哲学院的主要课程。德国高等教育体系的话语权逐渐从政府与神学家转移到语文学家和大学教授手中。从 70 年代开始，德国大学形成了一股成立古典语文学习明纳的热潮（见表 4-5）。但需要注意的是，这些机构虽然与哥廷根一样名为语文学习明纳，但实际上依然是师范性质的组织。其中唯一的例外，是 1787 年成立的由沃尔夫领导的习明纳，它吸收并拓展了哥廷根的新功能与新制度，几乎具备了 19 世纪初新型大学大部分的观念与制度因素。首先，在功能上，它同样是以古典语文学的学术研究为主。而其突破性进展是在学生中逐渐形成所谓学科的"自我意识"（disciplinary self-consciouness）：习明纳主要从事纯粹的古典语文学研究，不再受神学支配。这为后来哲学院中学术研究真正成为独立职业打下基础。在组织制度上，确立了自治的自主权力，沃尔夫作为导师完全掌控与负责习明纳。且与神学院划清界限，不再是神学院的预备性机构。在工作过程和教学方式上，传统师范性质的习明纳所强调的灌输式的教学方式已经被抛弃，它通过学生独立、主动的研究和积极的思考来塑造古典语文能力，学生的学术创新和学术个性受到了前所未有的倡导与鼓励。同时，它特别重视教师以及学生之间研究的合作，这在主要以教授独立工作为主的新型大学也是少见的，已经具备现代大学的因素。

表 3-5 德国大学哲学院古典语文学习明纳成立时间

大学	年份	大学	年份	大学	年份	大学	年份
哥廷根	1738	乌兹堡	1805	吉森	1812	格瑞夫瓦尔德	1822
威登堡	1771	莱比锡	1809	布雷劳斯	1812	罗斯托克	1829
爱尔兰根	1777	法兰克福	1810	耶拿	1817	弗莱堡	1830
基尔	1777	马堡	1811	波恩	1819	图宾根	1838
赫尔姆施泰特	1779	慕尼黑	1811	多尔帕特	1821	维也纳	1850
哈勒	1779	柏林	1812	哥尼斯堡	1822		

综上，哥廷根大学和哈勒大学两位古典学者的改革具有重要历史意义，第一，他们的改革已经包含了新型大学甚至是现代大学的某些制度因素与实践，特别是哈勒大学的沃尔夫，他基本确定了 19 世纪新型大学习明纳组织制度的雏形。威廉·克拉克甚至认为，所有 19 世纪建立的习明纳采用的都是沃尔夫的体制。米歇尔·阿什也指出，19 世纪之前，与新型大学相关的制度因素与实践就已经存在于传统的大学之中。[39]可见，新型大学的基本框架在 18 世纪就已经存在。第二，后来洪堡和施莱尔马赫等人的若干观念就来源于这

---

39 Ash，M. Bachelor of What， Master of Whom? The Humboldt Myth and Historical Transformations of Higher Education in German-Speaking Europe and the US[J]. European Journal of Education， 2006（2）：248.

些改革实践。例如，洪堡曾经在 18 世纪的改革先驱哥廷根大学学习，洪堡"教学与科研相结合"的核心观念就是来自于哥廷根的古典语言习明纳的实践。[40] 新人文主义者的意义更多在于从理论上总结了 18 世纪后期德国大学哲学院的实践，并将学术研究与创新建构为广为接受的意识形态。

3.2.2.2 新型大学哲学院的组织制度

新型大学以 1809 年筹建、1810 年开学的柏林大学为典范。哲学院不再仅为学生进入高级的专业学院传授预备性的基础知识，其新的功能是：古典学术研究和为自己培养新的哲学研究者和教师。柏林大学建立了一套适应于古典学术研究的组织制度，相对于 18 世纪的哈勒大学和哥廷根大学，它在制度上并没有更多特别的创新，但其影响范围远大于后者。柏林大学之后，新型大学在德语地区纷纷建立。

新型大学之"新"表现在两点：第一，古典自由知识首次从预备性知识上升为大学的核心知识体系，相应地，以古典学术研究为主要职能的哲学院，提升到与其它三个专业学院相同的地位上来，甚至可以说，实际地位高于专业学院。由此，哲学院成为大学的中心机构，博雅教育的学院组织在高等教育史上第一次成为大学的核心组织。这意味着，大学中真正形成了这样一种倾向，即认为掌握学习的方法和工具比学习专门职业更为重要。[41]第二，学者成为真正独立的职业。独立职业不仅仅是指学者普遍由国家聘任并支付薪水，而不需要只把学术研究作为业余的事业，更是说学术研究成为社会一个独立的领域，学术由自己特定的逻辑支配，那就是追求真理的理性自由或学术自由，它从宗教和国家权威中解脱，成为理性自主、学术自由的体系，学术研究真正成为独立的职业。相应地，学院也不再是专业学院的预备学校，也不像法学院那样受国家权威支配、神学院那样受宗教权威支配。柯林斯论述道：费希特、谢林、黑格尔和他们的哲学同行都处在大学革命的洪流中，成功地扩展了哲学家的职业空间，他们是历史上第一批控制了自己基础的知识分子。[42]

---

40 Ash，M．Bachelor of What， Master of Whom? The Humboldt Myth and Historical Transformations of Higher Education in German-Speaking Europe and the US[J]． European Journal of Education， 2006（2）：247．

41 约瑟夫·本-戴维．科学家在社会中的角色[M]．成都：四川人民出版色，1988：105．

42 兰德尔·柯林斯．哲学的社会学：一种全球的学术变迁理论（下）[M]．北京：新华出版社，2004：800．

在哲学院内部，围绕古典学术研究，新型大学延续与推广了习明纳这一教学组织形式，并完善了讲座教授制的学术管理制度。习明纳在 18 世纪本来是古典语言学的教学组织，它在新型大学的哲学院中扩展到历史学、数学、自然哲学等各个知识分支，后来甚至也被专业学院所采用。[43]

讲座或习明纳不仅是对 18 世纪沃尔夫等人局部创新的继承，它本身也是一种非常适合于古典学术研究的组织制度。首先，它围绕一位讲座教授建立，为保障其教学与研究上的自主与自由，国家授予讲座教授对讲座绝对的支配权力；第二，讲座围绕着某个知识分支建立，由一位导师带领几个学生组成小组，包尔生描绘了讲座的工作过程：在一系列相关的讲座中，通过活生生的人物，为听者试图进入某一科目提供一个关于该领域的生动概览。关于这门科学的基础性问题和基本概念，关于获取知识的方法和储存，最后是关于它与整个人类知识及人生基本目的的关系，讲座都应该为听者起到点拨的作用，并通过这种方式引起听者对科学的积极兴趣，并引导他们获得对科学的独立见解。……讲座起到提纲挈领的作用，手把手地引领着学生遨游整个科学领域，为他指明真正重要和本质的东西，并提供理解和判断他所见到的现象的原则和观点。于是，他对科学发生兴趣，并开始重视它；他逐渐熟悉了科学的方法，并学会应用它们，最后竟敢于在自己的领域做更多的独立工作。[44]可见，讲座实际上是一个小而精、师徒式的精英教育机构。

然而，虽然哲学院的讲座制是一种完全适应于古典学术研究的制度构架，但是从后来哲学院组织变革的历程看，这一组织制度蕴含了一种独有的特质：有弹性、柔性，对于学术的演变具备强大适应能力，它可以根据学术研究的需要而改变。本-戴维认为，"尽管从经验科学的观点看，德国的大学奠基者的思想是错的，但是这个体制能根据科学探索的需要和潜力而改变。"[45]而这种适应性源于讲座制中所包含的若干张力，正如有学者指出的，德国的新型大学在其建立之初就存在若干内在矛盾，[46]这种张力使古典学术的组织制

43 包尔生. 德国大学与大学学习[M]. 张弛等，译. 北京：人民教育出版社，2009：212.

44 包尔生. 德国大学与大学学习[M]. 张弛等，译. 北京：人民教育出版社，2009：191-192.

45 约瑟夫·本-戴维. 科学家在社会中的角色[M]. 成都：四川人民出版色，1988：227.

46 Fallon，D. The German University：A Heroic Ideal in Conflict with the Modern World[M]. Denver：Colorado Associated University Press，Boulder，CO 80309，1980.

度包含了后来哲学院演变为现代研究型大学的诸多重要元素。

第一，讲座虽然强调知识的整全性，但却是以知识分支为核心建立，这就为 30 年代之后各个知识分支确立独立的学科意识、以及现代科学各学科从哲学中分化出来，创造了制度上的条件。[47]最初，哲学院中古典学术的学科意识是非常模糊的，哲学院的每位教师负责所有知识门类的教学，用抽签或轮流的办法分配学科。至 17 世纪，哲学院开始围绕知识分支设置讲座，但讲座教授依然负责多门知识。[48]这是因为 19 世纪之前，哲学院中的古典学术并不发达，没有精细的专门化与学科意识。而在新型大学的哲学院中，古典学术由于其广度与深度的逐渐增加，已经呈现出现代学术学科秩序的基本特征：学术不断精细化与专门化，并围绕专门的知识分支进行建制。虽然讲座教授特别是古典哲学、自然哲学等领域的学者一般都在唯心主义的形而上学体系下工作，并按照他们的学术工作在这一体系中的贡献与重要性来衡量自己的研究，但是，学科意识与相应的学术变革已经在哲学院的建制中悄然酝酿。在现代学术占领哲学院之前，新型大学的讲座制至少在组织制度上已经内含了适应现代学科的基本机制。至 19 世纪中期，现代科学家逐渐挣脱唯心主义的束缚，确立了现代学术研究范式之后，讲座制就完全成为了现代学术扩散与分化的组织基础。

第二，传统的观点认为，哲学院的讲座制是一种保障学术自由、体现学者自主与主体地位的学术建制，这是新型大学的主要标志。相关文献浩如烟海，特别是包尔生的著作对此进行了经典而充分的论述。[49]但实际上，教授的绝对权力在保障了学术自由与学术职业的同时，也会导致学术权威垄断学科或知识分支领域的危险。这一点原本就体现在费希特的观念中，而英国学者泰德·泰珀（Ted Tapper）和大卫·帕尔弗里曼（David Palfreyman）在考察欧陆大学治理结构时发现，柏林大学模式由于对学术权威的强烈屈从，容易使

---

47 根据以往的文献，有些学者把知识分支直接看成是学科，因此古典学术中的三艺、四艺也被看成是学科；而美国学者拉图卡（Lisa R. Lattuca）则指出，古典学术只存在知识分类，不存在学科，现代学科是在 19 世纪末和 20 世纪初形成的。参见 Lattuca, L. R. Creating Interdisciplinarity: Interdisciplinarity, Research and Teaching among College and University Faculty[M]. Nashville：Vanderbilt University Press, 2001：23. 本书采取拉图卡的界定。

48 李春萍. 哲学院与现代大学的科学制度[J]. 高等教育研究，2014：94.

49 参见包尔生. 德国大学与大学学习[M]. 张弛等，译. 北京：人民教育出版社，2009：189-262.

讲座成为所谓的"个人领地"。[50]作为特权领域,讲座可能制造学生对教授的忠诚。由于围绕一个知识分支或学科,只能有一个讲座和教授,所以这不仅是对教授个人的忠诚,而且是对教授研究领域与范式的忠诚。于是,阻碍学术创新与学科分化就成为可能。权力是否被滥用,基本只能靠教授个人的动机和素质了。

原本,改革者们似乎也意识到了这一设计的现实弊端,为了能够对讲座教授的地位进行制衡,哲学院设置了"私人讲师"制。根据这一制度安排,具有大学授课资格的人,即使没有获得教授职位,也可以在大学中授课与研究,他们不拿大学的薪水,而是收取学生的听课费。私人讲师中的优秀者可以被选为教授。除此之外,教授和私人讲师的工作条件和学术权威理论上应该是一样的,所有学者都享有同样的自由和平等权利。但实际上这种平衡措施并没有起到多大作用,因为同一领域中讲座教授的个人权威实际远大于私人讲师,大学里的等级基本是以权威或权力为基础,而非改革者理想中的学术能力为基础。在这种结构下,不管在地位上还是学术上,私人讲师都很难对教授构成挑战。[51]因此,从大学内部的结构看,讲座制度所造成讲座教授和其他学者在地位和权力上的较大差距,长远上看会阻碍学术的有效增长与分化。

但吊诡的是,正是由于一个知识分支或学科只能有一个教授,而教授的地位又难以撼动,这有可能会导致这样的情形:新生代学者为了获得教授职位,只能努力开辟新的研究领域。因此这一制度在客观上反而具有刺激知识分化与创新的作用。两个条件促成了这一作用的实际发生:第一,私人讲师制虽然在制度上无法对教授权力形成制衡,但在学术上保持了哲学院自由探索与研究的活力与氛围;第二,到了19世纪中期现代科学完全在大学立足之后,德国整个高等教育系统中形成了一个学术互动与竞争的市场,讲座教授制度促进学科创新与分化的作用就被完全激活了。

3.2.3 哲学院的基本特点

经由上述分析可以发现,新型大学的哲学院实际是一个介于古典学院与

---

50 Tapper, T& Palfreyman, D. Lessons from Continental Europe: The Collegial Tradition as Academic Power[A]. The Collegial Tradition in the Age of Mass Higher Education[C]. London:Springer Dordrecht Heidelberg,2010:143.

51 约瑟夫·本-戴维. 科学家在社会中的角色[M]. 成都:四川人民出版社,1988:234.

现代研究型大学之间的过渡组织，它既是古典学院这一组织形式在历史上相对完善的形态，又包含了现代研究型大学的若干功能要素和制度要素。这是这一时期的哲学院在组织制度上最为显著的特点。

在知识性质上，哲学院学术依然属于古典学术，并囊括了几乎所有古典学术重要的知识分支，构建了语文学-历史学和数学-物理学这一完善的自由知识体系。但与艺学院不同的是，其知识体系中包含现代学术的成分：语文学与历史学特别发达，这两种人文学科首先形成了相对独立的学科意识，是现代学科的雏形。而在唯心主义统摄的自然哲学诸讲座中，也开始存在一些崇尚实证的现代科学家，例如李比希和约翰尼斯·米勒（Johannes Muller）等人，这些学者是哲学院中反对唯心主义、倡导实证研究的先驱。

新人文主义通过学术研究来进行博雅教育；以此为基础，唯心主义者确立了古典学术研究的功能，并第一次将其制度化为哲学院的组织功能，使新型大学的哲学院成为哲学家传统主导的机构。

哲学院的学术研究具有两种特点：第一，它围绕古典学术各门基础理论知识（相当于现代学术中的文理知识）建立讲座，古典学术研究和教学既具有推动基础理论发展的功能，又包含博雅教育心智规训的元素，形成了"（自由）教育"与"研究"相结合、"通过学术达到教化"的崭新的古典博雅教育形态。第二，由于唯心主义者对改革的主导，哲学院的学术特别是古典哲学和自然哲学基本是被唯心主义的研究方法与范式所统治的。

在组织制度上，哲学院成为大学的中心机构，这意味着博雅教育的学院组织在历史上第一次成为大学的核心组织。围绕学术研究功能，哲学院完善和发展了讲座教授制度。作为一种承前启后的组织制度，讲座虽然是古典学术组织，但包含了现代研究型大学的因素。它围绕知识分支建制，使古典学术不断深化与分化，并孕育了现代学科意识的产生；它围绕讲座教授建立，一个教授只对应一个知识分支，学者要在大学中获得教授职位，不得不努力开辟新的研究领域。因此，这一制度具备潜在的激发学术创新与分化的功能。

这种新旧之交、承前启后的学术制度充满张力，具有新型大学改革者完全没有预计到的弹性与柔性，使哲学院对古典学术向现代学术变革的过程具有较强的适应能力，这与法国僵硬的旧体制形成了根本的差异，这一定程度上解释了为什么后来法国和德国呈现了断裂性与渐进性两种不同的学院组织变革路径。

结合后文的论述，本书将呈现讲座教授制度所具有的耐人寻味的张力：它为学术自由而生，却在制度上确立了大学教授的绝对权力，对学生的自由发展和青年学者（私人讲师）的学术创新构成不小阻碍；它为博雅教育而设，却成为现代学术分化与扩展的制度性动力，最终瓦解了哲学院传统的组织框架；它为德国大学现代科学学术生态的建构提供了制度保障，但这一为博雅教育和古典学术研究而设的制度，最终却成为德国现代科学停滞的重要组织因素。

4、知识性质的变化与现代高等教育基本矛盾的形成

现代学术产生的时间要比它进入大学的时间早得多，早在 17 世纪，英国就已经有了制度化的科学研究的组织，但现代学术真正进入大学是在 19 世纪前后。这一时期，大学中形成了古典学术和现代学术的对立与冲突。在欧陆大学中，古今学术冲突的结果是博雅教育的学院组织逐渐被专业学院和专门化的学院或研究所等现代大学组织所取代，并逐渐走向衰落并消亡。大学的功能，也从培养学生心智能力、塑造精英人格为目的转向以培养职业性的专业人才和学科性的科学研究者为目的。

4.1 知识性质的变化

近代社会以来，现代自然科学知识逐渐从整体性的古典自由知识中分化出来，并成为现代学术的主导。新旧学术在认知方式和探索方法上有着根本的不同。

首先，在本体论上，世界被对象化，即自然世界独立于人的心智，即便人本身也成为科学研究的对象。自然世界与人的经验世界被区分开来，不再像古典学术一样追求对自然世界和人的经验世界提供统一的解释。探索原理和原因的理论学科逐渐分化，不再注重各知识分支在深层理论上的整体协调与连贯，进而使得原本在方法论和知识体系上相统一的数学-物理科学与语文学-历史学被区分开来。另外，古典学术是一个封闭而固定的知识体系和规范，它强调知

识的稳定性与延续性，教师与学生的角色都是传统的保持者；而与此相反，现代学术十分强调科学的发展和增长，知识的范围是无限的。[1]这一重大区别导致现代学术与古典学术的两个重要不同：由于没有人可以掌握所谓整全性的知识，所以现代学术在研究上只能进行专门化的研究；二是现代学术特别强调创新的重要性，它颠覆了传统知识的封闭体系。因此，现代科学不断分化为具有不同研究对象、内容以及方法的多种学科或知识门类，并走向专门化和精细化。相应的，在方法论上，古典学术玄思式的理论思辨走向了经验性的现代科学实证方法，基于事实观察的实验研究取代了演绎推理式的玄思。

第二，与古典学术相对立的实用性、技术性知识上升为理论知识，不再是鄙俗而简单的经验性积累。传统的自然哲学家一般认为，关于自然事物的理论研究的目的绝不是为某一门实用技术培养从业人员，他们所构建的抽象理论与具体的技术、制造与生产没有任何指导意义。虽然某些理论知识在客观上存在促进技术发展的作用，但根本上这只是源于哲学家纯粹"闲逸的好奇"，绝非指向任何实用目的。也就是说，古典学术中，关于宇宙与自然的学术与技术也是截然对立的体系。而现代学术兴起之后，原本各自独立的两个知识体系，即探索世界原理的理论知识与技术性、应用性知识之间的古老鸿沟逐渐消失，抽象的理论思维和数学思维与经验观察和技术技能相结合。[2]科学理论知识通过转化为技术而被应用于生产实践，形成了应用性科学技术知识。基础理论学科的知识本质上也朝着"实用"的、以改造世界为最终目的"有用知识"的方向发展。原本，理论研究只是闲逸的好奇，而现代社会，理论被用于技术与实践，能够推动社会发展。当理论与专业技术的隔阂消失之后，高等教育体系中的基本矛盾也就发生了改变。古典大学中，与艺学院或哲学院的自由知识相对立的是技术性知识，现代大学中，博雅教育与专业教育则成为一对主要矛盾。

第三，在伦理学上，现代学术不再像古典学术一样，提供一套整全性的生活意义或价值标准，因而也不对道德人格做出规定性要求。学术的伦理意义从古代的"求善"转变为现代的"求真"。在旧制度下，自然哲学与人文关怀密切相关，在自然哲学体系中，物理学和自然哲学是统一的，其路径在

1 安东尼·克龙曼. 教育的终结：大学何以放弃了对人生意义的追求[M]. 诸惠芳，译. 北京：北京大学出版社，2013：42.
2 巴里·巴恩斯. 局外人看科学[M]. 鲁旭东，译. 北京：东方出版社，2001：18.

于，先学习上帝创造的力学、然后研究上帝自身的特质，包括上帝与人类的道德关系。19 世纪末，对自然的研究真正成为现代科学的研究，只有对物质世界的探求肃清了所有道德和神学臆断，即所谓"除魅"，才能满足自然科学研究的要求。除魅后的世界是物质的和对象化的，通过观察和实验等实证方法进行精确的研究，这个过程没有任何传统上的道德意义。自然哲学成为自然科学之后，就不再为人生意义、道德人格的等问题作出解释或贡献。

也就是说，现代学术形成了自身独特的伦理要求：一个方面：科学和其他职业变成同一性质的东西，即科学和其他职业没有价值等级上的高下之分，各个学科或知识领域也趋于平等，不存在高贵的知识和鄙俗的知识之分；另一个方面：科学领域与其他价值领域分离，只遵从学术自身的逻辑。科学已经无法在整体上把握人的生活，正如韦伯指出的，科学最多能坚守的德性就是理智上的诚实或清明：人有勇气面对诸神之争。但科学本身不能为价值选择提供任何指导，所有这类指导都只能是幻觉。

表 4-1　古典学术与现代学术的对比

类别	古典学术	现代学术
知识性质	本体论：目的论 方法论：玄思式的理论思辨方法 伦理学：求善	本体论：机械论 方法论：基于观察与实验的实证方法 伦理学：求真
知识分类	理论知识：语文学-历史学；数学-物理学 实践知识：伦理、政治、经济学 创制知识：技术知识和艺术	自然科学：自然科学与技术科学 人文学科：文学、历史、哲学 社会科学：经济学、法学、社会学等等
知识功能	培养"自由人"： 1 培养贵族精英与领袖 2 对古典学术闲逸的好奇者（解释世界）	改造世界的实用目的（认识世界也是为了改造世界）： 1 职业性的专业从业者 2 学科性的科学研究者
矛盾关系	自由知识与经验性、技术性知识之间的对立	博雅教育与专业教育之间的矛盾
组织形式	古典式的学院：艺学院、哲学院、古典文理学院	专业学院（围绕职业建立的"professional school"）和专门化的机构（围绕专门化的学科或领域建立的研究所、实验室、高等专科学院、专业学院等）

4.2　知识功能的变化

知识性质与知识功能之间的关系存在两种情况：

首先，知识性质变了，知识的功能也改变了。第一，在古代社会，古典学术研究不是专门职业，它只是哲学家所谓"闲逸的好奇"，他们追求哲学形而上学的宏大理论追求和玄思式的思辨方法，最终目的是对世界提供一套整全性的解释；而现代学术以现代学科和专门知识为单位，培养职业的专业研究者，学术研究成为一种职业。在现代学科制度中，哲学本身也成为诸多学科中的一个学科，哲学学科的研究更多是一种哲学史的研究，已经很少有学者会像古代哲学家一样建构宏大形而上学体系了。于是，专门化的学术研究与博雅教育对立起来，这是本书中，大学"教学与研究的矛盾"的意涵。[3]第二，由于被传统博雅教育所排斥的技术性、经验性的知识进入大学，形成应用学科或技术学科，大学开始培养具有技术能力的职业从业者和专业人才。这两种新功能构成了现代专业教育的基本内涵，即培养职业的学术研究者和职业的专业人才（医生、法官、工程师、管理者等等）。

其次，知识的性质改变了，但知识的功能没变。现代学术仍具有心智规训和道德人格塑造的功能。那些"academic specialties"，特别是基础文理学科，依然是博雅教育的重要元素，例如文学、历史学、哲学、数学和物理学这类基础理论学科，它仍是训练心智和陶冶人格的核心知识体系，具备古典自由知识的特质与功能。也就是说，现代学术依然能够实现博雅教育的功能。

4.3　现代高等教育的基本矛盾

一般认为，博雅教育和专业教育是高等教育中的基本矛盾。现代学术进入大学之后，大学中出现了现代专业教育，博雅教育与现代专业教育的矛盾不断扩大和深化，成为学院变革所应处理的主要矛盾。

古典意义上的大学的专业教育组织只有三种，即法学院、医学院和神学院。这些学院的目标虽然被认为是分别培养律师、医生和牧师这三种职业，但实际与现代意义上的律师、医生和牧师相差甚远。以医生职业为例，作为

---

3 在本书的语境中，所谓"教学与研究的矛盾"，更确切的表述应是教育（博雅教育或通识教育）与专门化研究的矛盾，"研究"中也存在教学，即研究生教学与培养，而研究生，包括硕士生与博士生的教学和培养属于"研究"的范畴。

现代专业教育的医学教育，医生需要接受基础理论医学教育、专门化的应用医学教育和专业的临床实践性的培训，既强调理论导向（应用理论），又强调实践导向（职业发展）。而根据历史学家哈罗德·珀金的研究，古典的医学职业仅仅是研读医学经典。而律师和牧师职业也不例外。这些所谓专业学院根本没有"界限分明、深奥实用的系统化科学知识体系和规范化的技能体系"，专业与专业之间没有明显差异。那些专业的经验性技术培训与教育，如建筑、机械、制药、航海等等，统统被排除在大学之外。

而在大学中学术知识性质发生改变之后，这些专业教育纷纷进入大学之中，成为大学中的专业。大学中形成了以现代科学为基础、具有分明界限和规范培养体系的专业教育及其组织，大学开始系统地、大规模地培养专业人才，包括专业的职业从业者和专业研究人员。

博雅教育与现代专业教育的矛盾如下：

一方面，博雅教育和专业教育在功能与理念上存在对立与冲突：专业教育培养职业的从业者，其目的最终指向一系列专业技能的掌握，而博雅教育不面向职业，仅在于心智规训和品格塑造——学术研究虽然也具有后者的功能，但主要是培养学者，在制度设计上往往更偏重视专门化的研究。

但另一方面，博雅教育和专业教育又存在融合的可能，这种融合是基于基础文理学科的特质，它们既是博雅教育的基本内容——基础文理学科是进行心智规训和品格塑造的核心工具；也是专业教育的组成部分——它是所有专业教育所必须学习的基础性学科，同时也是学者进行专门化研究的对象。哈佛红皮书指出，通识教育和专业教育的区别不在科目，而在方法和态度。例如，当人们用技术性的方法学习文学时，就会产生语言学这种专门学科，也存在运用高度专门化的历史学方法研究绘画的现象。专业教育追求精密性和准确性，其局限性在于不提供学生关于总体的见解。也就是说，像语言学、历史学、艺术学这些基础文理学科，既具有心智训练和品格塑造的功能，也可以作为专门化的学科，进行专业教育。[4]

而对于现代基础文理学科的博雅教育特质，《耶鲁报告》也有经典的表述，在文理学科（arts and science）"各个不同分支之间保持一个合理的比例，来形成学生的均衡发展已成为学校的一个目标。从学习数学中，他学会了明确的推理艺术。参加物理学科，通过归纳的过程和对各种相应事例的处理，

4哈佛委员会. 哈佛通识教育红皮书[M]. 李曼丽，译. 北京：北京大学出版社，2010.

他开始对事物感到熟悉，在古典文学中，他找到了一些达到极致的欣赏模式。通过英语阅读，他懂得了他所说和写的语言的力量，通过逻辑和精神哲学，他学会了思考的艺术；通过修辞学和雄辩术，他懂得了演讲艺术；通过经常联系作文，他懂得了怎样来生动、准确地表达"。[5]

可见，博雅教育与专业教育这组高等教育的核心概念，既包含相互对抗的因子，又存在相互交叉、融合与相互促进的潜在可能。现代大学成为了一个包含多种功能要素和制度逻辑的矛盾体。根据制度分析的观点，制度由多种要素构成，意味着制度的变化有可能是多种构成要素组合模式的调整，而不是一种秩序完全被另一种秩序所取代，制度的变化不完全是新制度替换旧制度，也可能是制度构成要素的重新组合。[6]因此，不同的国家或高等教育体系在处理这一对基本矛盾的时候，必然会形成不同的处理方式、不同的因素组合方式以及相应的组织制度安排。理论上，存在三种基本的理想类型，第一种是围绕职业性专业教育，建立专业学院，培养职业的从业者；第二种是围绕学术性专业教育，建立专门的学术研究组织（研究所、实验室、学系等），培养专业的研究者。这两种结构都在制度上把博雅教育和专业教育处理为对立关系，取消了博雅教育的学院组织，建立适用于专业教育的结构，不再对心智规训和人格塑造的博雅教育进行单独建制，博雅教育的元素只是以课程、系或学院的形式被包含在专业教育的组织中。第三种是通过对传统"college+school"的巴黎大学模式进行改造与重组，通过组织变革融合专业教育与博雅教育。前两种以欧陆现代大学为代表，欧陆体系及受其影响的大部分国家和地区，一般都是围绕专业教育进行建制，不再设立博雅教育的独立组织，后者则以美国研究型大学为代表。正如《欧洲大学史》的编者沃尔特·吕埃格（Walter Ruegg）所论："事实上，欧洲大陆的高等教育系统从来没有将大学的通识教育与科学教育（即专业教育）有机的结合起来，而英美国家则极好地做到了这一点。"[7]

---

5 耶鲁大学.耶鲁报告（一）[J].陈汉强等，译.国际高等教育研究，2008（1）：26.

6 Stark，D. Path Dependence and Privatization Strategies in East Central Europe[J]. East European Politics and Societies，1991（1）：22.

7 参见 Ruegg，W. A History of the University in Europe，vol. Ⅲ. Universities in the Nineteenth and Early Twentieth Centuries[M]. New York：Cambridge University Press，2004：12. 其实英国除了牛津和剑桥两所古典大学，成立于 19 世纪的城市大学或红砖大学也基本属于欧陆高等教育体系。

5、欧洲大陆学院组织的变革

在法国，学院组织的变革始于 18 世纪末，它通过革命的激进方式取消了古老的艺学院，在短时间内建立了以高等专科学院为主体的现代大学体系，而德国哲学院的衰亡则比法国复杂的多，它经历了整个 19 世纪的漫长过程。欧陆主要国家的共同特点是，大学的主要功能从培养学生心智能力，转变为培养职业从业者和专业的学术研究者，并取消了博雅教育的学院组织。

5.1 艺学院的变革

法国是通过大革命的激进方式以及由此确立的革命政府的绝对权力，在短时间内废除了博雅教育的艺学院，而建立了以社会分工与职业为基础的专业学院。新体系基本成型于 1794 年，这个体系首先摧毁了巴黎大学的结构和组织制度，也就取消了传统的艺学院；第二，建立了以高等专科学校也就是所谓"大学校"（la grandes ecoles）为主的教育体系，位于法国高等教育金字塔尖的是精英的大学校而不再是大学。

5.1.1 新旧知识体系的剧烈冲突

法国大学艺学院这种断裂式的激进变革，除了大学系统外部法国大革命的因素之外，源于学院内部完全不存在现代学术的因子，古典学院与法国启蒙运动激进的科学精神形成水火不容的对立态势。这是外部政治权力对法国高等教育体系进行革命性改革的内部因素。

中世纪后期三种哲学的引进并没有从根本上改变艺学院的基本功能和性

质。在法国大革命之前，艺学院依然是三个高级学院的预备性机构，只要达到高中标准的知识水平就可以获得艺学院的学位。一般而言，学生进入艺学院的年龄仅仅是十岁甚至九岁，一直学习到十七八岁，大部分精力用于学习拉丁语。因此，大学跟 18 世纪科学上的重大发明基本没有关系，现代学术在艺学院中完全不存在。不仅如此，艺学院完全是一个宗教堡垒和旧学基地。作为宗教堡垒，艺学院被源于中世纪的经院哲学所统治；作为旧学基地，艺学院沉迷于古典学术和拉丁文的学习。与哲学院相比，它在内容上没有现代学术的因素，在形式上也无法孕育现代学术的学科意识。要建立适应于现代学术知识性质与功能的组织制度，只能选择与旧的学术制度彻底决裂。再加上启蒙运动与大革命对现代科学至上的信仰，现代学术以摧枯拉朽之势迅速占领法国的高等教育机构，使组织上的断裂与聚变更加激烈与决绝。

启蒙运动期间，法国启蒙思想家们就表现出对现代科学空前的推崇，并在民间发动了所谓的"唯科学主义运动"。他们深信，现代科学是获得真理、掌控自然以及解决人与社会中存在问题的正确途径，是世界无限完美的象征。[1]此时，科学已经被推崇到了至高的地位。到了大革命时期，唯科学主义的意识形态凭借革命在高等教育领域中急剧发酵，激进革命精神的现代科学取向与巴黎大学艺学院的"古旧精神"之间形成了根本的对立。结果是，希腊语、拉丁语等语言教学，文学、历史等主要古典人文科目变得十分次要甚至被忽略，而宗教和道德教育则被彻底清理出大学课程体系。[2]圣西门形象的描绘可以清晰呈现从大革命到拿破仑政权法国高等教育的遽变：几年前，想了解一个人是否接受过出色的教育，会问他是否掌握希腊语和拉丁语作家的著作；而今天则会问他是否精通实证科学和实验科学。[3]新旧知识体系剧烈冲突的结果是旧大学的衰落和新体系的建立。

5.1.2 旧大学的衰落与新体系的建立

1789 年之前，法国原本存在 22 所巴黎大学"艺学院+专业学院"式的综合性大学。大革命中，传统大学被认为是旧王朝和宗教势力的大本营，22 所

---

1 约瑟夫·本-戴维. 科学家在社会中的角色[M]. 赵佳苓，译. 成都：四川人民出版社，1988：78.

2 涂尔干. 教育思想的演进[M]. 李康，译. 上海：上海人民出版社，2006：311-312.

3 圣西门. 圣西门选集第一卷[M]. 王燕生等，译. 北京：商务印书馆，1979：43.

大学全部都遭到分裂和破坏。大革命关闭了大学，拿破仑形式上重建了 26 所大学。但实际上，这些高等教育机构仅存大学之名、而无大学之实，大学的底层结构是一个个相对独立的专业学部。

首先，学术标准和学生数量急剧下降。以三个高级学院为例，虽然它们仍然在提供职业训练，但是无论其学术标准还是学生数量，都已经降到几乎是历史的最低点。大多数学院只有四到六个教授，但这些教授需要承担所有课程的教学任务。而很多教授已经放弃教学，而是通过发售学位谋利。更极端的情况是，在有些大学中，学生只能通过强迫的手段使教授开设讲座；学生也很少，例如，波旁王朝复辟时期卡昂的大学只有 42 个学生，其中有 20 个是法学院的，另外 22 个只是中学生。学生进入大学远比进入"大学校"要简单的多，要被大学校录取，首先需要通过"会考"（baccalaureat），然后再进入特设的预备班学习，准备大学校的入学考试，通过考试才能成为大学校的学生，录取率只有10%。而要进入大学，则只需要通过会考就可以了。另外，从大学极其短缺的经费也可以看出，大学在法国高等教育体系中的边缘状态。例如，直到 19 世纪70 年代，索邦的理学院都仅仅是几所小房间，学生居然只能在曾经的卧室和厨房里学习；而 1885 年的一项调查表明，1885 年大学的实验设备跟 1847 年基本没什么差别，学校根本没有资金来更新设备。大学之衰败可见一斑。[4]

第二，艺学院的消亡。艺学院在大革命时期被彻底摧毁，而拿破仑帝国时期，重建的这些有名无实的大学中，传统大学的艺学院是以"faculty of science and letters"的名称和形式存在的。也就是说，在名义上，艺学院分裂为两个机构，即理学院（faculty of science）和文学院（faculty of letters），它们被统称为所谓"文理学院"。[5]传统的"艺学院+专业学院"的形式变为文学院、理学院和法学院、神学院、医学院五个学院的结构。虽然在组织结构上大同小异，但是拿破模式下的大学已经完全不是巴黎大学意义上的大学了。在 19 世纪 70 年代之前，这个所谓的"文理学院"甚至基本称不上是一个教育机构。[6]"文理学院"与巴黎大学艺学院的唯一联系也许仅

---

4 Zeldin，T．Higher Education in France，1848-1940[J]．Journal of Contemporary History，1967：53-55.

5 这个文理学院与美国的文理学院即"liberal arts college"具有完全不同的意义和功能。

6 Ben-David，J．Centers of Learning：Britain，France，Germany and United States[M]．New York：McGraw-Hill Book Company，1977：16.

仅是作为国立中学和中央管理部门的附属机构。从功能上看，它是一个考试管理和学位授予的组织，它承担中学毕业考试、学士学位考试和中学教师资格考试（主要测试内容为中学课程），向学生颁发学士学位或教师资格证书。获得证书之后可以在国立中学（lycee）即高级中学或市立中学即初级中学任教。[7]另外，如果说它有教学上的功能的话，那也仅仅是限于为热心的业余爱好者举办讲座，[8]这个机构基本没有全日制的学生就读。因此，"文理学院"在性质上更多是一个管理机构，而非大学教学机构；而且相对于大学，它与中学的关系更加密切。[9]除了名称上的类似，艺学院的传统和组织结构基本上是被废除了。虽然在此期间大学中亦不乏古典语言和文学、数学基础等渗透博雅教育理念的学科的教学，而革命后对传统自由知识的激进态度也得到部分缓和，例如，拿破仑至少在中学里部分恢复了希腊语和拉丁语教学。但传统艺学院这种在制度上保障博雅教育实施的组织结构已经被大革命的洪流所完全湮没了。

因此，法国的大学在整个 19 世纪都是一个名存实亡的组织，它们被分解为各自独立的学院。19 世纪 60 年代之后，法国学界一直存在重建大学的呼声，例如，普法战争战败之后，法国最重要的学者们曾聚集在法兰西学院开会，他们认为是德国的大学打败了法国，并哀叹"法国根本没有高等教育"。而重建大学本质上就是重建艺学院，也就是学习德国模式，将原先的艺学院或"文理学院"重新打造成为心智规训和纯粹理论研究的组织。[10]但是，大学中的科学理论研究和教学一直地位低下且资金匮乏。[11]直到 1896

---

7 杨少琳. 法国学位制度研究[D]. 重庆：西南大学，2009：44.

8 Charle, C Pattern[A] Ruegg, A History of the University in Europe, vol Ⅲ Universities in the Nineteenth and Early Twentieth Centuries[C]. New York：Cambridge University Press，2004：45.

9 这一部分的史料参见 Ben-David, J. Centers of Learning: Britain, France, Germany and United States[M]. New York: McGraw-Hill Book Company, 1977: 16 和 Ruegg, W. A History of the University in Europe, vol. Ⅲ: Universities in the Nineteenth and Early Twentieth Centuries（1800-1945）[M]. New York：Cambridge University Press，2004：44-47. 以及 Zeldin, T. Higher Education in France, 1848-1940[J]. Journal of Contemporary History，1967：53.

10 Zeldin, T. Higher Education in France, 1848-1940[J]. Journal of Contemporary History，1967：57.

11 伯顿·克拉克. 探究的场所[M]. 王承绪等, 译. 杭州：浙江教育出版社，2001：107.

年，法国政府新建了 16 所大学，[12]这些大学实际也只是在形式上恢复了巴黎大学的模式，它的"文理学院"依然是个负责中学考试的机构，而最好的高等教育组织还是大学之外的大学校，学院仍是独立的实体，其联合只是表面的。[13]伯顿·克拉克转引了一位法国学者对 19 世纪至 20 世纪法国大学的分析："帝国大学过去是，现在仍然主要是一个法律上的虚体机构……每一个学部保护它自己的利益，安排它的预算，并且在公共教学部允许的范围内安排它自己的课程……帝国大学是一个名词，它完全缺乏实质。今天，在世纪之交有真正的社会存在的是一个个学部"。[14]也就是说，法国大学即便在其重建之后，还是一个由各个专业学院所组成的松散联邦，这是全世界欧陆体系的大学在组织架构上的基本特征。它是如今大学整合院系资源重新建构博雅教育体系所面临的主要困境，博雅教育与专业教育的矛盾在这种结构中被更加凸显出来。

博雅教育及其组织在大学中遭到严重冲击，一直到今天，博雅教育在整个法国教育体系中的存在形式有两种。一种是显性的，由于以专业院系为主体的大学体系无法融合博雅教育及其组织，法国将大学的博雅教育或基础文理教育以高中教育的延伸形式孤置于大学体系之外，在精英高级中学里设计"预科班"制度，在学习时段上，预科班教育相当于英美大学一二年级的通识教育阶段。而且在学习内容上，预科班虽然是在高中，但学习的完全是大学博雅教育水平的基础文理课程，这也是为什么今天人们觉得互联网上流传的法国一流大学的高考题目难度很大的原因。欧陆体系的大学正是通过这种方式，解决他们难以处理的博雅教育与专业教育之间的矛盾问题。

另一种存在方式是隐性的，本-戴维认为，如果说英美大学的博雅教育是显性的，那么法国大学体系中的博雅教育则是隐性的。他指出，法国尽管以专业教育的目标为主，但高等教育系统仍然包含了博雅教育和通识教育的概念，这种教育超越了为职业生涯做准备的工具性要求。法国从 19 世纪就已经

12 Ruegg, W. A History of the University in Europe, vol Ⅲ. Universities in the Nineteenth and Early Twentieth Centuries[M]. New York：Cambridge University Press，2004：35.

13 Zeldin，T. Higher Education in France，1848-1940[J]. Journal of Contemporary History，1967.

14 伯顿·克拉克. 探究的场所[M]. 王承绪等，译. 杭州：浙江教育出版社，2001：108-109.

不在大学中开设博雅教育的课程，这些概念在大学教育实践中是隐性的。[15]而这些隐性的要素主要存在于法国另一类独特的精英高等教育体系即高等专科学校或"大学校"中。这些学校诞生的背景众所周知，是在法兰西第一帝国时代由拿破仑倡导和支持创办的专科学校，其目的是培养具有高超专业知识和技能的顶尖专业技术精英来服务新兴帝国的政治经济发展。自 1794 年以来，工程、商业、军事、师范等专科学院相继成立，包括巴黎高等师范学院、巴黎高等商学院、工程技术类的中央理工学院等等。[16]其中，1794 年创办的巴黎综合理工学院，是典型的以现代科学技术为内容的专科性高等学校，它成为被法国各大学普遍效仿的典范组织。在这一看似高度专业化的精英高等教育体系之中，法国大学校的改革者和学者依然对博雅教育具有某种程度的认同感，也就是说，博雅教育作为一种教育思想和理念，仍具有观念上的影响力，即便在高等专科学校已经坐稳体系顶端位置的时代，它过度专业化和分化的倾向都会遭到教师们的批评和职责。[17]以巴黎综合理工学院和中央理工学院等工程学校为例，它们在攀向高等教育体系顶端的过程中遭到了两类学术精英的强烈反对，一类是传统自由学科的教授，一部分是在基础学科从事理论研究的教授，他们认为过于专门化、实用性的院校不能在大学体系中获得顶端的精英身份。[18]因此， 这些工程学院提升自己在高等教育体系中的地位与身份的路径，不仅是培养更多更高质量的实用性人才，而是在初期以实用技能为主导的专业课程体系中不断加入艰深的基础文理课程，甚至到 19 世纪中后期，工程学院的学生在本科一二年级，除了接受工程专业教育外，还要接受广泛的基础文理课程特别是基础理科课程，他们的课程表到了第三年才会被专业课程占满。而与巴黎综合理工齐名的中央理工学院，甚至逐渐树立了"拒绝专业化"的办学理念。[19]最顶尖的专科学校，并不是最"专门化"的。高等专科学校不断完善与基础文理学科相关的课程体系，导致这类学校

---

15 Ben-David，J. Centers of Learning：Britain，France， Germany and United States［M］. New York：McGraw-Hill Book Company，1977：71.

16 Ruegg，W. A History of the University in Europe, vol Ⅲ: Universities in the Nineteenth and Early Twentieth Centuries（1800-1945）[M]. New York：Cambridge University Press，2004：44-47.

17 吕埃格. 欧洲大学史[M]. 张斌贤等译.石家庄：河北大学出版社，2014：673.

18 吕埃格. 欧洲大学史[M]. 张斌贤等译.石家庄：河北大学出版社，2014：672.

19 王群,郑晓齐.法国工程教育的分化与集成[J].国家教育行政学院学报,2012(12)：84.

逐渐成为内含美式小型精英文理学院性质与逻辑的组织，像巴黎综合理工和中央理工的学生接受的已经远非工程专科教育，而是包括文学、法学和经济学等人文和社会科学在内的广泛的基础教育。顶尖的高等工程学校不限于生产专业的工程师与技术人才，而是通过渗透博雅教育理念与课程的专业教育培养工程、科学与人文修养兼具的工业领袖与社会精英，这与拿破仑时代他们初创时期的组织形态已有不小差异。[20]高等教育史家哈罗德·珀金甚至不无激进地认为，高等专科学校这一命名跟他们实际的功能没什么关系，他们不是面向特定职业的专门学校，而是向精英阶层提供博雅教育的精英院校。[21]工程学校的这一演变甚至导致了一个吊诡的现实效应，拥有世界顶尖工程学校的法国，居然在第二次工业革命期间紧缺工程技术人员，其原因正是顶尖工程学校的核心教育理念与课程体系都是通识教育的而非狭窄的专业化、实用性的技术教育，它们培养社会精英，特别是政治精英和企业精英，而不仅仅是工程师。因此，第二次工业革命期间法国不得不成立大量实用性的工程学校，来补这个缺。这就是博雅教育在大学校中的隐性存在方式，即虽然没有系统的课程来实现博雅教育的功能，但是博雅教育的理念依然存在于专科学校体系，并广泛渗透于课程之中。法国大学校中的博雅教育元素某种程度上也表明，接受博雅教育是精英身份的重要标识，而这一点则在后续章节将要分析的美国大学博雅教育与文理学院的演变中体现得淋漓尽致，构成了文理学院一直得以存在的社会结构因素。但是，大学校虽然位居法国高等教育体系的金字塔顶，但它毕竟只是后者很小的一个组成部分。总体上看，在大学层面，艺学院这一持续几百年的博雅教育组织结构被大革命彻底废除了，19世纪后期法国学者和教育者恢复艺学院传统的努力也没有成功。

5.2 哲学院的变革

相对于法国的艺学院，德国哲学院的衰亡要复杂的多，经历了一个漫长的过程，直到20世纪70年代，德国大学中最后一所传统意义上的哲学院才消失。其主要原因是：哲学院的知识体系中本身内含现代科学的成分，其组织制度也

---

20 Didier C, Derouet A.Social responsibility in French engineering education: a historical and sociological analysis[J].Science & Engineering Ethics,2013(4):1577.

21 Perkin B H . The Third Revolution: Professional Elites in the Modern World[M]. Routledge, 1996：79.

具有强大的适应性，使得古典学院组织可以向现代大学组织平稳过渡，而不必采取如法国那样激进的革命方式：从知识体系上看，早在 19 世纪初的新型大学中，在语言学、历史学等领域中就已经形成了独立的学科意识；更重要的，是组织制度上的，讲座制是一种充满张力与弹性的制度。当然，这些只是现代学术在哲学院确立的有利条件，从现代学术兴起、建制到发达，再到完全取代古典学术及哲学院，是一个漫长而复杂的过程，历经了整个 19 世纪。

5.2.1　现代学术在哲学院中的确立

从 19 世纪 30 年代开始，新型大学中先后出现了两场争论或观点对立，第一场是 30 年代之后的古今学术之争，即现代科学家和自然哲学家之间的论战。第二场"争论"实际并没有形成真正的交锋，是 19 世纪中后期，自然科学家内部关于现代学术如何在大学中建制的两类不同观点。[22]前者的结果是确立了实验室和研究所等现代学术组织的正当性地位，后者的结果是奠定了大学与哲学院组织变革的基本方向。

5.2.1.1　哲学院知识性质的转变

从柏林大学成立到 19 世纪 30 年代，唯心主义对哲学院自然科学研究占据绝对支配地位。因此，现代科学在进入哲学院最初的二十年，发展是相对缓慢的，它必须对抗传统自然哲学的研究范式。在哲学院中，德国大学的第一批现代科学家投入了大量的时间与精力来批判黑格尔体系下的自然哲学研究范式。[23]当黑格尔在柏林大学任教的时候，自然科学家们就已经展开了对黑格尔自然哲学体系的批判。这些学者的代表人物、化学家李比希最先对自然哲学进行了措辞激烈的攻击，首次将被哲学家们看作是无法登入大雅之堂的技术性知识的现代化学研究引入哲学院。[24]而最早提出在大学中建立现代化学

---

22 Lilge，F．The Abuse of Learning：The Failure of the German University[M]．New York：The Macmillan Company，1948：57-83.

23 现代科学家对黑格尔及其唯心哲学的批判，参见 Von Helmholtz, H Popular Lectures on Scientific Subjects[M]．Longmans，Greens，and Company，1893：9-10．以及 Dampier，W．A History of Science and its Relations with Philosophy and Religion[M]．CUP Archive，1948：219.

24 李比希批判自然哲学并在德国大学中建立实验室的过程详见 Turner，R．S．Justus Liebig versus Prussian chemistry：Reflections on Early Institute-Building in Germany[J]．Historical Studies in the Physical Sciences，1982：129-162.

和物理学科的是先后任教于哈勒大学和莱比锡大学的路德维希·吉尔伯特（Ludwig Wihelm Gilbert），他同约翰·伯根多夫（Johann Christain Poggendorf）创立了影响深远的化学和物理学年鉴。19 世纪中期开始先后在柯尼斯堡、波恩、海德堡和柏林大学担任教授的著名生理学家，并对现代研究型大学的建构进行过深入思考的赫尔姆霍茨（Hermann von Helmholtz）对这些批判总结道：可以断言黑格尔哲学完全无力解释自然界。其自然体系在自然科学家眼中是绝对的狂妄，和他同时代的科学家都反对他的主张。结果，现代科学家们开始强调，要在自己的研究中扫除唯心主义哲学的所有影响。[25]

经由批判、争论与清理，现代科学的研究范式与思想逐渐取代了自然哲学的方法，黑格尔去世之后，现代学术在哲学院中的阻力被削减了，逐渐确立了正当性身份，并占据了哲学院学术的主导地位。正如包尔生所论，绝对的哲学时代之后是一个绝对的非哲学时代。柏林大学等新型大学真正开始转型为现代研究型大学。

5.2.1.2　关于哲学院组织结构的争议

第二场争论也十分重要，它发生于现代科学家内部，是德国科学家们对于现代研究型大学的组织制度到底如何建构的分歧。其内部产生了两种观点：第一种观点，是借鉴法国的高等教育改革方式，颠覆巴黎大学模式，将哲学院分裂为人文学院与自然科学学院，为现代科学单独建制；第二种观点，是延续巴黎大学模式，将现代学术在哲学院中建制，实行以博雅教育为基础的现代科学教学与研究。两种不同的观点实际源于科学家对知识功能的不同认知与排序，以及由此引发的在制度逻辑上的差异。前者认为大学应该以专业教育为主，后者在教育理念上认识到博雅教育与专业教育的内在统一性，认为博雅教育的心智规训有利于学术研究，意图形成以博雅教育为基础的专业教育。

前者以德国生物学家雨果·冯·摩尔（Hugo von Mohl）为代表，他认为，自然科学与其它所有知识地位平等，自然必须以自身的方法和逻辑追求特定的目的。因此，应该将自然科学诸学科从哲学院中分离出来，建立独立的自然科学学院。在摩尔看来，现代研究型大学应该与中世纪巴黎大学结构决裂，哲学院传统的"教化"任务只能由人文学院来完成。基尔大学的物理学家卡尔藤

---

25 Von Helmholtz, H. Popular Lectures on Scientific Subjects[M]. London: Longmans, Green，and Co，1893：5.

（Gastav Karsten）也认为应该建立适于现代科学研究的组织制度，主张德国每所大学都应该设立数学和自然科学学院、建立物理学研究所，每个研究所都应配备物理学研究所需的设备、报告厅、物理实验室和图书馆。数学、物理学和化学的教学与研究应该由在这些学科中受到过专业训练的学者承担。[26]

同时，在组织机构的管理上，科学家们尖锐地指责道，自然科学家和人文学科的学者处于同一组织即哲学院中，那些古典学者和人文学者会凭借其人数优势滥用权力，从而禁止学校为科学家购置实验工具和教学设备。而且，更有学者似乎颇有远见地指出，既然现代科学的发展必然导致学科分化，哲学院将会急剧膨胀而难以管理，所以自然科学必须分裂为独立的学院。

但实际上，这一派科学家关于哲学院组织改革与重塑的观点在 19 世纪中期并没有得到广泛的推广。除了 1863 年，图宾根大学最早单独设立了自然科学组织之外，大部分大学在变革初期按照另一批科学家的观点，延续了巴黎大学模式，保留哲学院的统一组织。

这批科学家以赫尔姆霍兹、[27]化学家霍夫曼（August Wilhelm von Hofmann）、[28]和生理学家博伊斯-雷蒙德（Emil Du Bois-Reymond）等人为代表。较之于法国的改革者，这些科学家的认识非常深刻，他们不认同摩尔等人与传统结构决裂的组织建构设想，察觉到了高深学问中分离主义（separatist）的潜在危机，认为现代科学不同知识分支之间割裂与独立将把大学变成专门的职业学院或技术学院。这些科学家在某种意义上是旧大学制度逻辑与教育观念的捍卫者。他们之所以依然坚持应该保留哲学院的架构，将所有基础理论研究统整在哲学院中，是源于对学科分化潜在危机的深刻思考和对哲学院传统概念即"wissenschaft"（知识的整全性）的重新认知。

---

26 Ruegg, W. A History of the University in Europe, vol Ⅲ. Universities in the Nineteenth and Early Twentieth Centuries[M]. New York：Cambridge University Press，2004：502.

27 下文所引赫尔姆霍茨的观点，参见 Von Helmholtz, H. On the Relation of Nature Science to Science in General[A]. Bois-Reymond，E. D. Uber Universitatseinrichtungen[C]. Berlin:Rektoratsrede，1869：25-32.

28 德国著名化学家奥格斯特·霍夫曼于 1864 年开始，先后担任波恩大学和柏林大学的化学教授，对哲学院分裂与瓦解可能带来的问题进行过系统的思考，参见 Von Hofmann，A. W. The Question of a Division of the Philosophical Faculty[M]. Nabu Press，2010.

现代学术在哲学院兴起之后，赫尔姆霍兹等科学家就认为，所有的学科或知识分支都必须由现代科学所统领，而且现代科学的评价标准、研究方法和思维模式必须延伸到其他一切学科。也就是说，"wissenschaft"这个德国自由知识的核心观念在哲学院被依一种颠覆性的方式重新定义了，曾经它是指整合一切知识的一般哲学理论，知识性质发生根本变化之后，在赫尔姆霍兹等人的概念中，它是指所有学术都要在现代科学的研究范式下展开。

在这一认知的基础上，赫尔姆霍兹等人对学科分化的潜在危机进行了深刻的反思，论证了现代科学各基础学科必须统一于哲学院中原因。首先，他们重新确认了传统的博雅教育理念，即大学是能够发展学生心智、平衡学生兴趣的唯一机构，他们认为，过于专门化的学科教育会导致学术想象力与创造力的贫乏，因为它会使人失去进行整全性思考和心智规训的机会，如果科学与人文学科完全分离，将无助于科学自身的研究和教学。第二，对于自然科学各学科而言，专注于高度专门化的科学研究，闭门造车而不涉及其他学科领域，也不利于青年学生对本学科知识的掌握，只有在整全性的知识体系中，教育才成为可能。例如，赫尔姆霍兹认为，学生参与到实验室的合作项目中来，本身也是某种程度的道德和心智规训；第三，将所有学科置于同一组织中，能够促进不同学科学者之间的交流，以了解科学的最新成果，促进本学科的发展，特别是在现代科学不断分化与深耕的情况下，这种交流更加必要。总之，保留哲学院的组织架构，就是既要保证所有知识在理性上的统一，又要保证他们在制度上的统一。[29]

学者之间的观点冲突甚至争论贯穿 30 年代至 60 年代，这些纷争产生的实质性结果就是：第一，科学家们获得了教学楼和设备来扩大自然科学的教学与研究，哲学院中开始出现以实验室和研究所为主要形式的现代学术组织。第二，德国大学为现代科学研究建构了不同于欧洲其它国家的独特的组织结构，实验室和研究所等的研究组织一开始并未以独立学院的形式建制，传统人文学科的学者与现代科学家同属于哲学院，[30]科学家们仍在旧大学模式

---

29 Ruegg, W. A History of the University in Europe, vol Ⅲ. Universities in the Nineteenth and Early Twentieth Centuries[M]. New York：Cambridge University Press，2004：455.

30 Lilge，F. The Abuse of Learning：The Failure of the German University[M]. New York：The Macmillan Company，1948：64-65.

即巴黎大学模式之下来开展科学研究活动。[31]

30 年代到 60 年代这三十年，可以看作是自然科学进入哲学院的初始时期，部分大学哲学院建立了一些小的实验室和研究所。由上文所列举参与学院改革的学者的身份可以发现，哲学院中最先出现的一批科学家大多数是化学家、生理学家以及物理学家。因此，现代学术真正进入哲学院并建立实验室[32]和研究所，最先始于化学和生理学等领域。以化学学科为例，这一学科本来属于医学院，然而 1796 年，爱尔兰根大学医学院的化学教授希尔德布兰（Georg Friedrich Hildebrandt）将化学学科转入哲学院，[33]并于1799 年建立了一所化学实验室。哈勒大学仿效了这一做法。此后，除了海德堡大学直到1852 年才将化学学科置入哲学院，其它德国大学几乎都采取了爱尔兰根和哈勒的模式。[34]这意味着，以化学为先驱和突破口，现代科学开始进入哲学院。德国大学现代化学学科基本是由四位科学家奠定的，除了梅格林在海德堡大学医学院开展独立的现代化学研究之外，李比希、维勒和霍夫曼分别在吉森大学、哥廷根大学和柏林大学的哲学院确立了现代化学学科。特别是李比希，在亚历山大·冯·洪堡的建议下，他于 1824 年被聘为吉森大学化学副教授，之后建立了自己的实验室，这标志着实验化学和现代科学真正在哲学院中确立自己的学术研究组织。

5.2.2 现代学术组织的扩张与哲学院的消亡

哲学院围绕基础理论研究，初步建立了实验室和研究所等现代学术组织。正如华勒斯坦所言，"现代科学中各学科在哲学院建立起了多元化的自律学科结构。"[35]然而，直到 19 世纪 60 年代，现代科学进入高速发展的轨道之后，实验室和研究所等现代学术组织才开始普遍建立。而这一时期，哲学

31 Turner, R. S. The growth of professorial research in Prussia, 1818 to 1848-Causes and context[J]. Historical studies in the physical sciences，1971：137.

32 实验室德文为"laboratorium"，其原本的意思是"化学实验室"，这反映了德国现代科学的组织制度是由李比希等化学家建立的。

33 将化学学科转入哲学院，使学者可以专注于纯粹基础理论研究，不需要像在医学院中需要参加很多实践活动。

34 Ruegg, W. A History of the University in Europe, vol Ⅲ. Universities in the Nineteenth and Early Twentieth Centuries[M]. New York：Cambridge University Press，2004：503.

35 华勒斯坦. 开放社会科学[M]. 刘锋，译. 北京：生活·读书·新知三联书店，1997：8.

院的组织演变过程逐渐超出了赫尔姆霍茨等科学家的设想：现代学术组织的发展和膨胀最终导致了哲学院的消亡。

第一，当知识的性质发生变化之后，要延续传统的知识功能，必须对哲学院的传统结构进行调整和改造，如果说组织的功能与目标是"毛"，组织结构就是"皮"——"皮之不存，毛将焉附"。哲学院的科学家并未做这一层面的思考和实践。

赫尔姆霍茨等人原本认为，虽然知识的性质发生了根本的改变，但巴黎大学的组织架构依然适用于现代研究型大学。这一派科学家观点的实质，就是继承从中世纪巴黎大学到 19 世纪初柏林大学"艺学院+专业学院"、"哲学院+专业学院"的模式，在知识性质发生变化之后，仍然延续传统的知识功能，在博雅教育基础上进行现代科学的专业研究，他们认为，哲学院能够在组织形式上将各个分化的基础理论学科统合起来，通过整全性的知识体系，即新的"wissenschaft"的内涵，促进学生的心智规训和学术交流与创新，这种组织制度本身是有利于现代科学发展的。

但实际上，这些科学家只是在理念上论证了保留哲学院的必要性，在当时的情况下，其思想从教育理念上看是深刻的。然而，理念与目标的实现，必须有相应的组织制度与结构的保障。当知识的性质发生改变之后，古典学术统一的哲学认识论基础不复存在，且随着现代科学的不断分化和研究的不断深入，学者们必然更加专注于专业化的研究。因此，要保证哲学院博雅教育的功能在现代研究型大学中的延续，就必须对组织制度与构架的重新设计。[36]正如理查德·斯托（Richard Storr）指出的，学院本来就不是为促进科学研究而设计的组织模式，知识的增长和相应的学科的发展，与心智规训并不相同，它不是学院的框架所能容纳的。[37]然而，当时的科学家并没有进行这一层面的思考，结果是，赫尔姆霍茨等人在实践过程中马上出现了与其思想并不一致的行动，其大学教育理念的内在矛盾也凸显出来。

一方面，科学家们表面上继承和改革了"wissenschaft"的传统，但其自

---

36 现代学术的特质必然使得博雅教育（通识教育）课程需要进行总体的计划、协调和组织，这不仅意味着对于课程体系系统的顶层设计，也意味着组织制度的保障和权威的科层监管。参见 Ben-David, J. Centers of Learning: Britain, France, Germany and United States[M]. New York：McGraw-Hill Book Company，1977：38.

37 Storr, R. F. The Beginning of the Future: A Historical Approach to Graduate Education in the Arts and Sciences[M]. New York：McGraw-Hill Book Company，1973：203.

然科学研究范式统领一切学术的唯科学倾向，实际上是把高等教育的目的窄化为自然科学的发展；另一方面，赫尔姆霍茨虽然在理论上论证了实验室的合作项目所具备的道德与心智塑造功能，但事实是，只有那些最顶尖的学生有可能加入这些项目。他本人也只是与一小部极具天赋的学生一起进行研究工作，他虽然在探讨哲学院科学研究的博雅教育功能，但他自己在现实的改革与研究过程中也没有实践自己的构想。

由此可见，德国大学虽然依旧保存了哲学院作为一个囊括一切知识的组织，但是现代科学研究天然具有分化取向，随着知识的增长，其专业程度只会不断加深。哲学院的传统结构不能整合这些分化的学科，也难以很好地处理博雅教育与专业教育、教学与科研等功能上的矛盾，即便是赫尔姆霍茨本人也无法在这一结构中实践自己的理想，而只能专注于本领域的研究工作。现代科学的学科分立导致哲学院对理论知识的统整性仅仅是形式上的。

第二，讲座教授制这一独特的组织制度，在工业革命和大学人才竞争的外部刺激下，对哲学院现代学术的扩张产生了巨大的促进作用：（1）现代学科不断分化；（2）现代学科不断取代传统学科。作为博雅教育的组织，哲学院的框架无法容纳大量的现代学术组织，最终走向消亡。

19世纪60年代之后，实验室和研究所等现代学术组织在哲学院的快速扩张得益于这一阶段德国工业革命迅速发展和高涨。外部的刺激导致在具有多所新型大学的德国高等教育场域中，出现了一个对科学研究和科研人才具有大量需求的学术市场。由于当时的德国处于各邦国分裂对立的状态，无法实行中央集权式管理，因而德国的大学系统处在分权化的管理体制中。而对于各邦国的教育官员来说，治下的大学有多少优秀的科学家是衡量其政绩的重要标准。政府开始资助大学的科学研究，其结果是使各大学在科研上展开了激烈的竞争。[38]国家分权化的高等教育管理体制和广泛的学术互动与竞争市场的存在，为刺激现代科学的跨越式发展、新型大学完全变革为现代研究型大学提供了外部条件。这种竞争一直延续到了70年代之后德意志的统一，德意志帝国政府看到了大学的理论研究对于工业革命与经济发展巨大的促进作用，于80年代阿尔特霍夫任文化部长期间，确立了著名的阿尔特霍夫体系，对大学的现代科学研究进行了大力的资助。

---

38 Ben-David, J. Centers of Learning: Britain, France, Germany and United States[M]. New York：McGraw-Hill Book Company，1977：99.

在这种学术竞争的环境之下，讲座制这种极具弹性与柔性的组织制度，其潜在的促进学术增长和学科分化的作用被真正激发出来。这种制度设计与快速扩张的现代学术之间的耦合作用产生了两种后果。

首先，正如上文指出的，讲座制虽然本是围绕古典学术研究所创设的组织制度，但是它师徒式、小而精的组织特点，十分有利于学术的创新与学术人才的培养，能够将教学与研究紧密结合。[39]乔纳森·科尔将讲座制度训练科学家的方式与过程归结为：通过讲座向学徒（研究生）传播新的研究成果和材料，教给学生基本的研究方法；通过讲座的习明纳来生产新的学术知识。科尔形象的指出，"讲座教授就像师傅，他和学徒一起在这一明确的等级结构中工作。"[40]这一哲学院知识增长与传播的过程可以通过以下正态分布图呈现出来。

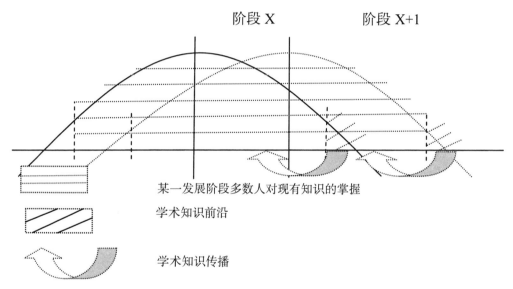

图 5-1 哲学院学术知识增长和传播的正态分布图

资料来源：傅军．国富之道：国家治理体系现代化的实证研究 [M]．北京：北京大学出版社，2014．[41]

---

39 19 世纪中后期哲学院中"教学与研究的结合"，其基本内涵是教授的学术研究与研究生教学和研究人才培养的紧密结合，师徒式的讲座制度其重要的制度保障。这一点在图 5.1 中十分清晰地表现出来。

40 Cole, J R. The Great American University: Its Rise to Preeminence, its Indispensable National Role, Why it Must be Protected[M]. PublicAffairs, 2012：17-18.

41 这一分布图可以概括一般的知识增长和传播过程，但以其呈现讲座制中学术研究与其次，现代学科本身不断分化。由于一个学科只能有一个讲座教授，为了获得教授职位，学者们不得不努力开创新的研究领域。在此以德国大学最先进、发展最为充分的学科之一，生理学学科为例分析。1824 年，与李比希同样作为德国最先背离自然哲学、开始精确研究的代表人物，约翰尼斯·米勒在波恩大学开始了现代生理学的研究，而此时，生理学作为实验科学不过是解剖学的边缘分支学科，全德国的大学只有 7 个独立的生理学讲座。自 30 年代自然科学起步之后，解剖学成为自然科学。米勒于 1933 年在柏林大学建立了解剖学与生理学实验室，此后，生理学和解剖学作为基础理论学科几乎在所有的德国大学中同时讲授。解剖学的空缺教授席位必须由同时精通这两个领域的学者来担任。尴尬的是，解剖学讲座的老教授们根本不具备讲授新兴生理学科的能力，但其固有的组织权力又无法被剥夺。而如果把生理学学者以副教授的职位纳入解剖学讲座中，那么这些老教授的作用将完全被替代。各大学虽然都希望由同一个教授来承担两个专业的学术任务，但在此情形下也不得不为生理学单独设置讲座教授席位，将其作为独立学科。独立建制后，新兴学科的大量职位吸引了大批学者投入到生理学的研究中来，生理学学科在各大学得到了跨越式的发展。从 1855 年到 1874 年，在德国大学系统中共有 26 位学者获得了生理学讲座教授的职位，大量的生理学实验室建立。该学科的发展至 80 年代初达到饱和，各讲座被业已成名的生理学教授所垄断，新入职学者已经很难在该领域获得教授席位了。于是生理学的发展失去动力而陷入停滞。为图职业生涯的未来发展，生理学学者有两条路径可以选择：第一，转移到相近的卫生学、精神病学等其它新兴学科领域，与生理学毫无二致的新学科建制的历程再度开始；第二，进入此时已较易获取教职的哲学领域，将生理学的实验科学研究方法运用到哲学中来。[42]而这就是现代学术组织发展的第二个结果，即当现代学科在哲学院的制度框架与职位供给中趋于饱和之后，又不断侵占哲学等传统学科领地。

人才培养的特点与过程，能够特别形象地突出德国大学哲学院教学和研究紧密结合，从而促进学术知识快速增长的特点。

42 相关文献参见 Zloczower, A. Career Opportunities and the Growth of Scientific Discovery in 19th Century Germany:with Special Reference to Physiology[D]. Jerusalem: M. A. Thesis, Hebrew University of Jerusalem, 1960. 以及 Ben-David, J& Zloczower, A. Universities and Academic Systems in Modern Societies[J]. *European Journal of Sociology*, 1962（3）.

在现代科学充分发展的后期，出现了现代科学家向哲学等业已衰落的学科大量回流的趋势。哲学的衰落始于自然科学兴起的 30 年代，随着 19 世纪中后期现代自然科学研究范式的根深蒂固，哲学反而成了备受轻视的边缘领域，内部竞争已远不复当年激烈。[43]因此，当自然科学各学科中的竞争已十分残酷的时候，学者们开始向此时职位较多的哲学领域流动，并把先进的自然科学研究方法应用到哲学中去，创造了新了学的学科。这方面的典型例子是德国心理学家冯特。这位莱比锡大学教授原本是生理学家，但是 70 年代之后学者们已经很难从该领域中获得教授职位。冯特转向哲学，将生理学的实验研究方法运用到哲学中，创建了实验心理学学科。这就形成了一种零和博弈的态势：现代学科的分化与增长，又导致了哲学等传统自由学科的衰落。

而哲学院这一古典学院组织与现代学术之间的根本冲突，在此后德国科学的衰落过程中体现的淋漓尽致。这种以培养有教养的人为初衷构建的博雅教育组织结构和精英教育模式，其实只能用于开展小规模的科学研究，一旦科学增长的组织规模要求越来越大，这种结构就力不从心甚至逐渐沦为障碍了。在学术竞争的推动下，当所有学科都已得到相对充分发展、职位供给趋于饱和的时候，组织内部的强大阻力就出现了：讲座教授制这一在变革中并未得到实质改变的结构，其抗拒竞争与创新的一面就不可避免的呈现出来，最终使后者推动变革的力量被逐渐消解，阻碍了德国大学科学增长。首先，实验室和研究所与大学科层结构同构，也实行讲座教授制度。加之，科研在大学的制度化使很多志在研究的年轻讲师很难在大学之外从事科研工作，而只能在大学中谋求发展，这进一步强化了讲座教授的权力。教授的权力垄断地位使他们将其学科看作自己的个人领域甚至私人财产，教授与其他研究人员的关系好比雇主与雇员的关系，这导致他们宁可把自己学科里出现的新领域保持在自己的研究所中作为分支，也不愿使其独立成新的研究机构。第二，很多新兴应用学科的地位陷入尴尬。这些研究所和实验室的负责人同其他讲座中的优秀讲师一样，无论其学术水准多么卓越，都无法得到教授职位，最典型的是政治学、经济学等社会科学，它们逐渐在大学中难以为继。这种为古典学术的教育和研究而构建的组织制度，最终还是阻碍了现代科学的发展和科研人才的增长。那些生存艰难、地位被边缘化的科学家，只能联合起来

---

43 Ben David, J&Collins, R. Social Factors in the Origins of a New Science: the Case of Psychology[J]. America Sociological Review, 1966（4）: 462.

诉诸科学研究在大学外部进行建制的努力。中央政府接受了这些科学家的建议，建立了后来举世闻名的马克斯·普朗克学会的前身——威廉皇家学会。

综上可见，知识的功能必须有相应的组织制度与结构做保障，当知识性质发生根本改变之后，科学家们虽然意图延续博雅教育的传统功能，但却并没有根据现代学术的特点对哲学院的组织制度与结构进行变革。哲学院变革的过程，其实就是以旧的组织结构与制度逻辑容纳新的功能要素的过程。当实验室和研究所等现代学术组织迅速增长、扩张，哲学院这种适应于传统功能的组织也就无法再适应与容纳新机构，其存在也仅仅限于形式上的。[44]从19世纪70年代开始，斯特拉斯堡（1872）、慕尼黑（1873）、乌兹堡（1875）、海德堡（1890）、弗莱堡（1910）和法兰克福（1914）等大学分别取消了统一的哲学院，建立了自然科学的独立组织，而至20世纪60年代，最后的传统意义上的哲学院也消亡了。[45]而当代的德国大学主要以专业学部为主体。例如，柏林洪堡大学由10个专业化的学部和1个学系组成。人文学科、社会科学和自然科学分别被划分为不同的学科与领域，以学部建制。每个学部都有一定的综合性，如"数学与自然科学部II"包括生物、化学和物理三门学科，但总体上还是围绕专门化的学科或领域建制，这是欧陆体系大学的典型代表。科学家们的教育观念与哲学院在19世纪后期演变的现实过程之间的反差充分说明了：知识的功能、教育的观念与目标必须有相应的组织结构作保障，否则就只是空中楼阁，仅能停留在理念的层面。下一章的分析将呈现，赫尔姆霍茨等人的基本设想在美国的研究型大学中得以实现，美国研究型大学通过有效的组织变革，继承和改造了巴黎大学和柏林大学的模式，建立了既保留传统博雅教育功能的组织形式，又能适应现代专业教育的教学与研究的组织制度。

另外，通过本节分析，我们也可以对德国大学特别是哲学院在19世纪变革的过程，有不同于以往研究的新认识：总体来看，这个过程可以分为四个

---

44 参见 Ben-David, J. The Profession of Science and Its Powers[J], Minerva, 1972（3）: 372; Ben-David, J. The Scientist´s Role in Society: A Comparative Study[M]. New Jersey: Prentice-Hall, 1971: 252-253. 以及，本-戴维, J. 学术研究的目的、历史和组织[J]. 李亚玲，译. 外国教育资料，1983（6）: 27.

45 Ruegg, W. A History of the University in Europe, vol III. Universities in the Nineteenth and Early Twentieth Centuries[M]. New York: Cambridge University Press, 2004: 455.

阶段：第一段是从 1810 年到 19 世纪 30 年代，这是柏林大学等新型大学的建立与发展阶段，其核心特征是，博雅教育的学院组织首次成为大学的核心组织，古典学术的研究功能在哲学院中被制度化；第二段从 19 世纪 30 年代末到 60 年代初，这是德国现代研究型大学初步形成的阶段，其核心特征是，现代学术在哲学院中获得正当性地位，实验室等现代学术组织开始在哲学院中出现；第三段是 19 世纪 60 年代初到 90 年代末，这是德国现代研究型大学的完善与扩展阶段，其核心特征是，现代学术即相应的组织制度迅速扩张，哲学院逐渐消亡，专门化的现代学术组织替代了哲学院的统一建制；第四段是 20 世纪初之后，这是德国研究型大学的衰落阶段，其核心特征是，作为古典学术组织的哲学院无法容纳与适应现代学术组织，结果导致大学中现代学术发展趋于缓慢甚至停滞。

5.3　学院变革的基本特征：从双层结构到单层结构

面对博雅教育与专业教育之间的矛盾，欧陆大学在制度选择上的共同特征是把两者处理为相互对立的关系，最终都取消了博雅教育的学院组织。

西方大学（欧陆大学）的两种原型中，博洛尼亚大学模式是以某一古典职业如法学、医学等成立的单科或多科大学，它是现代欧陆大学的原型。而巴黎大学模式的大学则是综合性大学，它在组织结构上是一个"college+school"的双层结构，即"艺学院+专业学院"或"哲学院+专业学院"，这种结构的特点是，对博雅教育进行单独建制，首先在学院中进行古典学术的心智规训与品格塑造，然后进入专业学院学习。因此，从组织结构上看，欧陆现代大学的主要变化，是抛弃了巴黎大学双层结构的组织构架，主要是取消了艺学院和哲学院的博雅教育组织，从双层复合结构演变为单层线性结构。

法国大学与艺学院的变革过程与结果简单而直观，它围绕社会职业和应用学科建立专业学院，例如商学院、化工学院、机械工程学院等等，对应传统上的博洛尼亚大学模式，把传统大学分化为彻底的高等专科学校，是典型的单层线性结构。

在现代学术进入大学的初期，德国虽然意图延续巴黎大学或柏林大学的双层结构，但是面对博雅教育与专业教育的矛盾，没有从组织制度上调整与重塑传统的双层结构，未能调和与沟通矛盾的对立与冲突。最终，哲学院围绕"academic specialties"或基础理论学科建立了实验室和研究所等组织。

表 5-1　法国与德国学院组织变革比较

国别	知识性质	知识功能	行动主体	变迁过程	组织结构
法国	现代学术	职业的专业人才	政治家	激进变迁	高等专科学院，取消艺学院
德国	现代学术	职业的研究人员	科学家	渐进变迁	专门的研究组织（实验室、研究所等），取消哲学院

博雅教育与专业教育既相互冲突与对抗，又彼此交融、不可分割。而欧陆大学这种单层线性的结构，其最关键性特征在于：从组织制度上割裂了博雅教育与专业教育在功能要素上本来具有的内在关联。

当知识性质发生改变，古典学术分裂为现代学术各学科之后，古典大学与现代大学之间并非仅仅是断裂与冲突关系。因为，心智规训和人格塑造是高等教育的永恒元素，原先古典学术的这一功能可以通过某些具有"liberal arts"特性的、特定的基础文理学科来实现，例如文学、历史、哲学、数学和物理学等等。但是，现代大学特别是德国的哲学院，将这些学科也进行了专业化的建制，如数学系、哲学研究所、物理学院等等。这意味着欧陆现代大学以下两点重要改变：第一，学院消亡之前，"liberal arts"都是以一套系统、独立的知识体系与形态存在，如"七艺"、"三种哲学"、"wissenschaft"等等；当学院消亡之后，专业教育及其组织占据主导，这套独立的自由知识体系就瓦解了，自由知识只以要素的形式分散于各专业院系中；第二，独立体系瓦解之后，具有博雅教育功能或"liberal arts"特性的基础文理学科也以现代大学的系、研究所或学院的形式单独建制，实行专业教育，与商学院、法学院、管理学院、工学院等其它职业性的专业学院并立于现代大学中，且独立的系所或学院在组织上基本互不相关。最终结果就是，欧陆大学以及受其影响的所有大学体系，包括除了牛津和剑桥以外的欧洲其他国家的大学以及苏联、中国、日本等北美以外大部分国家，不再通过单独的建制来实现这些要素或功能，这导致了博雅教育只能作为隐含在专业教育中的元素、而不是独立的组织而存在。

在学院组织变革的 19 世纪，欧陆大学体系虽然是十分适合于现代社会与现代学术发展的结构，为学术的分化、科学知识的增长和专业人才与研究者的培养提供了制度保障。但从长远看，它并不能很好地处理高等教育中博雅教育和专业教育的矛盾。这种单层线性结构，不但逐渐强化了矛盾之间的对立，以专业教育组织完全取代博雅教育的组织，而且更切断了矛盾之间的联系，把基础文理学科也分立为独立机构，而不是试图整合现代学术的博雅教育元素重塑学院组织。直到今天，欧陆大学体系都难以从容地处理博雅教育与专业教育，包括教学与研究之间的矛盾，这一组矛盾成为线性组织结构下的现代综合性大学的棘手难题。当代的欧陆体系大学，例如中国，已经开始试图整合专业院系的资源，建立博雅教育（通识教育）的独立组织制度，由此可见传统结构的困境与艰难：系统重建博雅教育体系必然意味着组织的根本变革。

6、博雅教育组织的重塑与美国高等教育体系的形成

产生于英属殖民地时期的美国高等教育组织，如哈佛、耶鲁等，基本上是模仿牛津和剑桥的学院而建立的实施博雅教育的学院组织。新旧学术的转型也波及到美国的文理学院。18世纪初，现代学术开始进入学院，到18世纪末，所有学院都已经设置了自然科学教席，由此形成了自然科学与古典哲学、新旧道德哲学、英语与拉丁语、希腊语等古典语言共存的局面。有趣的是，这种共存的局面并没有使文理学院出现与德国哲学院同样的命运，美国的学院组织通过创造性的转化，走出了一条特别的道路。其演变的过程与结果不同于欧陆学院的核心特征是：在知识的性质转变之后，保留了传统博雅教育的知识功能和组织功能，并通过创造性的制度设计与组织变革，妥善地处理了博雅教育与专业教育之间的冲突与对立。

6.1　传统文理学院的知识体系

如果说哲学院在其变革之前就存在现代学术因子的话，那么大学发生革命性变革之前的美国文理学院中，就非常明显地呈现出古今学术并立的局面，古典学术体系达到完善的过程也是现代学术进入学院的过程。

6.1.1　早期文理学院的古典学术体系

哈佛学院等新英格兰早期的殖民地学院，是由受英国国教圣公会迫害、

被牛津剑桥驱逐的加尔文新教知识分子所建立的。此时，文理学院博雅教育的目标与功能是传授神学知识、培养有学识的神职人员和有教养的政治精英。围绕这一功能，文理学院建立了与艺学院和牛桥的古典学院相类似的知识与课程体系。

文理学院的古典学术体系与欧洲的学院并无多大区别，包括逻辑知识体系，即三科和四艺；古典语言，即拉丁文、希伯来文、希腊文等等；以及哲学知识，即形而上学、自然哲学和道德哲学三种哲学。毕业于剑桥的哈佛学院院长亨利·邓斯特（Henry Dunster）于1642年建立的哈佛课程模式，成为殖民地学院古典学术课程的基本模式，前两年学习语言，包括拉丁文、希腊以及文希伯来语和三科，主要是逻辑和修辞学；第二年开始学习自然哲学；第三年进行系统的哲学训练，即自然哲学、精神哲学和道德哲学三种哲学；第四年，对逻辑、语言和哲学进行系统的复习，并学习数学。而神学的学习则贯穿全部四年。耶鲁学院的课程最初则以古典语言和圣经学习为主，一年级学习逻辑学和现代语言（英语）版本的圣经；二年级和三年级，学习希伯来语的圣经，并能够将其翻译成希腊文；第四年则要求能够把圣经从英语和拉丁文翻译成希腊文。到了18世纪中期，耶鲁学院的古典学术真正形成了成熟而整全性的课程体系：第一年练习成熟的语言技能，第二年进行深入的逻辑学习，最后两年转向高深古典学术的研习，以数学、自然哲学和形而上学为主，而全部四年都要学习神学和道德哲学。文理学院的学习与研究方法也遵循严格的秩序，其基本逻辑与巴黎大学艺学院是一致的。主要的学习方法就是背诵、辩论与写作，通过背诵掌握所学知识；通过辩论与写作来训练思考以及语言与书面表达的能力。"一个完成这些课程的学生，证明有能力将希伯来语的新约和旧约翻译成拉丁文，懂得自然哲学和道德哲学，并且按时到课，行为举止符合章程，有资格获得人文学士学位，从而加入到有教养人群的行列。"[1]

到18世纪中期左右，文理学院形成了一个十分完整的自由知识体系，并且按照博雅教育的内在逻辑排列为一套严谨而成熟的课程体系。从作为工具的古典语言，到作为方法的三科特别是逻辑学，最后进行以三种哲学为核心的高深学术的研习，以辩论和写作的方法贯穿始终。

---

1 Rudolph，F. Curriculum：A History of the American Undergraduate Course of Study Since 1636[M]. San Francisco·Washington·London：Jossey-Bass Publishers，1978：32.

6.1.2 文理学院中现代学术的出现

现代学术并不是到了 19 世纪后期，美国现代研究型大学建立之后，才开始出现，而是早在 18 世纪，就已经存在于文理学院中，在美国真正围绕现代学术改革文理学院和重塑高等教育体系之前，现代学术就已经和古典学术并立于学院组织之中，而这远远早于德国哲学院的学术变革。18 世纪，现代学术在两种"语言"，即数学和语言学，和两种哲学，即自然哲学和道德哲学中产生。相应地，教学与研究方法也发生了改变。这一时期虽然文理学院的授课目录和课程体系并无根本变化，但阅读和讲授却包含了若干现代学术的内容与方法。

首先是数学（以及牛顿物理学）。在文理学院中，虽然数学作为四艺中的一门得以保留，但实际并未受到重视，因为学者们认为数学是训练实用技能的基础知识，它对于绅士与学者的培养并没有价值。而到了高年级，算数和几何的重要性则被进一步削弱。也就是说，数学在文理学院的古典学术体系中一直处于边缘地位。数学受到重视是由于现代科学进入学院。18 世纪初，殖民地官员耶利米·达默（Jeremiah Dummer）将其在伦敦搜集的包含哥白尼、牛顿著作的七百多种图书赠送耶鲁学院。这些书籍是达默向牛顿等皇家学会中顶级学者索取的，它最初影响了耶鲁的两位导师萨缪尔·约翰逊（Samuel Johnson）和丹尼尔·布朗尼（Daniel Browne），他们是最先将现代科学引入到文理学院课程中的学者。要理解现代科学，特别是牛顿物理学，就必须学习数学。1718 年，耶鲁学院的课程体系中出现了代数；1720 年，数学被引入到天文学的学习之中；耶鲁学院院长托马斯·克莱普（Thomas Clap）将算数作为入学的要求，并进一步在课程中减少了逻辑学，扩展了数学的教学，同时他还为耶鲁学院购买了首批现代科学的实验设备。至 18 世纪中期，耶鲁学院形成了贯穿一年级到三年级的相对完整的数学课程。[2]一旦现代科学特别是牛顿物理学进入到自然哲学体系之中，数学在课程内容中的增加就不可避免了。

由于数学与现代科学的引入，自然哲学，特别是物理学也出现了转变。在传统的自然哲学范式中，物理学是用于解释神学观念的，属于思辨哲学的范畴，它不需要数学，更非现代物理学，例如耶鲁学院院长亚伯拉罕·皮尔

---

2 Rudolph，F. Curriculum：A History of the American Undergraduate Course of Study Since 1636[M]. San Francisco·Washington·London：Jossey-Bass Publishers，1978：34-35.

逊在其物理学课程中解释天使的概念。[3]18 世纪初期，哈佛学院作为自然哲学的物理学课程中开始出现牛顿物理学。伊萨克·格林伍德（Issac Greenwood）是哈佛学院也是美国第一位自然科学家，并获得自然哲学与数学教席。约翰·温斯洛普（John Winthrop）则主持了哈佛第一个实验物理的实验室，这也是全美第一所物理实验室，是最早的现代科学机构。而 17 世纪末建立的威廉与玛丽学院，于 1711 年设置了第一个自然科学教授席位和第一个自然哲学与数学教席。这些早期自然科学学者的教学与研究是文理学院现代学术的拓荒者，他们引入了自然科学研究的认识论与基本方法。[4]"在无意识中撕开了确定性的整体结构以及天定的真理，而这种确定性和天定的真理是当时课程的基础。"[5]到 1788 年，殖民地的全部八所文理学院都设置了自然科学教席。18 世纪末，植物学、化学、解剖学和生物学等知识领域也在文理学院中确立，如 1789 年，费城学院出现了第一位植物学和自然史教授；到 1796 年，第一位化学教授出现在没有医学学科的新泽西学院（普林斯顿大学）中。这些变化意味着，第一，文理学院的知识性质在 18 世纪开始发生渐进的演变，自然哲学中出现了现代科学特别是物理学学科，现代学术的认识论和研究范式在学院中与古典学术共存；第二，适应于现代学术的制度与机构出现，即以数学和物理学等学科为主的教席和实验室。

　　第三是道德哲学的转变。道德哲学是文理学院最重要的知识体系，特别是在逻辑、神学和形而上学课程中，道德哲学居于支配地位。因为其核心功能是沟通知识与上帝信仰之间的关系，强化学术与信仰的统一和一致性。在哈佛学院，道德哲学的主要内容是将宗教学说与观点运用于对个体、个体与上帝以及个体与个体之间的关系研究；而在耶鲁，道德哲学是整个学院学术体

3　Warch, R. School of the Prophets: Yale College, 1701-1740[M]. Yale University Press, 1973：209.

4　现代学术的教席在文理学院中的建立，详见 Butts, R. F. The college charts its course: Historical conceptions and current proposals[M]. New York: McGraw-Hill, 1939：60-66. Hornberger, T. Scientific Thought in the American College, 1638-1800[M]. Austin: University of Texas Press, 1945：44-51. 以及 Hangartner, C. A. Movement to Change American College Teaching, 1700-1830[D]. New Heaven: Ph. D diss. Yale University, 1955：128-136.

5　Rudolph, F. Curriculum：A History of the American Undergraduate Course of Study Since 1636[M]. San Francisco·Washington·London：Jossey-Bass Publishers, 1978：36.

系的核心，神学和形而上学都得为其让路。[6]一般而言，道德哲学这门课程都是由学院院长讲授，可见其重要性。新的道德哲学则试图调和现代伦理学与神学和形而上学，并逐渐将道德视为源自上帝的观念转变为将道德视为理性和人性的功能，也就是通过运用理性和习俗、并通过研究自然和人性本身而不是圣经和思辨哲学，来了解自我、本性和上帝。作为核心知识体系的道德哲学的转变具有以下重大意义：首先，它以现代伦理学消解传统的神学，以理性与科学的方法来代替神学所谓"神圣权威"知识——在文理学院，道德哲学的兴起和自然科学从亚里士多德自然哲学中分化与发展的时期大体相同。正如乔治·马斯登（George M. Marsden）所断言的，"虽然我们可能会认为新科学的出现是导致高等教育的现代化的主要促进因素，但是关于道德哲学的新观念的出现才是更加直接的革命性力量"。[7]第二，文理学院的道德哲学在内容与方法上的取向十分温和包容，它试图调和英国经验主义、牛顿物理学和基督教神学，正如弗里德里克·鲁道夫所精辟论述的，18世纪到19世纪中期的道德哲学学术是"神学统治的中世纪大时代和20世纪半世俗之间的中转站"。[8]也就是说，道德哲学是文理学院中古今学术之间的缓冲地带，它作为学院的核心学术，即改变了传统的认识论，消解了神学权威和亚里士多德理论，同时又能缓解不同性质知识之间的剧烈冲突，使古典学术向现代学术平稳过渡。

第四是文理学院中现代语言的出现。哈佛学院和耶鲁学院的口语（辩论和日常交流）和书面语言（写作）是拉丁语。而学生为自己准备和印制英语教材和讲稿正是学生对现代学术的反应。18世纪中期，虽然哈佛学院的毕业典礼的辩论主要语言还是拉丁语，但英语辩论已经出现了；1767年，英语语法和辩论术成为耶鲁二年级课程。"在学院的公共活动、教学活动等重要的学术活动中，英语的优势是在某种程度上用公开辩论取代了三段式辩论"。[9]

---

6 Rudolph，F．Curriculum：A History of the American Undergraduate Course of Study Since 1636[M]．San Francisco·Washington·London：Jossey-Bass Publishers，1978：39.

7 马斯登．美国大学之魂[M]．徐弢等，译．北京：北京大学出版社，2009：51.

8 Fiering，N．S．President Samuel Johnson and the Circle of Knowledge[J]．The William and Mary Quarterly：A Magazine of Early American History，1971：233.

9 Rudolph，F．Curriculum：A History of the American Undergraduate Course of Study Since 1636[M]．San Francisco·Washington·London：Jossey-Bass Publishers，1978：37.

与现代学术出现相对应的是，文理学院的教学与研究方法的变革，即从演绎法到归纳法，从三段式辩论到开放辩论。古典学术的演绎法和三段论就是抽象的逻辑演绎推理，它与现实经验无关，不会产生新知识，它完全服务于神学权威的灌输；而归纳法正是强调经验、实证与自由探索，它能够产生新知识。公开辩论是适应于新方法的辩论方式，它具有高度灵活性，高度适应世俗内容和现代学术，能够包容归纳、经验和直觉，更符合现代科学的特征。教学与研究方法的改变意味着人们对自身和世界整体理解的改变。18 世纪中期之后，各个文理学院开始取消三段论，国王学院（哥伦比亚大学）、耶鲁学院和哈佛学院分别于 1761 年、1782 年和 1810 年取消了三段论。鲁道夫认为，在殖民地时期，"没有什么比三段论的衰微和经验思潮逐渐居于统治地位，更能清晰地表明大学课程发生的变化"，[10]因为它从根本上体现了知识性质发生的变化，即 18 世纪的文理学院中既有演绎逻辑的权威-思辨的知识，又出现了归纳逻辑的经验-实证的知识。

在传统的殖民地文理学院之外，18 世纪中期还出现了国王学院（哥伦比亚大学的前身）和费城学院（宾夕法尼亚大学的前身）等新型学院，这些新型文理学院的特征是不但引入了新学术，而且设置了包括运输、航海、地理、历史、农业、商业、政府等实用课程。国王学院的首任校长威廉·史密斯（William Smith）拟定了一个古典学术结合职业技术的混合课程模式：第一年学习色诺芬著作和商业会计，第二年是逻辑和交通、制图，第三年学习历史和英语、农业。[11]这一模式的核心特征是古典课程加实用课程，包含了大量的科学和技术课程，数量上占总课时的 40%，这与哈佛、耶鲁等学院形成鲜明对比。同时，教授具有专门化的知识和专门的职责。这个在古典学院时代看上去十分奇异的组合成为了新学院确立了基本的知识体系和课程模式。

总体上看，从 18 世纪到 19 世纪中期，不管是哈佛、耶鲁等古老的学院，还是国王、费城等新型的学院，都是以博雅教育与古典学术为主导。但其重要的新特征是，不同于欧陆学院体系，美国文理学院形成了古今学术共存的

10 Rudolph，F. Curriculum：A History of the American Undergraduate Course of Study Since 1636[M]. San Francisco·Washington·London：Jossey-Bass Publishers，1978：47.

11 Rudolph，F. Curriculum：A History of the American Undergraduate Course of Study Since 1636[M]. San Francisco·Washington·London：Jossey-Bass Publishers，1978：48.

局面，自然科学与古典哲学、新旧道德哲学、英语与拉丁语、希腊语等古典语言同时存在于学院之中，并且学院也设置了现代学术的教席和实验室。甚至在新型学院中，古典学术与技术性知识这对本是完全对立的两种知识体系却能够和谐共存。古今学术在文理学院中的并存甚至对立最终并没有导致欧陆学院同样的命运，这源于美国文理学院的组织制度通过创造性的转化，形成了独特的演进过程与变革结果。

6.2　现代学术在文理学院中的确立

如果说19世纪中期之前，古今学术的此消彼长还在十分缓慢的演进中，那么，十九世纪中后期，是现代学术在文理学院中完全取代古典学术的时期。新旧学术的平稳过渡源于"课程选修制度"，它是美国文理学院的教育家们意在以现代学术逐渐替代古典学术的一种手段与制度设计。这一设计使美国文理学院的学术革新没有出现欧陆学院的古今学术激烈对抗的态势，而是以自由选择替代新旧对峙，通过逐渐演化的方式使古典学术退出学院舞台。其核心意义并不仅仅在于奠定了现代学术的主体地位，更重要的是，新学术取代旧学术的过程中，学院没有抛弃传统中的合理因素，将古典博雅教育的理念与功能通过现代化改造保留下来。

从历史上看，自由选修制实际并不是艾略特校长的首创，早在18世纪末，威廉玛丽学院就开始将选修制引入课程之中。当时威廉与玛丽学院的院长托马斯·杰斐逊（Thomas Jefferson）认为学院应该取消神学和东方语言学教席，这两个教席的设置主要是为了实现其宗教的目标；[12]同时应该新增加以下一些教席：公共管理、现代语言学和医学，在数学和自然哲学教席中增加自然史，在道德哲学教席中增加自然法、国际法和美术。这些改革不仅使学院与新学术保持一致，而且使课程实现了从宗教目的转向世俗目的。[13]

至19世纪中期，哈佛大学校长查尔斯·艾略特（Charles W.Eliot）和康奈

---

12 Rudolph，F.　Curriculum：A History of the American Undergraduate Course of Study Since 1636[M].　San Francisco·Washington·London：Jossey-Bass Publishers，1978：51.

13 Adams，H.　B.　The College of William and Mary：A Contribution to the History of Higher Education，with Suggestions for Its National Promotion[M].　US Government Printing Office，1887：39.

尔大学校长安德鲁·怀特（Andrew Dickson White）也启动了"自由选修"的课程改革，在学院组织框架内，逐步对传统的博雅教育进行内容改造。艾略特选修制改革的历史影响力远胜于杰弗逊。[14]在哈佛学院，1874-1875 学年，除修辞学、哲学、历史和政治学之外，在二、三、四年级实行选修制，至 1883-1884 学年，一年级也实行选修制，选修课占年级课程总量的 60%。1895 年，只有英语和现代外语仍为必修课，其它均为选修课。[15]

艾略特虽然也是留德学者的一员，主张学习德国现代研究型大学的模式，但他并不认同德国大学专业教育和相应的组织结构，执掌哈佛初期，他其实更关注本科生的博雅教育。大学校长和教育家的身份，使其拥有从整体上把握哈佛学院改革的权力与视野，调和古典学术与现代学术、博雅教育与专业教育之间的矛盾。正如艾略特在就职演讲中指出的：是语言、哲学、数学还是自然科学更有助于心智规训，博雅教育应以人文学科还是自然科学为主，这种无止境的争论是没有意义的，哈佛不承认文科与理科相互对立，我们拒绝在古典文学、自然科学和形而上学之间做非此即彼的狭隘选择。[16]而在改革中，艾略特实行的选修制也在不颠覆现存课程制度框架的前提下，为引入以新学术为内容的新课程开辟了空间。新旧两种学术在学院内形成竞争，学生可以根据自己的兴趣自由选择课程。经过优胜劣汰的自然竞争，古典博雅教育逐渐演变为以现代学术的基础文理学科为核心的通识教育。[17]它是在知识性质发生根本变化之后，通过将基础文理学科统整为通识课程，来实现传统的博雅教育基本理念与功能。

不过艾略特并没有建立统一的通识教育课程体系，这个工作是由其继任者阿伯特·洛威尔（Abbot Lawrence Lowell）完成的，他批评了自由选修制度的缺陷是导致了本科生知识的碎片化，并在此基础上将本科教育课程划分为四个主要领域，即生物科学、物理科学、社会科学和人文学科，学生在每个

14 Boning，K. Coherence in General Education： A historical Look[J]. The Journal of General Education. 2007（1）：4.

15 贺国庆，徐志强. 查理斯·艾略特与自由选修制度及其借鉴意义[J]现代大学教育，2013（5）：69.

16 Hofstadter, R. &Wilson, S. American Higher Education[M]. Chicago: University of Chicago Press，1986：632.

17 Boning K. Coherence in general education: A historical look[J]. The Journal of General Education. 2007（1）:6.

领域中都要选修一定的课程。这是哈佛大学首次整合基础文理学科，建构统一的通识课程体系的尝试。自此之后一百多年来，哈佛大学文理学院一直是美国博雅教育现代化改造与改革的重镇，哈佛多位校长和文理学院院长都在其任内对博雅教育进行积极改革。例如，影响最大的是洛威尔的继任者科南特（James Conant）掌校时期，哈佛学院则形成了比较成熟的通识教育核心课程体系。哈佛大学作为现代大学的组织模式也在科南特时期基本成型。根据美国学院与大学协会的著名报告《面向新的全球化时代的本科学习》，自由知识的当代内涵包括，学习有关人类文化、物质和自然界的知识，包括自然科学和数学、社会科学、人类学、历史学、语言学和艺术等领域，目标重点放在人类社会所面临的一些当代和永恒的重大问题上；培养心智和应用能力，包括探究与分析、批判性和创造性思维、书面与口语交流、定量能力、信息能力以及团队合作和解决问题的能力；培养个人和社会责任感，包括本国和全球的公民知识，并参与公民事务、跨文化的知识和能力、道德推理和行动、终生学习的基础与技能等；整合学习，包括通过整合基础知识领域和专门知识领域的学习，综合并提升已获得的成果。[18]由此可见，为适应知识体系和社会环境的革新，传统博雅教育被不断赋予新的学术内涵，但其心智规训和人格塑造的基本功能没有改变。

总体而言，现代博雅教育包含以下三个核心内容：第一，它依然以自由知识自身为旨趣，不以实用为目的，任何以职业发展为目的的内容均排斥在学院之外；第二，它仍然是一套整全性的自由知识体系，但不同于古典博雅教育以统一的哲学认识论为基础，它是以通识课程的形式囊括了人文学科和自然科学各学科的主干知识，这套知识体系围绕基础文理学科的所谓"重大问题"或"基础问题"而建构，形成了一套具有统整性的现代自由知识体系；[19]第三，它以心智发展的培养为目标，包括价值观的塑造和包括逻辑分析、批判思维、创新能力、表达与交流等等心智与认知能力的提升。最终，博雅教育的理念与功能通过转型为现代通识教育得以完整保留。

---

18 Association of American Colleges and Universities. College learning for the new global century[J]. 2007.

19 所谓整全性（comprehensive）就是所有古典学术或自由知识都具有统一的哲学认识论基础，而统整性（coherence）是统一的哲学认识论瓦解之后，现代学术的各基础学科在通识教育的理念下，整合为一套统一的通识课程。

6.3　文理学院的创造性重塑

6.3.1　现代文理学院的初步形成

现代学术在文理学院中确立之后，博雅教育和现代专业教育的矛盾也形成了，在组织制度层面处理这对基本矛盾，实际就是处理与调和现代研究生院与传统文理学院之间的关系，这成为 19 世纪 70 年代到 90 年的美国高等教育的主题。研究生院这种专门化的学术研究组织于 60 年代出现，当时，学术研究的地位在整个高等教育体系中是模糊不清的，美国教育家和学者们对于如何处理两者之间的关系十分困惑，存在很多激烈的争论和组织变革的设计方案。

与德国哲学院的改革过程一样，美国大学中也出现了两种不同的主要观点，第一种观点是"分离论"，即将博雅教育与专业教育从组织上分离，在从事博雅教育的文理学院之外，建立专门化的现代学术研究组织即研究生院，进行科学研究和研究生教育。文理学院和研究生院的教师各自独立，且不能相互兼职。[20]这种观点以约翰·霍普金斯大学校长丹尼尔·吉尔曼（Daniel Coite Gilman）、芝加哥大学校长威廉·哈珀（William Rainey Harper）以及斯坦福大学校长大卫·乔丹（David Starr Jordan）为代表。在改革过程中，这种改革理念演化出了两种大学组织模式：一种是约翰·霍普金斯大学、克拉克大学和美国天主教大学的模式，吉尔曼深刻意识到博雅教育与专门化的研究生教育之间的差异，在约翰·霍普金斯大学建校初期，他就极力提倡将研究型大学与传统的文理学院进行切割，并认为作为独立的本科生院的四年制文理学院必然会逐渐被取代与消亡。[21]因此，这些大学一开始完全摒弃了传统的

20　这种观点实际是中国大学通识教育"公共课"的源头，即承担公共课的所谓"公共课教师"不做研究，从事学术研究和研究生培养的学者不承担通识课程。这种做法实际上是在制度上将博雅教育和专业教育、科研与教学完全分离，导致通识教育沦为可有可无的鸡肋。对此，伯顿·克拉克在分析芝加哥大学和哥伦比亚大学改革初期的双层构架时亦认为，虽然这种安排保存了本科生的通识教育，而且能够使志于科研的教授从本科生教学的限制中解放出来，但是这一解决方法会导致文理学院教师沦为二等教师，且无助于学科的发展。参见伯顿·克拉克. 探究的场所[M]. 王承绪，译. 杭州：浙江教育出版社，2001：142.

21　Kimball, B. A. Orators&Philosophers: A History of the Idea of Liberal Education[M]. New York：Teachers College Press，1986：164.

文理学院，只建立以培养专门化的研究者为主要功能的研究生院，不招收本科生。第二种以芝加哥大学、哥伦比亚大学、斯坦福大学为代表，这些大学的校长认为，美国大学应该是两种模式的叠加，即英式学院和德式大学，两种模式分开建制，在四年制文理学院中形成以博雅教育为主的初级学院和以专门化研究为主的高级学院。这些大学虽然没有取消博雅教育组织，但是他们对学术研究的特别重视，还是导致了传统文理学院的衰落。在哈珀掌校的芝加哥大学，所谓初级学院不过是高级中学与大学的中介，其水平类似于德国式的高级中学（gymnisiam）或两年制的大学预科。

这些大学校长的改革努力对于美国研究型大学崛起具有决定性的历史意义，但其核心问题在于普遍将博雅教育和专业教育进行了切割，没有系统思考两者的内在联系。而且美国的教育体系中缺乏欧陆高级中学这样的结构，经由中学和初级学院学习的学生不足以胜任研究生课程，因此，以研究生院取代文理学院的弊端在美国高等教育中暴露得更快、更明显。这些大学的校长逐渐认识到，一流的研究生院体系，必须建立在杰出的博雅教育上，他们不得不将专门化的学科教育和博雅教育重新整合。自20世纪初开始，这些大学纷纷开始恢复和重建博雅教育传统。例如，约翰·霍普金斯等大学在建校十年后，就开始引入本科生的博雅教育，寻求专业教育和博雅教育两类教育方式的平衡；赫钦斯在芝加哥大学的著名改革，引领了这些大学复兴与重塑文理学院传统的潮流。哥伦比亚大学在20世纪50年代中期恢复了四年制的博雅教育，而芝加哥大学则于60年代将学院与系的教师进行了合并。[22]

通过上述分析可以发现，美国文理学院改革的核心问题实际是，在学术性质发生根本变化之后，如何从组织上合理安排与融合博雅教育和专业教育。在这一点上，哈佛大学校长艾略特代表了另一种观点，即"整合论"：将博雅教育与专门化的学术研究整合在同一组织中，[23]重塑传统的文理学院。在哈佛大学，新型文理学院的组织模式于70年代初开始酝酿，至90年代初步成型，而艾略特校长正是这一新结构的缔造者。

正如伯顿·克拉克所言，哈佛的新结构（克拉克将这类大学组织称为"立

---

22 Bell，D. The Reforming of General Education:the Columbia Experience in its National Setting[M]. New York: Columbia University Press，1966，68.

23 Keller，P. Getting at the Core：Curricular Reform at Harvard［M］Boston：Harvard University Press，1982：6.

式大学")的出现是经过了重视科研的教授和文理学院院长们经过长达半个多世纪争论和实验的结果。[24]19 世纪 70 年代以来，哈佛学院内部也存在上述两种观点的对立。1872 年，哈佛在文理学院中成立了研究生部（Graduate Department），这是哈佛大学为现代学术进行系统建制的开始。以克莱门斯·史密斯（Clemens Smith）为首的哈佛学院一批颇具声望的教授，都主张在哈佛形成文理学院和研究生院的两层结构，把研究生部改组为独立的研究生院，并形成独立的教授群体与院长。然而，与这些学者同为留德国归来的学者和教育家，艾略特的教育理念并不像他们一样激进。至 90 年代初，艾略特已经形成了成熟的高等教育改革理念，[25]即建立以博雅教育为基础的专业教育，反对分离论，强调两者之间的连续性和继承性。与吉尔曼等人最大的差异是，艾略特意识到专门化的基础理论研究对于现代博雅教育的促进意义，他认为应将课程的实施和具体教学进程的控制等权力置于研究生院中，因为研究生院的科学研究与先进的本科生教育相辅相成。[26]因此，艾略特认为应该停止将文理学院和研究生院之间进行结构性区分的改革趋势，由统一机构统合博雅教育和专业教育的双重功能。[27]艾略特的意图实际是保留传统博雅教育的功能，并在学术的性质发生根本改变之后，通过改革学院组织来保证传统功能的实现，他在观念与制度层面进行了双重思考与规划，这就避免了德国

---

24 伯顿·克拉克将哈佛等美国一流研究型大学的文理学院组织结构，称为立式（vertical）大学结构，它是一种有利于统整博雅教育和专业教育的双层复合结构，虽然克拉克对文理学院的组织特征进行了精准而深刻的提炼，但由于它不属于克拉克所要探讨的核心议题，所以不管是在《研究的场所》，还是《高等教育系统》中，他都没有对这种结构的来源、演化与内在特征进行系统的解释，本书试图在此做一点进一步的分析。"立式大学"的概念参见伯顿·克拉克. 探究的场所[M]. 王承绪，译. 杭州：浙江教育出版社，2001：137-143.

25 艾略特的教育观念存在一个转向的过程，他在任哈佛大学校长的初期，完全抗拒学术研究功能作为大学的首要责任，排斥专门化的研究，他在就职演讲中特别强调了哈佛学院本科生教育的核心地位；然而至 90 年代初，艾略特的观点发生重大变化，认可了学术研究在学院中的地位，并试图在组织层面调和两者的关系。参见 McGrath, E. J. The Graduate School and the Decline of Liberal Education[M]. New York：Bureau of Publications Teachers College, Columbia University, 1959：15-18.

26 McGrath, E. J. The Graduate School and the Decline of Liberal Education[M]. New York：Bureau of Publications Teachers College, Columbia University, 1959：19.

27 Wert, R. J. The Impact of Three Nineteenth Century Reorganizations upon Harvard University[D]. Palo Alto：Ph. D diss. Stanford University, 1952：157-158.

大学哲学院变革中，科学家的教育理念与组织制度改革分离，最后导致哲学院结构消亡的结果。

最终，艾略特的改革观念占据了上风，由哈佛董事会任命的 11 人改革委员会于 1889 年通过了艾略特重构文理学院的方案，委员会的报告指出："研究生部和劳伦斯科学院统一于文理学院之中，学院包含这些学系的所有教授和助教。"[28]于是，文理学院得以重新改造，一种崭新的大学组织模式开始形成：1890 年，研究生部改组为哈佛大学研究生院（Graduate School of Harvard University），这一机构于 1905 年进一步更名为哈佛文理研究生院（Harvard Graduate School of arts and science），它被统一于原先的哈佛学院（Harvard college）之中，两者整合形成了新的哈佛大学文理学院（Harvard Faculty of Arts and Science）。从历史上看，哈佛文理学院的主体在此时已经基本形成了，它是一个 "college+school" 的结构，即哈佛学院+研究生院，[29]而后者包含了若干进行基础理论研究与研究生教育的学系（departments）。哈佛文理学院组织重塑的深远影响，正如斯坦福大学副教务长罗伯特·沃特（Robert J. Wert）在其博士论文中指出的，20 世纪之后，"美国所有顶尖大学都按照哈佛大学在 1890 年确立的结构模式运行。"[30]例如，建校时期并不设置文理学院的约翰·霍普金斯大学，也逐渐形成了自己文理学院，即 "克里格文理学院"，如今，它是该校的核心机构，主要从事本科生博雅教育和基础文理学科的理论研究。

6.3.2 现代文理学院的组织制度

所有复杂组织结构的运转都存在一个逐渐磨合与适应的过程，特别是具有多重功能要素和制度要素，且相互冲突的组织更是如此，艾略特所建构的新模式亦不例外，它经历了从最初的功能性失衡，逐渐过渡到博雅教育和专业教育在组织制度上相互协调与平衡的过程。一开始，由于德国式专门化研究的观念逐渐盛行，而研究生院下设的学系是围绕各专门化的现代学科建制的，其分裂力量具有瓦解统一的文理学院的危险。甚至不少当时的学者认为将研究生院和

---

28 Wert，R. J. The Impact of Three Nineteenth Century Reorganizations upon Harvard University[D]. Palo Alto：Ph. D diss. Stanford University，1952：159-161.

29 新的哈佛文理学院由四个部分构成，除了哈佛学院和文理研究生院之外，还包括后来并入的工程应用学院与继续教育学院。

30 Wert，R. J. The Impact of Three Nineteenth Century Reorganizations upon Harvard University[D]. Palo Alto：Ph. D diss. Stanford University，1952：182.

文理学院合并对于博雅教育是重大的破坏，会导致研究生院最终支配文理学院。比如卡尔·哈立德在 1916 年回顾研究生院和文理学院过去三十年的发展时认为，效仿德国模式的美国大学已经走向极限，专门化已经完全取代了博雅教育。[31]但是，在哈佛大学，艾略特的继任者洛威尔在其任期内一直致力于学院与研究生院之间的平衡，正如哈佛历史学家萨缪尔·莫瑞森（Samuel Eliot Morison）指出的，洛威尔计划将在哈佛扩张过程中遗失的东西，重新放回学院中，其中最重要的就是博雅教育。[32]可见，美国的文理学院之所以没有重复哲学院的演变路径，是由于组织中知识的功能没有发生完全改变，并且在组织结构与制度层面，对各种目标与功能要素做出了相对合理的安排。

首先在文理学院中，虽然知识性质变了，但知识功能和组织功能并没有完全改变，博雅教育的心智规训和专业的学术研究与研究生教育，同时存在于文理学院之中。[33]而为什么现代学术知识依然需要且能够履行古典博雅教育的功能，这有其深刻的社会结构根源与土壤，这一社会结构根源从深层次导致了博雅教育在美国与欧陆不同的命运。这一论述涉及到组织变革的外部因素，但是由于这一结构性因素比较重要，所以在此略作论及。

马克斯·韦伯在论述教育的贵族阶层再生产结构时指出，"贵族阶层的教育目标与社会评价的基础是有教养的人，而非专家，教育的目标在于追求一种被认为理应是有教养的人生行为质量，而非就某种专长进行专业训练。接受有教养者的教育是获得社会支配结构与统治阶层成员资格的条件。"[34]而美国的文理学院正是被塑造为贵族精英再生产的教育结构，这一结构从古至今并未发生根本改变，这是文理学院存在的社会结构根源与正当性基础。博雅教育的本义是"自由人"即作为统治者的贵族阶层的教育。美国的贵族阶层是早期移民及其后代、社会地位较高的新教徒特别是圣公会教徒，他们一般将子女送到常春藤盟校。[35]这类人被称为"WASP"群体，即新教盎格鲁-

31 Holliday, C. Our "Doctored" Colleges[J]. School and Society, 1915（2）: 782-783.

32 Synnott, M. G. The Half-opened Door: Discrimination and Admissions at Harvard, Yale, and Princeton, 1900-1970［M］. Greenwood Pub Group, 1979: 33.

33 参见杰罗姆·卡拉贝尔. 被选中的：哈佛、耶鲁和普林斯顿的入学标准[M]. 谢爱磊等，译. 北京：中国人民大学出版社，2014.

34 马克斯·韦伯.经济与社会[M].阎克文，译.上海：世纪出版集团，2010：1141

35 Soares, J. A. The Power of Privilege: Yale and American's Elites College, Palo Alto: Stanford University Press, 2007: 7.

萨克逊裔美国白人。根据社会学家卡拉贝尔的统计，19 世纪末，哈佛、耶鲁和普林斯顿"三巨头"的学生大部分来自于"WASP"贵族阶层。例如，哈佛的经济来源主要来自新英格兰和纽约的社会上层。[36]分权化和地方自治的政治文化传统导致美国不存在能够消灭传统贵族阶层以及作为贵族阶层再生产领地（即文理学院）的强力政府，这与欧陆形成鲜明对比。欧陆迈入现代化进程以来，后发工业国家通过政府权力强力摧毁了阻碍工业化进程的传统贵族阶层，学院这一贵族再生产的领地，也就自然被卷入到现代国家建设与工业化进程的现代大学体系所取代。在教育目的上，正如韦伯所言，新的统治阶层是职业化的"专家"或技术官僚，他们取代了传统贵族阶层的"有教养"的人。[37]如上文，法国是以激进革命的方式摧毁了传统贵族。在高等教育体系里则表现为实证主义的专家文化替代了博雅教育，古典人文学科的高雅知识分子被排除在大学体系外，只能徘徊于社会沙龙之间。[38]相应的，高等专科学校体系颠覆了原先巴黎大学艺学院加专业学院的结构。德国大学取消哲学院也有其社会政治与经济结构的逻辑，洪堡等人原本希望在哲学院中以"经由学术的修养"重新定义贵族品质，并重建信奉新人文主义的现代中产阶级贵族。但这一理想被实证科学家强势占领哲学院而中断，现代科学的职业化和学科分化力量，在 19 世纪后期融入了德意志统一后由国家推动的强势工业化进程，最终瓦解了古典的哲学院。美国则不存在欧陆式集权政府的绝对权力，在现代化进程中，贵族阶层及其精神内核并没有被消灭。由新教徒创办的古典文理学院，一直作为新教盎格鲁-撒克逊裔美国白人培养政治领袖和社会精英的组织。这点在以优质的博雅教育一直被奉为美国高等教育神话的小型文理学院中也可以得到证实。19 世纪 70 年代美国高等教育进入所谓"大学化时代"以来，殖民地时期的小型文理学院所面临的生存危机迫在眉睫：大量专业学院的涌现对传统文理学院构成了严重的威胁，很多学生为了进入专业学院学习，或跳过或缩短了他们的学院教育。小型文理学院的应对策略是坚守四年制博雅教育传统不放松。例如，达特茅斯学院虽然迫于压力增补了一些

---

36 杰罗姆·卡拉贝尔. 被选中的：哈佛、耶鲁和普林斯顿的入学标准［M］谢爱磊等，译. 北京：中国人民大学出版社，2014：13.

37 韦伯. 支配社会学［M］康乐，简惠美，译. 桂林：广西师范大学出版社，2004.

38 杰勒德·德兰迪. 知识社会中的大学［M］黄建如，译. 北京：北京大学出版社，2010：39.

专业课程，但是时任校长的威廉·塔克（William Tucker）认为学院的使命和身份不能改变，依然以培养具有宗教修养与绅士品格的博雅教育为主，学院招生规模反而在19世纪末的二十多年里从三百人扩大到两千多人。新英格兰地区的文理学院也出现了这一欣欣向荣的趋势，美国文理学院中的"小三杰"即阿默斯特学院、威廉姆斯学院和卫斯理学院就是在这一时期成长壮大的。[39]而根据布鲁斯·莱斯利（W. Bruce Leslie）的研究，宾夕法尼亚和新泽西州的文理学院在当地享有的威信与社会地位不断高涨。高等教育史家约翰·塞林（John Thelin）在分析这一现象的原因时认为，这些文理学院由于其卓越的通识教育保持了对中上层新教家庭持续的强大吸引力，家庭、教师和学生本人都把文理学院的通识教育看作"绅士学者"的熔炉。因此，文理学院不但没有死亡，而且在19世纪70年代至90年代对中上层精英家庭越来越有吸引力。这正是由于接受过文理学院的博雅教育是精英身份的重要标识与文化符号，是"进入中上阶层的仪式"。[40]这一"永恒的独特使命"不仅解决了文理学院存在的正当性问题，[41]而且使文理学院逐渐被塑造为美国高等教育的神话。因此，虽然大学的学术知识被现代化与世俗化，但古典博雅教育的道德基础与精神内核始终未变：美国现代研究型大学的文理学院与古典学院的教育目标皆有强烈的道德意味和精英取向，组织是围绕如何培养贵族精英和国家领袖所应具备的品质而建立的。正是基于这一理念，现代科学的分化才未颠覆自由知识的整体性，分化的学科以通识课程的形式被重新整合，来训练精英健全与完整的心智。

于是，第二，组织中就存在了既相互对立又密切关联的两种功能，必须因应这两种功能的需要重塑文理学院，而哈佛、耶鲁等研究型大学逐渐形成了一个有效的整合博雅教育和专业教育的组织。伯顿·克拉克指出，这类组织能够平衡与整合各个具有独立倾向的学系，使所有教师汇聚于整合性的文理学院中承担通识教育课程。[42]克拉克并没有对这一结构的具体机制进行论

---

39 约翰·塞林.美国高等教育史（第二版）.北京：北京大学出版社，2014：87.

40 W. Bruce Leslie. The curious tale of liberal education, professional training and the American college, 1880–1910[J]. History of Education, 2011(1):83.

41 Norman Foster.The Future of the Liberal Arts College[M].New York:D.Appleton Century,1938:5.

42 伯顿·克拉克. 高等教育系统——学术组织的跨国研究[M]. 王承绪，译. 杭州：杭州大学出版社，1991：48-49

述，它实际是组织理论中所描述的"矩阵结构"模式（Matrix Structure）。需要注意的是，这里的矩阵模式并不是伯顿·克拉克专著中的所谓"总体矩阵"（the Master Matrix），后者是对整个高等教育系统的描述与分析，是指学者"既属于一门学科，又属于更广泛的学术专业。他们既属于一所特定的大学或学院，同时也归属于全国整个高等教育系统。大学教师们被卷入各种各样的矩阵"，……"学者们同时归属于一门学科、一个研究领域和一个事业单位、一所特定的大学或学院"。……"这两条成员资格线的交叉就是高等教育系统的总体矩阵"。[43] 根据美国学者理查德·达夫特（Richard L. Draft）的观点，矩阵结构得以形成的重要条件是：[44]第一，存在跨产品线共享稀缺资源的压力。一流的学者是文理学院的稀缺资源，既需要为本科生上通识课程，又需要进行学术研究，并培养未来的研究者；第二，组织需要提供两方面或更多方面的关键产出，这种双方面的压力意味着组织需要在双重职权上保持权力平衡，而双重职权结构正是维持这种平衡所需的。也就是说，矩阵结构是非常适合于在目标或功能上具有双重或多重要求的组织，它可以在结构上保障不同功能之间的平衡。第三，组织环境具有复杂性和不确定性，要求组织在纵向和横向上都具有较高的协调和信息处理能力。哈佛文理学院具有双重功能，一是博雅教育，培养贵族精英与社会领袖，这是哈佛等校文理学院的核心功能之一，需要注意的是，这里的领袖并不仅仅是指政府行政人员，这类人是官员（officials），但未必是"leaders"。文理学院意图培养的领袖是指各行各业中影响行业的精英与领导者。牛津大学基督教堂学院的路易斯院长虽然描述的是牛津诸学院的情况，但其逻辑与理念与美国文理学院是相通的，他指出，一个牛津历史系的毕业生，成为一名银行副总裁，这是非常正常的事情。该院长甚至直截了当的指出，牛津大学就是培养英国贵族，这是无须讳言的。而这正是英美学院的博雅教育功能的核心。[45] 二是通过专业教育培养专门化的学术研究者，矩阵结构正是能够适应于这一双重功能的基本模式。

---

43 参见伯顿·克拉克. 高等教育新论——多学科的视角[M]. 王承绪等，译. 杭州：浙江教育出版社，2001. 本书的矩阵结构仅用来描述变革后的文理学院的内部结构，当然它也包含"两条成员资格线的交叉"，即学者既是学系教授，又是学院导师。

44 理查德·达夫特. 组织理论与设计[M] 王凤彬等，译. 北京：清华大学出版社，2014：118.

45 蒲实. 牛津大学：现代绅士的摇篮[J]. 三联生活周刊，2014（23）：64.

具体到哈佛等文理学院的内部组织结构上，首先，研究生院下设置了若干从事基础理论学科的教学与研究的"学系"（academic departments），这些学系为通识教育的运行提供了组织保障。艾略特的改革使基础理论学科并没有单独建制为独立的研究所或学院，而是以"学系"的组织形式仍然被设置在文理学院中，学系既是对本科生实施博雅教育的教学机构，也是通过研究生培养实施科学研究的机构。理论上讲，相对于专业学院，学系相对更注重文理学科的基础理论教学与研究，例如，哈佛大学有政府系，也有肯尼迪政府学院（school），前者较偏向于政治基本理论研究；后者以公共政策与行政管理等应用学科为主，主要目标是培养政治领袖与公职人员。如从事政治理论研究的著名学者迈克尔·桑德尔属于文理研究生院的政府系，而不是政府学院。不过后文将指出，在哈佛这样的研究型大学，即便专业学院也十分重视基础理论研究。新的文理学院（faculty）内部所包含的本科生院（college）和研究生院（school）共同形成了一个"矩阵结构"：[46]学系围绕专门化的学科或知识领域建立，是"列"；学院是文理学院所有师生的共同体，是"行"（19世纪末，在建立与整合研究生院的同时，哈佛学院也效仿牛津和剑桥的学院模式，逐渐建立了若干个住宿学院即"residential college"，成为学生管理的子单位）；[47]作为"列"的学系，在从事学科研究（研究生教育属于研究的组成部分）的同时，为本科生提供通识课程的教学；作为"行"的学院，领导通识教育课程体系制定与改革，以行政力量统筹各系开设通识教育课程，将分散于各系的博雅教育的元素（各门基础文理学科）按照内在逻辑以通识课程（"核心课程"或"分布选修"）的形式统一起来。进入21世纪以来，这一管理体系更加精细化，根据2007年哈佛大学通识教育工作组报告，文理学院成立通识教育常务委员会，成员由文理学院院长、文理研究生院院长、哈佛学院院长、学生代表、各系教师代表组成，下设若干二级委员会，监督和管理一个或多个通识教育课程领域。委员会具体职责包括：选聘教师开发新的通识课程；评估现有通识课程；建议教师进行教学改革、建议文理学院院长整合资源进行课程开发等等。

---

46 沈琛华，等. 耶鲁大学住宿学院内部组织结构、外部关系的比较研究[J]. 复旦教育论坛，2007（5）：69.

47 Duke，A. Importing Oxbridge: English residential colleges and American universities[M]. New Heaven:Yale University Press，1996：66-73.

在这一结构中，教授兼具双重身份：作为研究者属于学系，作为教师（导师）属于文理学院，解决了本科教育的整体性和研究的专门性之间的矛盾。伯顿·克拉克对此论述道，这种所谓"立式"的学系能够将资源特别是教师的时间分配到两个阶段。[48]于是，"研究生层次的教育被保留在实行本科生教育的机构中"，本-戴维认为这是美国成功保存欧洲博雅教育传统的重要因素。[49]它避免了欧陆大学出现的情况：在以新学术取代旧学术的同时，抛弃了学院这一合理的组织制度。变革与重塑使美国的学院组织以大学中的文理学院的形式得以延续。藉此也就可以理解伯顿·克拉克颇具洞察力的观察：美国的通识教育即便是在其最衰落的时期，也能得到两种关键性组织的支持，即私立小型文理学院和综合性研究型大学中的文理学院。[50]由此，博雅教育（通识教育）的运行落实到了组织结构的层面，获得了制度上的稳定性。

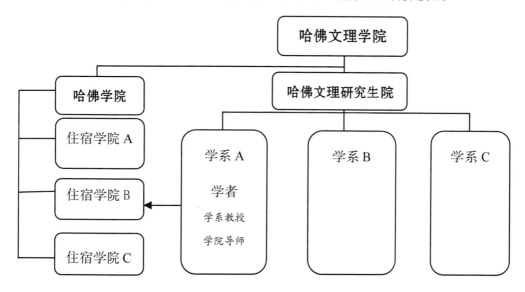

图 6-1 哈佛文理学院（Harvard Faculty of Arts and Science）矩阵结构图[51]

48 伯顿·克拉克. 探究的场所[M]. 王承绪，译. 杭州：浙江教育出版社，2001：142.

49 Ben-David, J. Centers of Learning: Britain, France, Germany and United States[M]. New York：McGraw-Hill Book Company，1977：83.

50 伯顿·克拉克. 高等教育系统——学术组织的跨国研究[M]. 王承绪，译. 杭州：杭州大学出版社，1991：47.

51 本图的绘制参考了理查德·达夫特. 组织理论与设计［M］. 王凤彬等，译. 北京：清华大学出版社，2014：118 以及沈琛华，等. 耶鲁大学住宿学院内部组织结构、外部关系的比较研究［J］. 复旦教育论坛，2007（5）:69.

最后，如何处理以博雅教育为主的文理学院与以专业教育为主的专业学院之间的关系，也体现了博雅教育及其文理学院在美国大学体系中的地位与身份。19 世纪美国传统学院向现代大学转型过程中，一开始面临专业学校（proprietary school）的强劲竞争，后者甚至被称为大学"最危险的对手"。[52]但它们最终走向了两种命运，一种是被纳入哈佛、耶鲁等传统的文理学院，其它的则在竞争中败下阵来，沦为中学后进生不得已的出路。[53]无论是何种命运，美国萌芽中的专业学校都没有如法国那样成长为国家高等教育体系中的核心结构。在一流私立大学中，文理学院一直是大学的中心机构，专业学院进入大学的过程扮演的是类似于一种"加盟店"的角色，他们加入大学之后，仍然以文理学院为平台办学，专业教育被置于研究生层次，学生只有在文理学院接受完以博雅教育为核心的本科教育之后，才有资格进入专业学院学习。美国大学对于文理学院和专业学院的处理，从历史上看可以有两个层面的认识，第一种层面是博雅教育所发挥的功能性意义：就学生的教育而言，正如上文所言，美国的教育体系中不存在类似于德国文理中学那样强大的基础文理教育结构，所以必须在高等教育中保持坚实的博雅教育与通识教育，这也是洛厄尔所明确指出的；[54]就教师的研究而言，当时的普林斯顿大学校长威尔逊、以及后来的社会学家爱德华·希尔斯和安德鲁·阿伯特等人都曾先后论及，正是博雅教育阻止了学科狭隘的专门化，因为专业学者面向本科生讲授的问题，其实是贯穿他们整个研究生涯、直到学术上的成熟阶段才有可能回答的根本问题或大问题。[55]博雅教育实际上是促使这些专业学者在他们专深、狭小领域进行钻研的同时，不得不经常回归人性与文明的基本问题，将专业化的研究与基本问题来回对照。[56]在这个过程中，博雅教育是一个"枢纽"。也就是说，保持一个独立的文理学院和通识教育体系作为整个教育序

52 兰德尔·柯林斯.文凭社会：教育与分层的历史社会学[M].刘冉，译.北京：北京大学出版社，2018：216.

53 Clark B R . The "cooling out" function in higher education[J]. American Journal of Sociology, 1960(6)：569-576.

54 Synnott, M. G. The Half-opened Door：Discrimination and Admissions at Harvard, Yale, and Princeton, 1900-1970［M］. Greenwood Pub Group, 1979：33.

55 安德鲁·阿伯特.学术作为理念和学术作为日常工作[J].北京大学教育评论，2017（1）：8.

56 Shils E. The Order of Learning: Essays on the Contemporary University[M]. Routledge, 2017：9.

列的基础与核心，不管对于学生还是教师，都是必要的。不过这一分析虽然深刻，但博雅教育对于教师学术研究的意义在现实中是否真实存在难以确证，正如阿伯特所坦言的，通识课程的教学"在多大程度上促进了这些学者自己的学术研究，我没有清楚的答案"。而第二种层面的认知则更为清晰和真实，即博雅教育和基础文理知识构成了专业教育和专业学院的合法性来源，这种认识源于艾略特对于专业教育的深刻理解与划时代意义的改革，他认为大学层面的专业教育必须以文理学院的博雅教育和基础文理学科为基础，否则就无法与非大学层次的职业教育相区别。后来赫钦斯将神学专业教育的衰落归结于只专注于牧师具体的教堂事务，而不是神学理论本身，也呼应了艾略特的理念。[57]这一举措为美国大学体系所奠定的一个基本认识就是，文理学院的博雅教育是专业教育与专业学院在大学中的重要合法性来源之一，甚至可以说，专业教育进入大学最初的合法性，是由博雅教育赋予的。这正如柯林斯所言，专业和专业学院地位的成功构建并不仅是源于专业技能，而是贵族与精英通过仪式性程序、象征性权力、自我理想化自证等来完成的，其中，博雅教育与文理学院的存在，就是为了精英们在进入专业教育这一教育序列的垂直终点之前，先在文理学院奠定自己的文化地位，它远不是为专业训练做的基础文理知识准备。"美国模式虽然号称强调职业，但它实际上仍然是现代世界教育系统中最不注重职业的一个"。[58]能够非常典型地凸显博雅教育这一地位的是工程教育在研究型大学中合法性身份的确立过程。工程教育进入传统文理学院之前，改革者为提升工程教育的地位，培养高等教育层次的工程人才尝试了两种路径，第一，建设独立的工程学院，但最终"因其暗含的下层地位而遭遇失败"；第二是建立综合性的理工大学，传授纯应用的工程技术，但并也没让工程教育受到重视。[59]这一时期工程教育的发展不得不依托于由文理学院演化而来的研究型大学，但由于大学最初的工程教育仍然强调应用技术，而应用性的技术文化被认为是鄙俗的和下层阶级的，所以它依然无法获得高等教育的地位，其生源也主要来自社会下层和

57 BrubacherJ. S. &Rudy，W.Higher Education in Transition：A History of American Colleges and Universities[M]. Transaction Publishers，1997：217

58 兰德尔·柯林斯.文凭社会：教育与分层的历史社会学[M].刘冉，译.北京：北京大学出版社，2018：305.

59 兰德尔·柯林斯.文凭社会：教育与分层的历史社会学[M].刘冉，译.北京：北京大学出版社，2018：291.

少数族裔。工程教育的改革者们逐渐意识到，只通过提高专业水平与技术能力本身无法提升工程教育的专业地位，它必须借助博雅教育。因此，改革者们放弃了藉由强调专业技术品质来提高工程教育地位的努力，他们逐渐意识到高等教育对地位与身份的要求越来越靠近传统文理学院，所以他们通过努力把自己绑定在传统教育系统上，"吸纳更多博雅教育中的高等文化"。[60]1929年，工程学院的专业精英们发表了旨在提高工程教育在美国大学中地位的《威肯登报告》，报告确定了工程教育吸纳更多博雅教育课程的基本策略，工程教育应该像法学、商学和医学等专业教育一样，将专业训练置于研究生层次，而在本科阶段引入大量非职业课程，以博雅教育和通识教育为主要内容。甚至很多研究型大学中的工程学院不像其它专业学院一样独立于文理学院之外，而是直接附属于文理学院，典型代表就是哈佛大学的工学院，是哈佛文理学院的一部分。可见，工程教育在大学中地位提升乃至成为精英高等教育的过程，并不依赖于功能性的职业或专业技术因素，而是充分汲取了博雅教育的合法性资源。

总之，这样一来，在保留巴黎大学"艺学院+专业学院"、德国大学"哲学院+专业学院"的整体架构的基础上，对学院内部的组织层次进行改造，由单层次转变为双层次。在第一层次上对本科生进行博雅教育，重点在教学；在第二层次上，对高年级本科生和研究生进行专门化（专业性和学科性）的教育，重点在学术研究。由此，美国综合性研究型大学的"college+school"的双层结构实际具有两重含义，首先是"文理学院"+"专业学院"的架构：所有学生必须首先在文理学院接受博雅教育，获得学士学位之后才能进入面向职业的专业学院；而在文理学院内部，也隐含着一个矩阵型的双层结构，即本科生院（college）加研究生院（graduate school），这个结构很好的协调了博雅教育（通识教育）和专门化的专业教育与基础理论研究之间的关系。总体而言，这种组织架构巧妙地处理了在大学内部，博雅教育和专业教育、理论学科和应用学科、教学和研究之间既矛盾冲突又密不可分的关系。如同本-戴维和伯顿·克拉克共同指出的，如果没有大学和学院双层次的组织安排，推进通识教育就会变得极其困难。相反，以德法为代表的欧陆大学，按照职业和学科分类来设置单科性或多科性大学，在组织上切断了上述矛盾体之间的联系。

---

60 兰德尔·柯林斯.文凭社会：教育与分层的历史社会学[M].刘冉，译.北京：北京大学出版社，2018：291-292.

为与文理学院相对照，这里可以简单分析一下英国牛津与剑桥的大学与学院组织变革过程，它的内在逻辑与文理学院的变革具有一致性。现代社会以来，牛桥和美国文理学院一样要承担传统博雅教育和学科理论研究的双重功能，其组织制度中实际也内涵了一个矩阵结构。

与欧陆大学不同，牛桥两校具有强大的学院传统，因此，现代学术及其建制在牛桥中出现的时间也相对较晚，它们是在 19 世纪中后期通过考试与学位制度改革，在大学中确立了现代学术，出现了古典学术与现代学术并存的局面。[61]而现代学术的组织制度（包括学部、学系等）在牛桥的设立则是在 20 世纪初期，而直到 20 世纪 40 年代之后，牛桥才产生了成体系的现代学术组织制度。例如剑桥大学 1919 年才设立博士学位，而 1926 年的《剑桥大学校规》中，学系这种组织制度才被剑桥大学官方承认。现代学术制度出现之后，牛桥也形成了学院和大学的双层结构。在牛津大学，学院是传统的英国博雅教育组织，大学则由人文学科、社会科学、自然科学和医学四大学术部门（division）组成，每个学术部门中都围绕专门学科和领域设立若干学系（academic department）、学部（faculty）或专业学院（school）。学院是学生共同生活与道德教育的场所，主要功能是博雅教育，其核心制度是"导师制"；而大学负责统一考试与学位授予，大学各个学部、学系和学院负责提供通识课程和各学科与专业的教学和学术研究，也就是说，大学的主要功能是专业教育和学术研究。不过与美国文理学院的不同是，在大多数的人文学部，学院是支配性的合作者，相比于自然科学学者，学院对人文和社科类的学者具有更强大的向心力；而在大多数自然科学系部，大学教学占据主导地位，学院的色彩要稍淡一些。牛桥师生既是大学和专门化学术机构的成员，又是学院的成员。正如英国社会学家麦克法兰指出的，每一位教师或学生，都有两个独立又交叉的空间、两套支持体系、两个平行的学术和社交世界。[62]和美国文理学院一样，学者也同时具有两种身份，即学院院士（fellow）和大学学部（university faculty）的成员。[63]作为学院的成员，学者经由导师制对学生进行

---

61 Duke，A．Importing Oxbridge: English Residential Colleges and American Universities[M]．New Heaven:Yale University Press，1996：21.

62 麦克法兰. 启蒙之所，智识之源：一位剑桥教授看剑桥[M]. 管可秾，译. 北京：商务印书馆，2011.

63 Tapper，T&Palfreyman，D．Understanding Collegiality: The Changing Oxbridge Model[J]．Tertiary Education & Management，2002（8）：47-63.

博雅教育，通过一对一或一对二的辅导与监督，训练学生的心智能力，通过师生亲密关系、言传身教塑造学生的道德人格；而作为大学的成员，学者是基础理论学科的专业研究者。对于这种结构及其理念，当代研究英国博雅教育的著名历史学家罗斯布莱特有精辟的论述，他以剑桥大学为例，指出："剑桥过去是、而且现在仍然是一所具有双重教学结构的学院式大学。剑桥的教育既是大学的，又是学院的。前者以专业教育为目标，后者关注品格塑造。同一批学者要承担两类教学。"……"学者们认为，理想的教育是两者的融合，专业知识和健全人格是专业人士的特质。剑桥所培养的领袖必须接受双重教育：大学教育使其成为优秀的职业从业者，学院教育使其具备博雅的文化和优雅的社交才能。"[64]因此，牛桥的组织制度中也内涵一个矩阵结构，它与美国文理学院具有一致的内在逻辑。

总而言之，美国文理学院、牛桥学院的变革较之欧陆体系，其重要特征包括：第一，不但存在特定的教育理念与组织目标，而且建立了相应的组织制度与结构予以支持与保障。美国文理学院变革的过程充分说明了一这点，它通过组织结构的设计，保留了传统博雅教育的功能，并很好地处理了功能要素之间的冲突关系；第二，经由变革，哈佛、耶鲁等美国大学重新定义了现代研究型大学，它不仅仅是所谓多科性大学，不是所有学科或领域的简单集合，它是基于知识性质与功能演变的逻辑、博雅教育与专业教育之间关系的深刻认识，经由独特的制度选择与组织建构而形成的大学类型与制度。

---

64 Rothblatt，S. The Revolution of the Dons:Cambridge and Society in Victorian England[M]. CUP Archive，1981：257.

7、结 论

7.1 研究的过程与结论

在西方高等教育历史中，艺学院、哲学院和文理学院代表了不同历史阶段在不同国家建立的以博雅教育为宗旨的学院组织。研究学院组织的历史变迁发现，伴随着知识的性质、功能，及相应教育理念的变化，教育组织制度也在变化。因此，理念的变革与组织制度的变革互为表里，理念的创新必须落实到组织制度的创新上，即所谓"皮之不存，毛将焉附"。与传统的比较历史制度分析不同，本书更关注组织的内部要素。组织内部多种功能要素的冲突、协调与重组存在多种方式与可能性，因而组织变革也存在多种结果。在西方高等教育的传统中，以培养人的心智与品格为目的博雅教育，和以培养行业从业者和专业研究者的职业能力为导向的专业教育构成了一对基本矛盾。随着学术知识功用性的日益突出，专业教育的地位也日益突出。如何在组织制度上处理好这一矛盾关系，构成了欧洲大陆与美国两种的不同的国家高等教育体系。

在此基础上，本书的分析过程与解释逻辑可以概括如下：

第一，知识性质的变化是欧美大学博雅教育组织所面对的共同因素，即三类学院都要对传统博雅教育和现代专业教育的矛盾与冲突在理念和制度层面做出回应。这是艺学院、哲学院和文理学院变革的一般因素。

第二，学院变革的不同路径与结果则是由知识功能认知与组织制度设计上的差异导致的。

首先，在对知识（组织）功能的认知与排序上，法国高等教育体系以职业性专业教育为主，学术性专业教育其次，而传统的博雅教育则受到理念和制度上的双重涤荡；德国柏林大学等校的哲学院则逐渐形成了以学术性专业教育和学术研究为主、博雅教育地位逐渐下降、职业性的专业教育另立为独立体系的功能排序；而美国的哈佛大学等研究型大学始终以博雅教育为核心理念与功能，其次是学术性专业教育与职业性专业教育。

相应地，在组织设计上，法国摧毁了传统博雅教育，建立高等专科学院，取消了艺学院。革命后的法国试图恢复博雅教育的理念与建制，重建巴黎大学的艺学院，但由于没有进行相应的组织制度设计，导致艺学院的恢复只是名义上的；德国的柏林大学等校逐渐确立学术性专业教育的主体地位，建立了适合于专业化的学术研究的组织，取代了哲学院。哲学院变革过程中，受传统教育观念的影响，科学家们依然秉持博雅教育理念，希望建立以博雅教育为基础的学术性专业教育体系，但是他们也没有在制度层面合理处理两者矛盾，其观念没有组织保障，所以哲学院也逐渐消亡。而美国的哈佛等校，不但始终以博雅教育为大学的核心理念与功能，而且在制度层面很好地处理了博雅教育与专业教育的矛盾，重塑组织制度，形成了新的文理学院，最终创造性的转化并保留了传统。（见表7-1）

表7-1　文章的分析框架和解释逻辑

		法国	德国	美国
变革的一般因素		学术知识性质改变，博雅教育与现代专业教育矛盾的形成		
变革的差异因素	学术知识功能排序	A.培养职业从业者 B 培养学术研究者 C 博雅教育	A 培养学术研究者 B 博雅教育 C 培养职业从业者	A 博雅教育 B 专业教育
	学院组织制度设计	新旧对立，摧毁博雅教育理念与制度。	新旧交替，博雅教育理念的延续没有获得组织制度上的保障	创造新转化，博雅教育理念延续，并对组织进行创造性重塑，使博雅教育获得制度保障
变革的不同结果		建立高等专科学院体系，形成线性单层结构，取消了艺学院	建立专门化的研究组织，形成单层线性结构，取消了哲学院	建立"college+ school"的双层矩阵结构，形成新的文理学院

综上，经由"知识性质-知识功能-组织制度"这一分析框架与论证过程，本书系统解释了"源于欧洲的博雅教育组织制度为什么在欧洲趋于消亡但却被美国保存下来"的研究问题，而研究过程也发掘了下述的新观点与启示。

7.2　研究的贡献与启示

7.2.1　对组织研究与制度分析的贡献

学术转型时期，对旧制度进行创造性转化是高等教育变革的重要方面。对学院组织制度变革的国际比较分析表明，新的高等教育体系甚至世界高等教育中心的形成，往往与学术变革乃至转型密切相关。在转型时期，如何对构成要素进行重新组合、对旧的组织制度进行创造性转化，使之适应新学术发展的要求，是高等教育组织变革的重要特征。本书的比较分析呈现了组织制度变革的多种过程与结果，从中会发现，新旧要素的交互、过渡与重组存在多种类型。可见组织制度变迁，特别是渐进演化的过程与结果，包含多种可能性。也正是基于此，本书特别强调学院组织变迁的内部因素。这都契合了近些年西方组织研究与制度分析的最新学术取向与研究成果。而且，对于这一新的学术取向与视角而言，学院组织变革也是一个尚佳的研究对象和案例体系。在此，我们借用美国比较政治经济学者凯瑟琳·茜伦（Kathleen Thelen）等人的成果进行总结分析。

德国比较政治经济学家沃尔夫冈·斯特里克（Wolfgang Streeck）和凯瑟琳·茜伦从总体上提出了制度变迁的四种理想类型（见表 7-1）。

表 7-2　制度变迁类型：过程与结果

变迁过程	变迁结果	
	连续性	间断性
渐进变迁	基于适应的再生产	渐进转型
激进变迁	生存与回归	解体与替换

资料来源：Streeck，W&Thelen，K . Beyond Continuity：Institutional Change in Advanced Political Economies［M］. Oxford:Oxford University Press，2005：9 .

由上图，艺学院属于典型的激进式间断性的组织变革。根据第一章第五节的论述，这种制度变迁类型一般是传统的比较历史（制度）分析的研究对象，它强调外部的结构性因素对制度变迁的决定性作用。然而，在这一激进的断裂式过程中，本书的分析亦呈现了艺学院变革的内在因素：艺学院内部几乎完全不存在现代学术的要素，包括现代学术的内容与组织制度，这为外部政治权力对其进行断裂性的改革创造了内部条件。这因应了格雷夫所言的整体变化（comprehensive change）的可能性，他认为，在过去的制度完全失败的情况下，有目的的、彻底的制度更替就成为可能。

而凯瑟琳·茜伦和她的另外一位合作者詹姆斯·马哈尼（James Mahoney）则在后续的研究中进一步提炼了渐进制度变迁的四种理想类型，即替换（displacement）、叠置（layering）、偏移（drift）和转换（conversation）。[1]这四类方式揭示了要素的排列组合方式不同所导致的制度渐进变迁的过程与结果的不同，可以用这四种类型来描述与总结学院组织制度变迁的基本过程。而博雅教育的学院组织变革也是一个极佳的案例，因为马哈尼和茜伦的这四种理想类型，是根据若干学者们基于不同的研究对象和案例所做出的众多研究而提炼的；而本书的研究对象，即学院组织，于一个大体对等的历史时间段（19 世纪），在西方主要国家发生了普遍的变革，这十分有利于我们考察与对比不同的矛盾处理方式与要素组合方式对组织变革过程与结果的不同影响。最终也发现，学院的变革几乎涵盖了所有主要的演变类型。

所谓"偏移"是指制度没有适应环境的变化，因而旧的制度无法履行新的功能，导致制度的无效。重建之后的巴黎大学属于这种情况。19 世纪后期法国政府虽然以所谓"文理学院"的形式恢复了巴黎大学的艺学院结构（"艺学院+专业学院"的双层结构），试图重新赋予其博雅教育的传统功能，但是这种旧结构没有根据博雅教育和专业教育这一新矛盾进行调整和重塑，因为无法在新环境中实现新功能。

而"转换"是指组织在演变的过程中，逐渐形成了与原初目标与功能相异甚至截然相反的结果，导致旧制度履行新功能的情形；所谓"替换"，是指制度由复合要素构成，且在特定时期，旧的制度被新的制度所替代的现象。这是由于既有制度形态出现局限性，被压制的要素被激活并占据了主导地位，从而导致组织制度的变革。德国哲学院演变的过程先后经历了这两个过

---

1 Mahoney, J&Thelen, K. Explaining Institutional Change：Ambiguity, Agency, and Power. Cambridge：Cambridge University Press，2009：15-18.

程。19 世纪柏林大学建校之后，哲学院虽然由古典学术主导，但组织中一直存在现代学术的因素，当现代学术在哲学院中完全确立之后，哲学院的主要功能就由古典博雅教育逐渐转换为现代学术的专门化研究，原先的古典学术组织履行现代学术研究的新功能；而在哲学院变革的后期，现代学术占据了主导地位，既有的哲学院的组织结构无法容纳新功能以相应的新结构，最终导致哲学院逐渐消亡，被新的专业化的学术组织所替换。

而"叠置"是指在旧的组织制度中引入一些新的制度要素，并对既有制度进行修改（amendment），其特点是差别化发展（different growth）：第一，新的因素不会对旧制度构成根本威胁，因此不会引起旧制度的强烈抵制；第二，新旧要素毕竟存在差异，因此需要相互协调甚至融合，最终逐渐导致制度形态发生根本变化。美国文理学院（以及英国牛津大学和剑桥大学）的演变反应了"叠置"的变革过程。专门化的研究观念的引入，并没有与传统的博雅教育功能形成根本对立，并取消后者的组织制度。哥伦比亚等大学最初建立了博雅教育和研究生教育的双层结构，而哈佛、耶鲁等传统的文理学院则形成了能够协调博雅教育（通识教育）与专业教育之间关系的组织结构。

总之，本书通过学院组织变革的比较分析，呈现了学院组织不同的变革结果源于对组织功能要素和制度要素不同的处理方式。特别是现代研究型大学具有多重组织目标和职能，所以包含多种功能要素和制度要素，以不同的方式对这些要素进行排列、组合，会形成完全不同的组织制度。对这些功能与矛盾做出合理的安排是高等学校和国家高等教育体系面临的重大挑战，由此可见高等教育组织建构的重要性。这也印证了西方组织理论研究的基本趋势与近期焦点，即 20 世纪中叶社会学领域兴起的组织理论研究，令人惊讶地将观察对象集中到教育组织特别是高等教育组织上。迈克尔·巴斯蒂度甚至不无夸张地指出，现代组织理论建立在研究学院和大学的基础上。[2] 个中缘由，正是由于传统的组织理论，如韦伯的科层制，无法很好地解释大学组织中的现象与问题。作为一类包含了一系列既相互冲突又彼此不可分割的功能与矛盾关系的组织，现代大学是一种复杂的矛盾体。研究这一复杂的组织对象，为学界提出新观点和建构新理论，提供了更加广阔的可能性。

---

2 Bastedo，Macheal N. The organization of Higher education：Managing Colleges for a New Era[M]. Baltimore：The Johns Hopkins University press，2012：3.

7.2.2 对西方高等教育体系的新认识

在组织结构上对高等教育基本矛盾关系的不同处理方式，最终形成了美国和欧陆两种不同的国家高等教育体系。

欧陆大学根据知识性质和组织功能的不同，分别设置相应的高等学校，形成了学术型和应用型的双元结构。欧陆体系在组织结构上的一般特征是单层的线性组织模式，大学包含一系列自治的学系或专业学院，它们是围绕专门化的学科、领域或职业而建立的，形成了一个个独立的矩形结构，整个大学被看作是独立院系的集合体。[3]从本书的视角看，线性组织模式的核心特征就是从组织上割裂了博雅教育与专业教育这组矛盾之间的内在联系，使博雅教育的元素要么散布于专业化学术组织的课程体系之中，作为专业课程的预备性基础课程；要么以院系（甚至大学）的形式单独建制，它与面向职业的专业学院并立于组织中，其核心功能和理念不再是博雅教育，而主要以职业为中心，如培养文理学科研究者、中小学教师或相关的职业从业者和专家。

而美国，特别是其研究型大学，通过对文理学院内部组织结构的改造，以及在文理学院之外设置专业学院，形成了具有两层次的新式"college + school"组织结构，从而既保持了矛盾之间相互联系的一面，又相对缓解了矛盾之间冲突的一面。文理学院内部，是一个双层矩阵结构，通过这种结构，它兼顾了博雅教育和学术研究两种功能、学院与研究生院两种制度逻辑；而从整个大学组织看，也是一个文理学院加专业学院的架构，其人才培养理念与逻辑与古老的巴黎大学一以贯之，只有在文理学院中经历博雅教育的心智规训和品格塑造，才能进入专业学院接受职业技能训练。显然，美国大学的组织安排更具合理性。这或许也可以从组织内部解释美国继德国之后能够成为新的世界高等教育中心的原因。

另外，从艺学院到哲学院、再到文理学院的历史演变也表明，以理论学科为核心的博雅教育观念是研究型大学的基因。在不同的历史时期，这三类学院都是大学组织的核心机构。特别是美国现代研究型大学的文理学院，不管是博雅教育，还是各学系的学术研究与专业研究人员培养，都是以理论学

---

3 维克（Karl E. Weick）对这种结构有经典的描述，即所谓"松散联合"（loosely-coupled）。参见 Weick, K E. Educational organizations as loosely coupled systems[J] Administrative science quarterly, 1976: 1-19 以及 Administering Education in Loosely Coupled Schools[J]. Phi Delta Kappan，1982：673-676.

科为核心。正如博克所言，在哈佛大学，文理学院是大学的中心。他认为，"在多种学术劳动中，学者主要关注某种特定的探究价值，这种价值表现为抽象的、理论的以及以研究本身为旨趣"。他甚至进一步指出，即便是文理学院之外的专业学院，也具有非常强烈的理论导向："（医学院）分离一个基因比发现一个更有效的麻醉剂更重要；（法学院）提出一个新的分析正义的理论框架比提出一个以减少法律纠纷的建议更有价值；（商学院）提出一个解释19世纪企业增长的新理论比提出一个与日本有效竞争的方案更有意义"。[4]由此可见，美国研究型大学通过对组织制度的设计、修改或重组，逐渐演化出一个围绕基础理论学科，进行博雅教育和专业教育的良好学术生态。

7.2.3　对中国大学通识教育改革的启示

现实问题在一定程度上就是历史问题，探究历史是为了更好的检视当下。正如导论中指出的，文章的问题意识源于对中国高等教育的现实关怀，最终也要回归中国的现实问题。本书认为，中国通识教育改革的背后，实际就是丢失了学院组织传统的欧陆大学如何重建博雅教育（通识教育）体系与制度的问题。

建国以来，中国仿照苏联模式重构了高等教育体系，在结构上属于欧陆大学体系。由上文分析可知，欧陆体系的先天困境是：不存在通识教育的独立建制，且其线性组织模式从组织制度上割裂了通识教育与专业教育之间的联系，强化了两者的矛盾对立面。伯顿·克拉克对此有过准确的判断：欧陆大学由专门化的学院组成，它是一个不适于通识教育的制度设计，在这种结构中，通识教育的任何改革都十分困难，有时候甚至不可能。[5]在这一认知前提下，我们或可以重新审视中国通识教育改革的困境：本科生通识教育与学术研究和研究生培养之间、通识教育与职业教育之间、各个不同院系之间，都存在着矛盾与冲突，欧陆体系下的中国大学通识教育改革要在组织制度层面处理所有这些矛盾。

总体上看，中国研究型大学的通识教育改革经历了一个在认识和实践上逐渐深化的过程。通识教育的开展大体包含四种形式：第一种是通选课与文化素质教育讲座，它始于上世纪90年代末教育部文化素质教育课程的推行和国家大

---

4 参见 Bok, D. Higher Learning[M]. Cambridge: Harvard University Press, 1986: 76.

5 伯顿·克拉克. 高等教育系统——学术组织的跨国研究[M]. 王承绪，译. 杭州：杭州大学出版社，1991: 48.

学生文化素质教育基地的成立。这种形式中，通识教育是大学的边缘功能，对于学生而言，它仅仅是专业教育之外兴趣延伸和知识补充；第二种是通识教育核心课程，以清华大学为代表，它是为解决前一种形式中，通识教育被完全边缘化以及极度低效的问题，清华大学等校打造了一系列具有典范性的精品通识课程，并逐渐推广为部分院系的两年通识教育体系；第三种是实验性质的通识教育实验班，以北京航空航天大学为代表，这种形式是集中一批有志于通识教育的优秀学者开设通识课程，并在本科生中进一步遴选优秀学生进入实验班级，接受通识教育。这三种方式是在不对专业院系进行组织结构上的大规模调整与撤并，即不改变欧陆体系线性组织模式的前提下，进行的通识教育改革努力。特别是打造精品核心课程和通识教育实验班两种改革路径，是在实验中积累经验，稳步扩散，慢慢向西方文理学院的模式推进。而第四种方式，就是学习美国研究型大学，直接建立独立的通识教育学院，以中山大学的博雅学院（2009）、复旦大学的复旦学院（2005）、北京大学元培学院（2007）和浙江大学的本科生院（2008）为代表。博雅学院依然具有实验班性质，面向一小部分优秀的本科生，后三个学院则面向全体本科生。不同于前三种形式，建立专门的学院已经是在组织制度与结构层面上进行通识教育改革。

然而，由于中国研究型大学的通识教育学院普遍成立时间较短，还处在实验与探索的初期阶段，因而它们与美国研究型大学的文理学院还是存在根本上的差异。它无力打破院系分立的线性组织模式与格局，只是各专业学院之外成立专门的学院。在师资上仍需依靠各专业院系，对教师行为并无约束与规制能力，在薪资与职称晋升等事关教师切身利益的问题上更无话语权。这导致这类学院的成立依旧不能从制度上保证通识教育的系统性和高水准，通识课程的质量还是更多依赖于教师个体的职业素养和对通识教育理念的内心认同与热爱。因此，学院的单独建制虽然已经是在组织结构层面寻求变革与突破，但却与以往通识教育的"全校公选课"形式并无本质区别，其运行方式也没有得到根本的改变，很大程度上是一个扩大版的全校公选课，教学质量低下的所谓"水课"众多，变革组织结构的努力往往成为换汤不换药的形式效仿，而非有力推动通识教育的实质性改革。正如复旦学院兼职导师唐亚林教授对学院的分析："制度没有转为兼职导师的自觉行动，又缺少好的激励措施，最终只流于形式"。[6]这依然是欧陆线性组织结构所导致的通识教育资源与院系整合上的困境。

---

6 陈薇，邢荣. 复旦学院：迂回七年[J]. 中国新闻周刊，2012（44）：62.

7.3　研究的未来方向

第一，在研究方法上，本书的比较历史分析方法是宏观层面的研究，其优势是通过国际比较能够抽象出一般的因果机制，从整体上把握学院组织变革的内在基本逻辑。不过本书并没有关注单个具体的案例研究，而基于单个案例的研究的优势是，对某一现象和问题能够进行深入透彻的描述和挖掘。在组织制度上对中西具体案例进行深入的案例分析与质性研究，对改革具有重要意义。

第二，在研究视角上，传统的博雅教育研究集中于博雅教育理念阐释与核心课程研究两个方面，基本局限于 "博雅教育应该是什么"的规范性向度。这种认知方式在解释博雅教育和通识教育改革过程与困境时，一般将改革看作是一个封闭的系统，认为教育改革中出现的问题就是教育问题。当某种理想中或 "应该是"的教育理念和课程模式无法在大学中有效推行的时候，这种研究取向往往只能做 "通识教育不应该屈从于意识形态、政治议题和职业兴趣"的简单批判与无力呼吁。相关研究虽然能够使我们从教育学的视角对通识教育形成基本的认识，但无力深入解释通识教育改革的本质及其面临的问题。迈克尔·富兰认为研究教育改革需要两种理论，即 "教育理论"和 "变革（或行动）理论"。教育理论涉及教育的内容和方法以及教育的道德目标和知识；而变革理论关注的是教育改革得以实行的机制与措施。博雅教育是在大学这一组织中实施的，必须得到组织中机制和要素的支持。因此，本书正是将博雅教育看成是一种组织现象，跳出了传统的 "教育理论"视角的局限，从 "变革（行动）理论"的维度重新审视通识教育改革。不过根据研究组织理论的著名学者理查德·斯科特（W. Richard Scott）所建构的制度三要素分析框架——规制性、规范性、文化认知，本书更多聚焦于规制性因素，关注组织的正式结构与制度，并没有在规范性和文化认知层面对博雅教育组织变迁进行考察。虽然认为博雅教育必须有相应的组织结构变革，已经是在 "行动理论"的视域下检视与实践改革，但是其视野实际上仍然比较多地局限于技术层面，因而可能无法进一步呈现结构性变迁为何成效不大且难以推行的深层次原因。这就需要引入斯科特所提出的后两种制度要素作为认识方式和解释路径，这两种认知把博雅教育看作是组织的一项政治议程，并分别对应组织分析中新、旧制度主义的范式，它不仅可以深化对博雅教育的理解，而且能够进一步解释上述路径所不能解释的现象与问题。

实际上，正如导论部分已提及的，在西方学界特别是美国学者，已经开始从组织理论的视角研究美国博雅教育和通识教育改革的现实问题。近三十年中所形成的两种研究取向，主要对应上述规范性要素和文化认知要素：一种是从组织文化的视角分析通识教育改革，它关注大学内部的组织文化与组织领导对改革的影响；[7]一种是组织外部制度环境的视角，特别强调所谓"合法性机制"。[8]这两种研究取向的不同是：前者是组织行动者内心主观认同的价值，真正能够指导日常行为的所谓"使用中的价值"，而象征性符号并不一定是行动者的主观认同，它是主观意义被客观化为社会事实之后再加于行动者，人们承认约定俗成的既存事实，但可能并未在内心形成真正的理解和信奉。虽然这两种组织理论视角已经被西方学者用来分析美国的通识教育改革，但是它们在国内运用不多，因此，有必要进一步介绍和分析这两种路径是如何理解和阐释通识教育改革的，并试图整合这两种路径形成一个综合性的解释博雅教育和通识教育改革的组织理论与制度分析框架，为未来的研究提供视角支持与理论线索。

从文化认知要素看，美国文理学院神话的盛行与扩散和通识教育改革的全球浪潮，使通识教育改革逐渐成为一种象征性符号，这就是以组织分析中新制度主义的"合法性理论"来审视博雅教育。当相关话语反复出现并约定俗成了的时候，博雅教育所表达的主观内容就被客观化、符号化为社会事实，即被感知为客观、外在的意义与认知图式。因此，通识教育作为理念与制度被广为接受之后，就演变为客观的社会事实或者如迈耶和罗恩所说的"理性神话"，但博雅教育的理念并不一定为行动者在主观上接受。首先，观念一

---

7 参见 Newton，Robert R. Tensions and Models in General Education Planning[J]. The Journal of General Education，2002（3）：165-181. Dubrow，G. Collegiality and Culture: General Education Curriculum Reform at Western Protestant University[J]. The Journal of General Education，2004（2）：107-134. 和 Gano-Pillips，S et al. Rethinking the Role of Leadership in General Education[J]. The Journal of General Education，2011（2）：65-83. 以及 Brint，S et al. General Education Models: Continuity and Change in the U. S. Undergraduate Curriculum：1975-2000[J]. The Journal of Higher Education，2009（6）：605-642.

8 参见 Delucchi，M. Liberal Arts Colleges and the Myth of Uniqueness[J]. The Journal of Higher Education，1997（4）：414-426. 和 Delucchi，M. Staking a Claim: The Decoupling of Liberal Arts Mission Statements from Baccalaureate Degrees Awarded in Higher education[J]. Sociological Inquiry，2000（2）：157-171.

旦成为象征性符号或社会认知图式，就作为制度环境而成为合法性的源泉。在美国，博雅教育定义了文理学院和一流大学的社会认知图式，作为这类组织的合法性来源，是其社会"身份"与地位的象征。其次，符号化了的博雅教育以"模仿"为扩散机制，其他行动者自然而然对其进行采纳。

　　博雅教育作为符号的象征性力量在美国小型文理学院的变革上体现得淋漓尽致。一项关于美国 303 所声称以实行博雅教育为组织使命的文理学院的调查发现，有 68%的学校已经以提供劳动力市场所需技能的专业课程为主导（专业课程占60%以上）。文理学院中文理学科的招生比例呈下降趋势，传统的以文理学科为主的文理学院成为濒危物种。从通识教育到专业教育的转换是上个世纪八十年代以来这几百所文理学院的主导性政策，所谓小型文理学院几乎成了小型专业学院。这是由于这一阶段联邦政府降低资助使得财政上相对脆弱的学院不得不面向市场进行改革，大幅增加专业课程来吸引学生。然而，有趣的现象是：虽然专业课程已经在文理学院中占据主要地位，但这些学院依然声称自己以通识教育为主。原因就在于通识教育是美国文理学院百年来打造的一个象征符号或"理性神话"，这个神话被认为既凸显了文理学院的高贵身份，又定义了高等教育的本质，象征着文理学院的合法性地位，文理学院要在环境中立足就必须延续这个神话。然而由于生存需要学校又不得不多开设满足学生和市场需求的专业课程，这就出现了组织使命与技术性活动之间不一致的问题，组织采取的解决方法就是迈耶提出的"分离"（decoupling）策略。学院声称以博雅教育为宗旨来应付社会大众、学生和评估与咨询机构，而实际以专业教育为主。这表明虽然美国博雅教育的主要阵地文理学院已经受到市场经济和工具理性的巨大冲击，但是博雅教育作为符号象征依然是美国大学和学院基本的制度逻辑，这是美国乃至世界各大学进行博雅教育改革的合法性之基与动力之源。而有学者认为目前中国一流大学进行通识教育改革正是源于此种合法性的象征力量。在全球化的背景下，中国大学积极进行通识教育改革是出于建设世界一流大学的需要，因为"世界一流大学具有独立的文理学院对本科生进行博雅教育"已经被建构为客观的社会事实，中国大学不得不加以效仿。不管是通识教育的学院还是一张漂亮的核心课程计划都是极具象征意义的举措。

　　学者和改革者对于博雅教育作为象征性符号具有截然不同的两种态度。持消极态度的人认为象征性的改革湮没了真正的改革，只将其作为合法化工具，大学无意推进实质性变革，原本作为改革主体的教师不参与政策制定与实施过程，对博雅教育目标更是无法形成认同与共识，博雅教育理念无法成为支配教师实际行动的价值观念，改革不会有真正进展；而持积极态度的人认为即便改革在很多人看来一事无成，塑造博雅教育这一象征性符号本身是有意义的，虽然象征性成果并不能被看作是改革的真实成果。付出大量的时间与资源在博雅教育改革上，意味着组织发出了明确的改革信号：对于组织外部的行动者而言，大学所呈现于公众的改革魄力与自己国家一流大学的地位与身份相符，展现了自己为建设世界一流大学所做的努力，这对于大学存在的合法性且在以后获得更多的资源具有重要意义；而对于组织内部行动者而言，博雅教育改革极具象征意味地传递了一种严肃认真的态度，即学校对于本科生教育与课程改革尽心尽责。更重要的是，象征性改革为师生与管理者重新认知博雅教育，真正从内心认同博雅教育理念提供了可能性。

重视规范性要素的学者在研究博雅教育改革时一般强调组织文化对于改革的意义。组织文化与合法性的象征符号之间的区别是，前者是组织行动者内心主观认同的价值，真正能够指导日常行为的所谓"使用中的价值"，而象征性符号并不一定是行动者的主观认同，它是主观意义被客观化为社会事实之后再加于行动者，人们承认约定俗成的既存事实，但可能并未在内心形成真正的理解和信奉。因此，只有组织文化的变革才可能引发博雅教育课程改革和结构变革的实质性进展。根据学者沙因著名的组织文化模型，博雅教育的变革可以分为三个层次。最上面的是工具性层次，这一层次实际上包含了课程结构和组织结构，反映了组织的教育目标和如何通过制度支持实现这一目标，它们是结构性的且容易观察。中间层次涉及组织的文化信念和价值观，它是对什么是有教养的人、博雅教育的根本目标是什么等问题的界定，罗伯特·纽顿（Robert Newton）归结的博雅教育三种主要模式即巨作模式、学科模式和公民模式，正是位于这一层次。组织文化最核心的层次是深层核心假设，它是组织文化的哲学基础，最难以改变。巨作模式、学科模式和公民模式对应的深层核心假设分别是人文主义、实证主义和实用主义。组织变革相应的存在于三个层次中，第一个层次的改革聚焦于课程改革和组织结构的变革。它增加了组织的知识，但并不改变价值与信念。第二个层次的改革改变了思考的模式，重新检视价值观和信念从而重塑组织。第三个层次的改革，涉及组织成员如何认识自己和认识组织，它要求重构制度环境或创造新环境。第二和第三层次的变革是由于其触及组织核心，一旦改变，就是根本性的组织变革。只有发生在这两个层次的变革才是实质性。这就解释了美国一流大学中为什么会存在其他国家大学所不具备的独特矩阵结构的文理学院组织。从历史上看，正是因为在现代科学的实证主义和研究型大学理念的冲击下，古典博雅教育的深层核心假设与价值观念并未被动摇，所以研究型大学以专业院系为主体的线性组织结构没有摧毁传统文理学院，两者之间的协调外显于结构的演变与设置上，最终形成了一个在研究性大学中保障本科生博雅教育有效运行的组织结构。因此，组织文化的视角认为博雅教育改革的结果是由组织文化的基本结构决定的。将博雅教育改革固化为组织文化是大学能否进行实质性改革的关键因素。

鉴于变革组织文化的艰难，这一视角往往把希望寄托在强力的行动者即组织领导身上，认为如果没有强势的管理者和教师的领导，改革是不可能的。首先，领导者决定了大学进行博雅教育改革的意愿与程度。提尔尼著名的大学组织文化分析框架特别重视组织领导的作用，有香港学者对香港两所大学博雅教育改革的质性研究印证了提尔尼的观点，研究的重要结论是领导者对改革起决定作用，因为他们决定博雅教育基本理念、动员教师参与、增强教师对博雅教育意义的认知并使他们认识到自己对于改革的重要作用。而在格雷格·杜布罗（Greg Dubrow）的研究中，案例大学的改革委员会由于没有取得学校领导的大力支持，从而无法形成改革共识，导致最终耗费大量精力的博雅教育改革无法取得成效，证明了组织领导的重要性。由此可见，组织文化的视角认为组织领导可以通过凝聚行动者共识以使博雅教育真正为师生和行政官员所理解和认同，建立合作与信任，形成真正的组织文化，以此推动实质性的变革。第二，领导又决定了改革的愿景，即领导者的教育理念决定大学将持有何种博雅教育理念及相应的课程模式。在这一点上，组织文化的视角与合法性理论形成鲜明对立，后者并不认同领导者的决定作用，他们认为博雅教育所采取的不同改革路径与课程模式是由大学组织场域中象征性的分类图式决定的，即特定类型的高校会采取特定类型的教育理念和课程模式。以美国大学为例，巨作模式一般被源于殖民地学院的那些私立学院和大学所采纳，因为这些以培养政治与社会精英为己任的组织特别重视精英阶层的身份特质，这些特质必须经由经典巨作的西方文化熏陶和智识训练来塑造；而学科模式则往往出现在院系实力比较强大的州立大学，这些学校不存在殖民地学院的古典博雅教育传统，诞生于研究型大学崛起和发展的时代，以专业院系为主体，因此在博雅教育上常采用以各基础学科的概念和研究方法学习为主的学科模式。然而，史蒂夫·布林特（Steve Brint）等人通过基于大样本调查的实证研究做出了对于组织文化理论有利的结论。他们发现，只有在这些模式建立与扩散的初期，特定的模式才与特定类型的大学相对应，但此后这种联系逐渐减弱甚至消失。作者认为由于在松散控制的组织场域中不服从的成本很低，组织可以随意选择教育模式，这就留了给组织领导很大的选择空间。因此，不同的大学采用不同的模式，组织领导是重要的影响因素，改革实践根植于组织领导所持的价值信念。优秀的领导会在适当的时机将这些价值付诸实践，向组织成员灌输特定模式的价值观念，实现改革目标。

通过上述两种路径的比较发现，有的现象通过合法性理论可以得到很好的解释，而对于有些问题，组织文化视角似乎比合法性理论更具优势。然而，一个有效的理论应当是一个能解释更大变异的理论，换言之，如果已有的认知方式不能很好的解释差异，就需要综合检视各种分析路径，形成一个能够更好理解博雅教育改革这一复杂现象的分析框架。因此，我们最后尝试提出两个概念性框架来探索对博雅教育改革进行综合性分析的可能。所谓概念性框架是说这里的观点首先只是一个框架，存在通过经验研究来进一步修正、完善和改进的空间。同时，它又是概念性的，即它仅仅提供一组解释现象和认识问题的路径、框架和方法。第二，这两个概念框架，一个是综合上述分析路径，整合制度三要素理论所形成一个综合性分析框架；另外一个只选取组织分析中的制度理论这一理论视角，因为它是一个更具包容性和解释力的分析框架。通过建立这两个概念性框架来为后续研究提供理论实践与线索。

首先，如何整合三个要素来建立综合性的分析框架？经由上述论证已知，合法性理论与组织文化分析在解释不同问题上之所以各具优势，是因为两种路径在分析层次和视角上的不同。合法性理论属于新制度主义的核心理论，强调行动者的客观处境，它聚焦于整个组织场域，重视具有决定性力量的制度环境对组织的同构作用；而组织文化的视角是旧制度主义的研究取向，关注行动者持有的主观教育理念与价值观念，它聚焦于组织内部，强调组织中行动者特别是组织领导的观念的作用。但是，行动者主观的教育理想和改革愿景是受到约束的，也就是说这里存在一个改革的策略空间问题。在高度去集权化和松散控制的场域里，制度环境中的合法性来源与社会认知图式并非单一，因而组织领导者的理念与才能具有相对较大的施展空间，上述史蒂文·布林特实证研究的发现就适用于这种情况；反之，领导者就不得不在制度环境与自己的改革理念之间做出妥协，因应环境进行调整，在制度约束与组织变革之间取得平衡。实际上，在全球化背景下，制度环境的变化已经为改革者提供了不小的策略空间。以往，中国大学的制度环境中只有一种认知图式占据支配地位，即大学以专业教育为主。但是美国一流大学和精英文理学院所塑造的博雅教育神话的全球扩散以及博雅教育改革的全球浪潮，使得现代大学的专业教育理念无法独占合法性来源，对博雅教育的社会认同已经逐渐成为制度环境的一部分，这就为大学的身份重塑从而变革组织文化的深层核心假设提供了空间。改革的领袖与精英们可以以此为契机，通过理念的灌输和改革的实际努力，使已经作为社会认知图式的博雅教育理念逐渐为组织内教师和学生所真正认同与接收。在这里，我们把组织文化更多理解成组织的文化信念和价值观念以及支持这种价值观念的深层核心假设。由于课程结构与组织结构是我们判断大学的通识教育理念及相应的深层核心假设的观察入口或外显标识物，所以不将其看作组织文化本身。由此，综合组织的内外因素，可以形成制度环境-组织文化-组织结构三层次或三要素分析框架。制度环境是通识教育改革及相应组织变革的基础，是改革的合法性来源，它决定了改革的空间和方向。组织文化特别是深层核心假设是组织行动者真正从内心认同的价值，决定行动者的认知方式和行为模式。而深层核心假设又和制度环境密切相关，前者一般源于后者，但只有当制度环境中作为象征符号或认知图式的通识教育成为组织文化的深层核心为师生所真正信奉之时，通识教育改革才能取得实质性进展。其中，改革的重要行动者即领袖和精英起重要作用，其改革的努力既可以影响制度环境，将通识教育逐渐塑造为制度环境中具有象征性力量的认知图式，又可以改变组织文化，凝聚师生和管理者的改革共识。最终，组织文化的深层次变革将体现在组织的外显物即组织结构和课程结构上，它们的变革是博雅教育改革的最终结果。但在经验研究中，研究者可以由外显的组织结构和课程结构的变化为观察入口，进入制度环境和组织文化的深层次挖掘，从而对具体的案例形成综合性的完整分析与认知。

第二个分析框架则试图以新制度分析的文化认知要素入手，如果是第一个分析框架的优势在于综合性，有可能兼顾博雅教育改革的方方面面，那么这一分析框架则意图对改革的逻辑提供核心机制性的解释与认识，且能够使本研究获得实质性的推进。原因在于，本书更多将文理学院看作是一种组织，而未看作是一种制度。把文理学院看作一种组织，能够解释现代大学是如何通过组织结构变革或纳入或拒斥博雅教育和文理学院的。但其不足在于，它过于重视组织的正式结构，而无法面对组织正式结构的无效性问题，即不能很好地解释即便存在文理学院这样的实体，但博雅教育或通识教育依然难以有效实施这一现象。比如，本书在考察法国大学艺学院的变迁时就隐含这一个仍需进一步解释的问题，为什么重建之后的文理学院难以发挥改革者所欲想的博雅教育的职能？这实际是因为，博雅教育的存在形态，要与制度化的大学体系相契合。所谓制度化的大学体系，就是人们对大学的共同观念与文化认知，这种观念被建构为客观化的"理所当然"的社会事实，具有上文所言的"合法性"的意义。例如在英美的古典大学中，人们对大学的文化认知是由博雅教育所塑造的，博雅教育是古典大学的本质；而在欧陆体系中，现代大学是"理所当然"的进行专业教育的机构，专业教育是现代高等教育的本质，博雅教育是隐性的甚至是边缘性的存在。正是由于制度具有强大的合法性根基与文化认知土壤，所以博雅教育的存在形态必须与制度化的大学体系具有契合性，即后者是前者不可逃避的视域和框架，这就是为什么文理学院没有办法植入以专业院系为主体的大学体系，博雅教育要么在大学体系之外以精英高中教育的形式存在，要么在规模极小的顶尖高等专科学校中以理念和要素的形式隐性存在。而这一机制，实际对在二战后效仿美国进行通识教育改革、学习博雅教育的美国模式的国家，在改革中所遭遇的困境，具有很强的解释力。本书附录的两篇文章，第一篇是运用综合分析框架的思路来解释与通识教育密切相关的"以学生为中心"的本科教学改革的困境与出路，而第二篇是作者试图以第二个框架及其机制来分析中国研究型大学通识教育改革困境以及未来超越制度移植的可能性的尝试。但是，以上述两种分析框架来重构本书的研究问题和解释过程，则绝非一日之功。在这个意义上，本书既可以看作是对核心研究问题的告一段落，也可以看作是开启未来更具体系性的研究的起始。

后　记

　　为什么源自欧洲的博雅教育学院组织在欧洲基本消失却被美国系统保存下来？这个问题是我的老师余东升教授提出来的。它最初源于伯顿·克拉克的名著《高等教育系统》，他在论及欧美通识教育差异时指出，专业化学部组成的大学是并不适合推行通识教育的组织。历史上看，欧洲等地学术系统的专业学院被深深地制度化，对博雅教育的摒弃也在组织结构中被固定下来，因而博雅教育的任何改革都变得困难甚至不可能。而博雅教育在美国即使处于其最衰落的时期，也得到了两种关键组织强有力的保障，那就是大量四年制的小型私立文理学院和公立或私立综合性大学中核心的文理学院。一流的学者看似随意的一个命题，也能够为后生提供广阔的学术研究与探索空间。博雅教育、通识教育一直都是我关注的领域，但在整个阅读、思考和研究过程中我在研究视角、问题意识、思考路径和研究方法上却经历了前后非常大的转变。这个过程我把它概括为四个阶段，即对传统视角的沉迷、对现实改革的聚焦、对历史维度的回归以及对进入未来更深入研究的尝试。

　　第一个阶段是对传统视角的沉迷。我在进入博雅教育研究之前花了大量时间阅读了公民教育和政治哲学的相关著作，后来，我感觉从政治哲学的视角做公民教育研究，相对于哲学专业的研究者我并无任何优势，所以我转而关注与之相关的博雅教育研究。此时，我自然是从公民教育的视角切入，考察博雅教育，关注博雅教育的政治学与伦理学向度，强调其对公民参与和公民道德培育的意义。因此，这一阶段我对博雅教育的研究倾向于传统视角，即理念层面的探索。基于研究需要，我继续阅读政治哲学著作，但仍然发现由于未曾受过专门的政治哲学训练，驾驭如此艰深的思想命题还是显得力不从心，且这类命题在政治哲学领域已经得到深入分析与阐释，这极大削弱了我研究的意义，因此，我的研究逐渐陷入困惑与迷茫，一直无法取得突破性的进展。总体而言，这一阶段研究的意义是在理念与哲学史、思想史层面上对博雅教育这一繁杂的、充满争议的概念体系与思想阐释的历史有了一个大体的认知和梳理，明晰了博雅教育的基本概念及其演变的脉络与内在理路，至少为后来的研究打下了一定的基础。虽然在这个阶段我也因为参与组织理论与制度变迁相关课程，对组织研究产生一定的兴趣，但是并未将两者联系起来。

第二个阶段是对现实改革的聚焦。在一次闲聊中，余老师向我提出了博雅教育组织存与废的问题，我马上对这一问题此产生了浓厚的兴趣。第一，问题蕴含了创新意识，视角从对博雅教育理念的关注转向对博雅教育组织的关注，聚焦于理念与组织制度的关系，打开了新视野；第二，它将我以往两个主要的研究领域结合了起来，即博雅教育（通识教育）和组织理论。然而，正如另一位老师所言，提出这样一个问题是需要深厚的学术功力的。所以我也用了一段时间来消化它。在一次学术沙龙上，有一位教授认为我应该将这一问题单列一章，作为研究的背景，此后论文主体分析中国通识教育改革的现实问题，而这其实正是我最初的想法。我用了几乎半年的时间关注中国的通识教育改革，这段时间的研究我发现了两个重要问题：第一，与此直接相关的文献不多且未及预期，很多研究者并没有高等教育学或组织理论的专业背景，对改革分析还有较大延展与深入空间。于是我转而阅读了大量西方文献，看看能不能在思路和视角上找到突破口。我发现，美国学界从上个世纪八十年代以来就开始从组织理论的视角切入来研究和解释通识教育改革的困境；第二，解释当下的力不从心让我意识到，不回归西方博雅教育的历史，无法更好地理解与分析现实问题。

经常在各种场合听到这种质疑：以西方为对象的历史研究和国际比较研究，中国的研究水平肯定不如西方，那国内学者的外国研究有什么意义呢？现在来看，整个研究过程让我对这一质疑有了进一步思考。第一，中国学者虽然研究西方，但问题意识一定要是中国的，例如本书正是带着中国通识教育改革的问题意识进入西方历史比较研究的。带有中国问题意识的西方研究，当然是有意义的。第二，包括中国高等教育在内的各领域的改革实践，以及中国社会科学各领域的研究，都深受西方影响，我们甚至可以说，西方本身就是中国问题意识的一部分，如果割裂中西，那么对中国的认识也是残缺或表浅的。第三，经由国际比较分析和历史比较研究所提炼的机制，也可以用来考察与审视本土问题。例如，本书附录文章基于西方历史比较分析所提炼出的通识教育与制度化的大学体系的契合机制，同样可以用来解释中国的通识教育改革，欧陆大学改革所遭遇的问题与困境，几乎在中国研究型大学全都上演过。

第三个阶段就从现实进入了历史，回到开头提出的问题本身。相对于我之前的研究，断裂是大于延续的。延续性在于，先前的研究明晰了博雅教育的基本内涵及其理念历史演变的一般脉络；第二，对西方学者如何从组织理论的视角研究博雅教育和通识教育问题有了基本的了解，并从中获得诸多启发。断裂性在于，第一，从现实问题进入历史比较分析，需要从头开始阅读大量的外文历史文献，其中，关于德国哲学院历史演变的史料与论著十分庞杂且与国内的传统研究存在很大事实与观点上的差异，需要重新理清、叙述与解释。同时，也要进入一种全新的研究方法，即历史比较分析方法，这意味着我不仅要对史料进行梳理和整合，还要通过比较提炼出导致变革的核心因素。由于我并未接受过历史社会学的训练，学习历史比较方法是基于研究需要的临时抱佛脚，所以这本书只是对历史比较研究方法的一个非常初步的运用。实际上，教育研究领域甚至比较教育研究领域都基本没有注意到这一庞杂艰深的方法论体系，我直到去年底才在中国教育学术期刊上见到一篇介绍历史比较方法并倡导将这一方法引入比较教育研究领域的论文。当然，本书依据的主要文献是西方历史学家的著作，历史比较研究属于社会科学研究，如果说历史学研究特别注重一手资料，那么社会科学介入历史，并不必然追求一手资料，完全可以站在一流历史学家的肩膀上工作，社会科学家并不必须也没有办法既精通本学科的理论与方法，同时也精通历史学家的功夫与技艺。第二，从以往欧美高等教育组织研究特别注重的外部视角转向内部视角，分析组织内部因素对变革的影响。整个研究的过程更可以说是痛并快乐着：痛在于时间紧，压力大，面对庞杂的史料和对我而言全新的研究方法，经常有不知所措甚至压抑困顿之感；快乐在于我在从事着我无比感兴趣的工作，通过史料的一步步挖掘，获得发现的精细与抽丝剥茧的快感。且在写作期间，我将阵地转移到了余老师办公室斜对面的院校研究所的独立研究室，有问题可以随时和余老师交流讨论，每一次同他的交流、接受余老师的教诲都是愉悦和启迪的过程。这些过程都是亚里士多德和麦金泰尔所说的内在价值的实现——因为学术与知识本身而带来的愉悦感，自然是快乐的。

第四个阶段是对本书研究问题的后续补充、修正与深化阶段，部分成果反映在附录中，这一阶段是对本书提出问题的进一步探究和回答，也是整个研究的一部分。这一阶段我注意到了并开始思考上文已经指出的本书中所隐含的一个问题，就是为什么法国大学这样的欧陆大学体系无法恢复文理学院的结构？与这一问题密切相关的问题还有，深受欧陆体系影响的日本，在战后完全以美国模式重建高等教育，日本研究型大学普遍成立美式文理学院即教养学部，但为什么教养学部一直难以融入日本的大学体系，且在各大学获得广泛的办学自主权之后几乎被全面废除？为什么目前中国很多研究型大学都成立了独立的通识教育学院组织，但通识教育不管是在大学还是在政府公共政策中依然是比较尴尬、没有存在感的存在？我重新细致阅读了迈耶、罗恩、斯科特等组织社会学者的著作，并发现即便博雅教育和通识教育的推进已经反映在课程、教学乃至组织的方方面面，但其实只有制度的变迁（特别是在规范和文化认知两个层次上）才能反映变革的实质性推进。但制度变迁的困难在于，英美式的博雅教育模式与中国等以专业教育和专业院系为主体的大学体系存在严重龃龉，因此，通识教育只能以与制度化的大学体系相契合的方式进行推进，而很难另起炉灶。以博雅教育和通识教育的存在形态与制度化的大学体系的关系这一框架与机制，我对欧洲、美国与中国的博雅教育和通识教育变迁进行了一系列研究，并形成了一些成果，这些成果可以看作是一个新的系统性研究的开始。

最后，我要说说在余老师门下学习研究的那不到两年的短暂时光，与余老师相遇是我人生最大的幸运之一。他在学术与人生上对我的指导与示范，他的学术趣味、学术品位与学术品格都给我留下了深刻的影响。在学术趣味上，我的研究对象、问题与文献阅读的偏好与余老师相符，因此才会在他提出这个问题之后产生了浓厚的兴趣，这也使我们的交流比较顺畅，有时候有些观点或逻辑讲一半，就大体可以理解对方的意思。当然，学术趣味作为一种学术生活的状态，其中包含着若干微妙和难以言说的情绪和化学反应，这使讨论交流不仅流畅，且有亲近与愉快之感。学术品位是余老师一直强调的治学特质，不管在课程学习和论文写作中，他总能帮我们把握相关领域中最核心的文献，例如，他亲自翻译和带领我们精读斯科特关于组织理论的文献综述，向我们示范什么是优秀的文献综述；带领我们精读国内学界并未注意到的鲁道夫的《课程史》，让我们真正接触什么是相关领域中一流的研究。余老师常对初学者说，至少要对好的东西有感觉。感觉一词，看似感性，但实际上对学术积累与思考提出了很高的要求。在学术品格上，余老师苟苦而认真。他学术产量不多，但都是精品。例如他的《评估一流的本科教育：路径与价值》一文，在我和朋友们的讨论中经常被作为学术写作的典范提及，他对美国本科教育评估历史的理解深度、梳理的清晰和语言的精炼让我们佩服不已，七八千字的论文背后蕴含了余老师深厚的积累与学术功力。余老师不仅是我学术与道德品格上的榜样，他对研究的精益求精也将继续激励我在未来的学术道路上砥砺前行。

附录1、困境与出路："以学生为中心"的本科教学改革何以可能

摘要： "以学生为中心"的学习范式是本科教学改革的新范式。它与传授范式本质上是教育伦理观念的对立，而非认识论和心理学基础之别。这意味着两者不是范式转换而是范式共存的关系。因此，学校的系统性变革必须考虑传授范式下纲领性精英、公众情绪以及支持系统的可接受性，在改革实践中以自下而上的教学实验为突破口。教学实验不仅是人才培养方式的局部探索，更是一种改革策略，具有整体制度变迁的意义。

关键词： 本科教学；以学生为中心；范式转换；教学实验

近几十年来，美国高等教育领域一直坚持不懈地推动"以学生为中心"（student-centered learning 或 learning paradigm，简称"SCL"或"学习范式"）的本科教学改革，中国也刚刚起步。这项改革虽然在美国已经取得了初步进展，但是美国学者对改革现况的基本判断是：进行艰难而缓慢。他们对教学改革困境的解释存在一个共识性理由：虽然学界与改革者们已经普遍认同"以学生为中心"的教学与学习理念，但改革缺乏学校结构与系统层面的支持。以巴尔（Robert Barr）和塔格（John Tagg）为代表的美国学者将学习范式的改革看作是范式转换。它是基本哲学假设和基本教育理论的变革，以及由此引发的学校系统与制度的完全变革，巴尔和塔格在其影响广泛的论文

《从教到学的转变——本科教育新范式》中指出：过去十年来教学改革的失败源于改革者们没有认识到这是一场范式转换。[1]这一观点认识到教学理念和支持系统是"皮"与"毛"的关系，即所谓"皮之不存、毛将焉附"。新的教育理念与范式必须具有系统层面特别是学校结构的支持，否则无法取得实质性进展。[2]然而实践证明：问题并没有得到解决，塔格于15年后发表的文章仍然强调，改革依然局限在教学层面，由于得不到全校性支持，进展十分缓慢。[3]基于这一观点，有中国学者认为：在学习范式刚刚起步的时期，改革想要取得进展必须有系统的支持。有学者呼吁，改革"务必按照范式转变的要求，做好全面计划和安排，这一定是多快好省的方式"。[4]

西方学者关于教学改革困境的解释为我们理解与推行改革奠定了一定的认知基础，但他们却没有进一步回答，既然学习范式的出现已经意味着本科教学改革的范式转换，那为何系统与制度层面的变革如此举步维艰？这里涉及的核心议题是：如何分析与破解教学改革的困境、"以学生为中心"的本科教学改革何以可能？以下几个重要问题必须得到检视与思考：

第一，如果对学习范式是一种新范式的判断在中西学界并无争议，那紧接着必须思考：教学改革中是否存在范式的"转换"，即新范式的出现是否一定意味着旧范式即传授范式的消亡？

第二，相应的，系统变革是否可能？

第三，进一步的，系统变革如何可能？

这些问题既涉及理论澄清意义上的学理问题，又涉及改革实践与策略问题。正如教育学者富兰（Michael Fullan）指出的，研究教育教学改革需要两种理论，既需要教育理论，又需要行动理论或者变革理论。[5]前一个问题对应教育理论，后两个问题对应行动理论，而前者是后者的基础。

---

1 Barr. B&Tagg, J. From Teaching to Learning: A New Paradigm for Undergraduate Education [J]. Change: The Magazine of Higher Learning, 1995（6）: 12-26.

2 余东升，崔乃文. 自由教育：学院组织的历史考察[J] 高等教育研究, 2014（10）: 101.

3 Tagg, J. The Learning-Paradigm Campus: From Single-loop to Double-Loop Learning [J]. New Directions for Teaching and Learning, 2010（123）: 51-61.

4 赵炬明. 论新三中心：概念与历史——美国 SC 本科教学改革研究之一 [J] 高等工程教育研究, 2016（3）: 53

5 Fullan, M. Change Forces with a Vengeance [M] New York: Routledge, 2003: 21.

一、学习范式的出现意味着范式"转换"吗？

如果新旧范式是如巴尔和塔格所言的"转换"与"替代"关系，那毫无疑问学校结构与系统必须进行根本性的重大变革，这既是必要的，也是必须的。

然而，新范式的出现是否意味着旧范式的重大局限乃至消亡？在自然科学领域，这一判断无疑是成立的。根据库恩（Thomas Samuel Kuhn）的界定，所谓"范式转换"，就是一些会导致新的认知、理论和科学方法出现的根本性观念的改变。在自然科学中，新的范式出现，旧范式要么马上失去价值，例如，光的波粒二象性永远淘汰了以太理论，要么被严格清晰地锁定在一定的应用范围内，例如，相对论的出现锁定了牛顿力学的应用范围。因此，新旧科学范式更替是一个不可逆的过程。然而，这一过程是否适合包括教育学科在内的社会科学？正如赵鼎新指出的，"社会科学范式的背后不仅仅是一些客观事实，而且是具有不同意识形态的人看问题的方法，并且每一看法都是误区和事实的混合，非常复杂。"他进一步指出：一旦一种观念在社会上或者在学术圈盛行时，它都会引发两个导致事物走向反面的机制。第一，在社会上，一种观念一旦在社会上取得优势，无论是真诚信徒还是机会主义份子都会不遗余力地把这一观念在思想和实践层面做大。其结果就是不断显露和放大这一观念的误区，所带来的负面后果反而"证明"了其他观念的"正确"。第二，在学术圈内，某一观念一旦占领了学术市场，无论是它的真诚信徒还是跟风者都会不遗余力地把围绕这一观念的研究做到极致，学术与经验事实的关系越来越不切合。这两个特性决定了社会科学的发展路径是"多元范式下主流范式的交替"。[6]因此，社会科学中对新旧范式关系的考察必须十分审慎，其中的认知谬误可能导致理论与实践上的双重误区。

具体到学习范式的改革中，根据赵炬明的论述，西方学者主张范式转换的根本理由是本科教学与学习的理论基础发生重大变革，即出现了认识论转向和学习心理学转向。[7]就前者而言，传授范式的认识论基础，实证主义业已失败；就后者而言，建构主义、人本主义等理论在学习心理学中已经占据了主导地位。认知与学习方式的转换，意味着本科教育也必须进行重大变革。

6 赵鼎新. 社会科学研究的困境：从与自然科学的区别谈起［J］. 社会学评论，2015（4）.

7 阙祥才. 实证主义研究方法的历史转变［J］. 求索，2016（4）：76.

然而，虽然哲学认识论与学习心理学是教学理论与教学改革的重要基础，但是科学理论的革新是否一定意味着范式转换意义的教学革命？

首先，哲学认识论和学习心理学本身是否存在理论"转向"乃至范式革命？实证主义失败了吗？建构主义心理学以及相应的教学理论、学习理论已经成为广为接受的主流范式了吗？就前者而言，断言实证主义失败或破产只是西方科学社会学、科学哲学中的一个流派，即以布鲁尔、巴恩斯等人为代表的科学知识社会学（SSK）或称为"爱丁堡学派"。这一学派的观点本身在科学社会学领域就存在巨大争议，最多也只是众多理论流派的一种。而且，实证主义自身也在不断发展变化，20世纪70年代以来，后实证主义、新功能主义者亚历山大（Jeffery C. Alexander）等人对实证主义进行了改造。这些理论修正与改造使实证主义在"延续自然主义和经验主义内涵，突显其规范性、精确性和客观性的同时，在研究对象上由侧重客观性逐步走向客观性与主观性融合"，"汲取和融合某些人文主义的有效研究方法和价值观念，弱化科学主义的规范理性，形成一个开放的科学价值系统，便成为可供选择的一条合法途径"。也就是说，学术知识的实证和数理基础与人文意义的阐释学和质性方法是共存乃至融合的关系，而非此消彼长关系。只要实证主义依然存在与发展，建立在实证主义之上的知识观念与学习模式就不会走向终结。

就后者而言，人本主义、建构主义心理学不管在理论上还是在实践上，都是学习范式强有力的支持者。然而，近十年来，建构主义学习理论遭受挑战，其中，引爆论战的导火索式的研究出自柯施纳（Paul A. Kirschner）、斯威勒（John Sweller）和克拉克（Richard E. Clark）这三位分别来自于欧洲、澳洲和美国的心理学家，这篇论文有一个很长的题目："最少指导的教学为什么不管用：建构教学、发现教学、问题教学、体验教学和探究教学失败的原因分析"。需要指出的是，文章的研究对象是教学方法，而学习范式的支持者经常声称，将学习范式等同于某种教学方法是对它的误解，认为只要掌握学习范式的本质和原则，任何方法，只要能促进学生发展和学习，都属于学习范式下的教学。然而实际上，改革在实践中所推崇的主流教学方法就是该文中所列举的各种建构主义教学方法和教学创新，改革者们也以这一系列方法的是否实施来衡量学习范式的运用与普及情况。而且，正是由于教学法的大量创新，才会相应产生学校结构的系统支持与重大改革的呼吁。

从结论看，这篇文章同样运用了现代认识心理学和信息加工理论的研究成果，但却得出了建构主义心理学及其教学方法十分低效乃至面临分崩瓦解的观点。柯施纳等人认为，教学的目的是改变长时记忆，或保证长时记忆中存储和提取信息的效能，通往长时记忆的接口是容量有限的工作记忆。而学习范式所倡导的建构主义教学方法忽视了工作记忆容量的有限性，导致了学习者特别是新手过重的认知负荷，使他们纠缠于无尽的信息检索和试错中，学习成本很高但却无法有效处理信息。而传授范式所具有的学习示范效应和过程清单效应大大提高了学习效率。他们进一步指出，学习者只有接受了严格的学术训练，扎实掌握了若干基础知识和学习方法之后，建构主义的学习才有可能是有效的。[8]而这也解释了高校中的项目制教学或创新学院往往是对在校生进行二次选拔后实行的精英教育。柯施纳等人的论文引发了美国教育心理学界的地震，从学者间的激辩发展到全美教育研究会的年会大辩论（2007），最终形成了《建构主义教学：成功还是失败》的论文集。本文无意对论战双方孰是孰非进行论断，而只是藉此说明，建构主义心理学尚未革命成功，学习范式的心理科学理论基础并不存在一个范式转换的过程，也更无法成就学习范式对传统范式的取而代之。

第二，更重要的是，心理科学理论基础的变革是否直接具有教学改革的关节点意义，亦即，科学革新是否构成教学改革的根本理由。答案是否定的，这是由教育的性质决定的：教育教学不仅仅是一个为促进学习效率与教学水平的技术问题或学习心理学的科学问题，更是一个人文性的问题，最符合学习心理科学和脑科学的，最有利于提高学习效率的，未必就是最符合学生发展的，所以教学改革的理论基础与依据不仅仅是认知心理学或哲学认识论。而且，从上文可知，新旧范式的支持者都可以从现代认知心理学和脑科学汲取研究成果来支撑自己的主张。因此，新旧范式的根本区别，不是科学范式意义上的，而是人文和伦理意义上的。

传授范式的核心价值观与深层假设是工具价值与社会逻辑，这就对应了西方学界的一般观点，即传授范式源于工业化对效率的要求，社会需要高校

---

8 Kirschner, P. A&Sweller, J&Clark, R. E. Why Minimal Guidance During Instruction Does Not Work：An Analysis of the Failure of Constructivist，Discovery，Problem-based，Experiential，and Inquiry-based Teaching［J］. Educational Psychologist，2006（2）：75-86.

批量生产各个层次的人才与专业人员。[9]而学习范式的核心价值观与深层假设是内在价值（internal goods）与人本逻辑。伦理学家麦金泰尔（Alasdair C. MacIntyre）对此有深刻的阐释，所谓内在价值，就是通过实践所获得的对活动的内在兴趣与从事活动的幸福感。要达到内在价值，必须具备 "德性"（virtue）的特质。[10]在学习范式下，学生之所以从事学习不是因为学习有什么外在的工具价值，如取得文凭、找到好工作、获得财富等等，而是他真正热爱学习这件事情，学习让他具有乐趣和幸福感，这就是学习的内在价值。基于这一点，才能更好地理解学习范式中师生角色所发生的根本转变：教师从讲授者变成了教学环境设计者，这是因为，教师需要通过精心的教学设计与教育环境设计，来调动学生学习兴趣，使学生通过主动学习、自主建构知识的实践活动中，获得学习内在价值。而且，只有如此，学生才有可能形成学习的 "德性"，即诚实、坚强、刻苦、智慧等等。这是学习范式真正的人本目的与伦理意义。而正是由于伦理与价值的根本不同，才衍生出两类范式在任务与目标、教学结构、成功标准乃至学校结构等方面的重大差异（见表1）。

表1 新旧范式对比

	旧范式	新范式
价值观与深层核心假设	工具价值与社会逻辑：工业化对效率的要求，批量生产各个层次的人才与专业人员	内在价值与人本逻辑：教师通过精心的教学设计，想方设法调动学生学习兴趣，使学生主动学习、热爱学习，自主建构知识、获得人生内在价值：学习是幸福的
基本模式	传授模式	学习模式
科学理论基础（教育心理学、脑科学）	行为主义、信息加工理论	认知心理学的建构主义理论
教学方法	以传授、接受、背诵、练习为主	问题教学、项目教学、合作学习、探索发现等，以及传统课堂中的以学生为中心的成分

---

9 Baldwin，T. The Cambridge History of Philosophy：1870-1945［M］. Cambridge：Cambridge University Press，2003：11-26.

10 麦金泰尔，A. 追寻美德：伦理理论研究［M］宋继杰，译. 南京：译林出版社，2003：238-239.

教学目标	通过教师高质量的教学、专业化的课程向学生传授知识与技能	通过创造高质量的教学环境引导学生自主建构知识
教学结构	学习迁就时间、学习环境固定、传统课时、院系分立等	时间迁就学习、环境多样化、课时改革、跨院系等
师生角色	教师：讲授者 学生：接受者	教师：环境设计者 学生：主动学习者

而恰恰是依据这一认识，我们才可以有力地反驳上述柯施纳等人对建构主义的批判，即学习范式所关注的不仅仅是技术上的学习效率问题和工具价值，而是学生学习的内在价值。学习范式和建构主义所倡导的项目教学、问题教学、合作学习、自主探究等教学与学习方法，其根本的用意不仅在掌握知识的效率，更在于学生在探索、发现知识的实践中感受与体会学习的乐趣。这与传授范式下的教师中心与课堂灌输具有截然不同的伦理意义。因此，即便实验和实证研究业已证明传授范式在学习上是高效，这也无法构成否定学习范式的理由。

总之，新旧范式本质上是伦理观念之别，而非认识论与心理学基础之别。同时，这也意味着，传授范式不会消亡，因为只要教育教学的工具价值存在、只要还需要高效率地进行各个层次的人才生产，传授范式在高校就依然有深厚的根基和众多的支持者。因此，新旧范式不是替代与转换的关系，而是共存关系。认清这一点，对改革实践与策略都具有重要意义。

二、系统变革是否可能？

正是由于学习范式是一种新范式，才需要学校制度与系统变革来支撑与配合；也正是由于新旧范式在未来可见的很长时间内都处于共存状态，传授范式根基深厚，教学改革才需要审慎的策略。而这也意味着，"务必按照范式转变的要求，做好全面计划和安排，这一定是多快好省的方式"，是难以实现的。

晚近的西方制度分析学者用"框架化"（framing）这一概念来分析改革者为推动制度变迁与系统变革而做的策略和努力。[11]它来自心理学概念"框架

---

11 Campbell, J. L. Institutional Analysis and the Role of Ideas in Political Economy[J]. Theory and Society, 1998（3）: 377-409.

效应"，是指人们的思维会受到不同框架（如表达方式不同）的影响，从而做出不一样的选择。而制度分析中的"框架化"，正是指改革者通过某种策略使改革观念合法化的过程，即形成精英与公众的所接受与认可的价值观与程序，从而改变制度与系统。这里的合法化包括两种，改革精英内部合法化（这是制度变迁的主要动因）和学校场域中的合法化，即行动者们特别是一般师生的认同。而框架化（制度变迁）具有三重受约束条件，这些条件决定了系统变革的可能性，即纲领性精英（programmatic elites）层面的可接受性、公众情绪（public sentiments）层面的可接受性和即存学校系统的可接受性。所谓"纲领性精英"是指共享某种理念的精英集团，包括决策者、政策企业家、学术精英等。[12]所谓"公众情绪"是指一般师生、领导和家长的观念和认识，特别是他们关于大学教学与学习的认知图式。[13]其中，纲领性精英的认同与推动对教学改革具有决定性意义。

就纲领性精英层面的可接受性而言，第一，高校若干部分具有话语权的学术与教学精英开始接受"以学生为中心"的观念，但也有部分教授具有根深蒂固的传授范式的观念。笔者所调查的一所一流大学是国内最先从理念上倡导"以学生为中心"的高校之一，然而正是由于多位把持教学改革话语权的老教授的不认同，改革实践的推行十分缓慢。因此，新旧范式转换的学术术语不仅在学理层面值得商榷，在表述为改革话语之时更应十分慎重。理论上的二元对立，在改革实践中，有可能造成传授范式下的众多教师特别是精英情绪上的逆反乃至敌意。改革在话语策略上不能是二元对立的。第二，在各类高校中，研究型大学这类大学的组织身份决定了改革者和教师们的认知图式，即研究与教学的关系是主与次的关系，这就难以保证改革者和教师会有多少精力投入到教学改革与研究中来。这一点在学习范式在美国各类高校的普及情况得以清晰地呈现：专注本科教学的四年制小型精英文理学院普及率最高，达到 80%—100%；其次是教学型高校，普及率为 50%—70%；再次是博士学位授予型大学，为 50%左右；研究型大学最差，不到 50%。[14]由此可见，

12 Genieys, W&Smyrl, M. Elites, Ideas, and the Evolution of Public Policy [M]. Berlin：Springer，2008：169-189.

13 河连燮. 制度分析：理论与正义 [M]. 李秀峰，柴宝勇，译. 北京：中国人民大学出版社，2014：103.

14 Astin, A. A. Decade of Changes in Undergraduate Education：A National Study of System "transformation" [J] The Review of Higher Education, 2002（25）141-162

学校类型与组织身份几乎决定了改革的力度。而从这一角度对美国学习范式改革成果进行评估，我们也可以得出与巴尔等美国学者完全不同的结论：美国的学习范式改革是比较成功的。它在最应该实行改革之处，达到了基本普及（精英文理学院）；在管理结构、师资水平和学生素质等层面具有一定限制的高校中，达到了很高比重（教学型大学）；在一流研究型大学，占据了一席之地。这也说明了，改革实践受多重条件限制，不能以理想中的是否建立了系统的支持结构来衡量改革的成败。

就公众情绪层面的可接受性而言，在一般的大学师生中，传授范式依然具有根深蒂固的影响。在笔者所调查的国内率先进行实质性的学习范式教学实验的一所高校中，项目的领导者指出，参与改革的教师们缺乏对"以学生为中心"的基本理念的认知和领悟，而教学也是在传统教学模式指导下展开，传统观念很难改变，学校层面也没有很好的支持和整体设计方案。而这实际是源于一般师生对"教学"这个概念的认知图式，在他们的观念中，教学必须包括教师的教和学生的学，教师教给学生了，学生学会了，这个过程才是教学。而学习范式所倡导的若干教学图式与一般师生的教学图式是冲突的。

就支持系统的可接受性而言，有三类重大因素对改革影响甚笃。首先就是教师的水平与素质。学习范式下的教学看似要求学生自主提出、分析和解决问题，但它实际对教师的素质有相当高的要求。教师应该既是一个非常优秀的研究者，又是一个杰出的学习引导者。他需要系统掌握现代心理学和脑科学的基本理论体系，要有丰富的教学实践智慧积累、掌握诸多新技术与新方法、进行大学教学学术研究与反思，花心思精心设计教学环境，为学生主动学习服务。而教师水平的缺失，对于学习范式改革的消极影响非常大。教师素质不过关有两个可能的后果：第一，使学习范式的课堂教学创新沦为噱头。如教师水平无法胜任学习范式下的教学，教学过程有可能变味为各种花里胡哨的课堂游戏，这些互动与游戏是否激发学生兴趣本身值得商讨，它们究竟更具噱头意义还是真正能够促进学生发展，更是难以说清。第二，有可能趋向精英主义。实际上，传授范式不仅仅是基于工业社会的人才和工业生产效率考虑，还有一个重要的考虑就是民主平等，即通过平均水平的教学内容与教学进度，尽量让每个学生都能跟得上。而学习范式下可能存在的情境是，优秀的学生如鱼得水，后进学生毫无所得。由此引出第二个因素，即学习范式对学生的素质亦有要求，甚至很多改革的成功，根本上是因为学生素质很高，教学改革对于学生发展的作用并不清晰。例如，美国有的精英文理学院，学生可以自设专业，自定培养方案和课程计划，而这一培养方式只对优秀的学生而言才会游刃有余。[15]第三个因素就是现有的院系结构与管理结构对于改革的可承受性，如问题教学、项目教学需要整合分立的学院力量，形成跨学科性的组织。而这里需要特别注意的是，如果改革缺乏师生认同和合法性，制度与支持系统层面的重大变革也无法带来教学改革的范式转换。同样可以类比我国高校先于学习范式进行的另一项重大本科教学改革，即通识教育改革。国内某一流大学以极大的力度推进改革，他们建立了体系性的系统支持，即变革了大学组织，成立了专门的通识教育学院。然而由于缺乏师生认同，最初的通识课程几乎成了一个扩大版的全校公选课，比较容易通过、混学分的课程（即"水课"）被编成了顺口溜，在学生中流传。因此，近些年，该校在通过大刀阔斧的组织变革建立了通识教育的组织架构之后，开始关注核心问题，即如何避免"水课"，学校投入精力于核心课程的打造，塑造卓越的多门高质量课程，完善小班讨论和助教制度，通过扎扎实实的课程质量改革，逐步使师生认同发生根本改变。也就是说，这套组织结构最终发挥效用的前提，恰恰是通过后期切实抓教学改革实现的。而这也正是整个系统变革的可能切入点。

由此可见，系统变革是可能的，但是由于上述三重约束条件，变革的阻力也是巨大的，那么，改革到底如何可能呢？

三、系统变革如何可能

经由上文论述，自上而下的整体设计与系统变革，是不必要的，也是难以实现的。我们所倡导的改革策略是自下而上的教学实验，美国恰恰就是从教学改革与教学实验开始，取得了系统性的成就：从分散的院校层面的教学改革实验，到一个具有全国影响力的项目卡耐基教学基金促进会推动了全国性的教学改革与实验项目，最终推动系统支持层面的探索。

教学实验的优势在于两点：首先，学习范式的教学实验具有充分的策略空间或改革空间：政府和院校支持以学生为中心的本科教学改革，而这一理念在师生亦有一定的认同度。同时，院校具有充分的实验条件：当前具有教学改革话语权的部分学术精英开始倡导学习范式，在这一前提下，只要有认

---

15 雷洪德 小学院中的大教育——美国文理学院的办学特色分析［J］高等教育研究，2014（7）：99.

同学习范式与理念、并能够胜任学习范式下教学要求的高校教师存在，教学实验就可以展开。而且，通过教学实验，让师生切身感受学习范式的优势，通过这一范式体验到自己可以对学习产生浓厚的兴趣，享受学习的乐趣，真正热爱学习，并在某些领域真正体验到传统教学范式中存在的问题。第二，最关键的，从制度分析层面，教学实验不仅仅是教学方法和人才培养方式的改革实验。它更是一种改革策略，是框架化的过程，具有制度变迁的作用。根据组织社会学家斯科特（W. Richard Scott）的制度三要素理论，制度"包括为社会生活提供规定性和意义的规制性、规范性和文化-认知性要素以及相关的活动与资源。"[16]规制性要素是指显性的规则与结构，具有强制性作用；规范性要素是指社会期待与社会责任，是行动者主观上认同的文化与价值观念；而文化-认知要素是主观观念的客观化，它是一套被人们看作"理所当然"的共同信念与行动逻辑，在不知不觉中支配人的思维与行为。而教学实验能够从这三个层面推动学校整体制度与结构的变迁。

在规制性层面，教学实验首先有利于探索学习范式的师资培养制度。在教学实验中培养符合要求与水平的师资，特别是通过"助教制度"，在实践中手把手地培养下一代学习范式的教师。另外，通过教学实验也可以逐渐发掘适用于学习范式的学校组织结构，特别是不同类型的大学如何实行学习范式改革并建立相应的支持系统，例如，研究型大学和应用型大学学习范式的教学结构、学校结构与运行模式存在差异。

在规范性层面，教学实验能够推动学习范式的合法化，因为教学实验的意义不仅仅在于教学，更在于学习范式的教育观念与制度的阐述、传播与发展，从而成为主流教育观念与价值之一。甚至，如果将能够卓越地在学习范式下进行教学活动，塑造为教师职业生涯的荣耀，更能增加社会与师生对学习范式的价值认同。

在文化-认知层面，教学实验能够改变师生文化-认知图式。组织分析的制度学派认为，行动者的行动具有主观上的意义，当行动主体对行动的意图达成集体的理解时，行动会变成惯习，而惯习则是制度的基础。[17]因此，通过学

---

16 斯科特，W. R. 制度与组织［M］.姚伟，王黎芳，译. 北京：中国人民大学出版社，2010：59.

17 鲍威尔，W&迪马吉奥，P. 组织分析的新制度主义［M］上海：上海人民出版社，2008：160.

习范式下教学的示范和不断呈现，使师生不断重复、发展这些教学行为、习得学习范式的具体技能，从而逐渐形成学习范式的认知图式，逐渐使得学习范式成为师生观念中理所当然、习以为常的教学范式。

附录2、反思制度移植：中国研究型大学通识教育改革检视

摘要： 通识教育的改革路径必须与制度化的精英大学组织体系相契合，基于这一经由历史社会学考察所提炼的机制，对中国研究型大学通识教育改革进行总体检视发现：改革的共同想象与路径选择是由美国模式所塑造的：在课程与教学上形成以"经典文本教育"为核心的基本共识；在组织与制度上效仿美国研究型大学的文理学院模式，将打造通识教育学院和寄宿书院作为改革的基本路径。改革者意图在以专业院系为主体的制度化大学体系中，植入通识教育的美国模式，导致移植制度难以融入本土逻辑，这是改革困境的本质。在专业教育的框架内通过专业教育通识化来实现改革的理念与目标，以专业院系协调乃至整合文理学院与寄宿书院来构建三位一体局面，形成通识教育的中国模式。

关键词： 通识教育；经典文本教育；文理学院；寄宿书院

通识教育改革是中国研究型大学本科教育改革的重要举措之一，目前改革已经得到全面推进，涉及课程与教学、组织与制度等多个层面，但是其困境也是全方位的：通识课程被更多地理解为"全校公选课"的升级版本，依然是学生赖以"活下去"的"水课"大本营，[1]而若干改革者们大力推动并意图塑造为教改共识的"经典文本教育"更是难以获得广泛认同；学习美国一

---

1 刘云杉.自由选择与制度选拔:大众高等教育时代的精英培养——基于北京大学的个案研究[J].北京大学教育评论,2017(04):47-48.

流大学文理学院模式而专门成立的通识教育学院，不管是实验与精英性质的，还是全员纳入性质的，不仅无法影响以专业院系和专业教育为主体的大学体系的运行逻辑，且身份也十分尴尬；寄宿书院制则是对英美大学寄宿学院的效仿，[2]在以专业院系统筹学术与学生事务的中国大学体系中，它存在的合法性饱受质疑，有的学校甚至在多年艰辛的改革尝试后撤销了寄宿书院。这些困境与通识教育在公共政策中的地位相映成趣：研究型大学对于改革的推动虽然既有热情也有力度，但是通识教育"在公共政策领域只占有最为低微的地位"，"中国大学教改的一个显著特点是强调面向专门职业的教育"。[3]这一反差突显了教育改革必须面对的核心问题，即如何处理本科教学改革与制度化的大学体系的关系。这里的"制度化"概念是组织理论的制度学派意义上的，制度不仅表现为约束和规制行动的正式规则与组织结构，也不仅是人们所共享和认同的一套规范性的价值观念和社会期待，它更是"关于社会实在的性质的共同理解，以及构建意义的认知图式"。[4]而所谓制度化的大学体系，就是人们对大学的共同观念与文化认知，这种观念被建构为客观化的"理所当然"的社会事实。例如在英国的古典大学中，人们对大学的文化认知是由通识教育的古典形式即博雅教育所塑造的，博雅教育是古典大学的本质；而在欧陆以及深受欧陆影响的中国大学体系中，现代大学是"理所当然"的进行专业教育的机构，专业教育是现代高等教育的本质，通识教育处于边缘地位，是补充性角色，这也是为什么本科教学改革聚焦于专门职业教育。正是由于制度具有强大的合法性根基与文化认知土壤，所以制度化的大学体系构成了教育改革不可逃避的视域与框架，因此，通识教育与制度化的大学体系的关系是贯穿通识教育改革从课程与教学到组织与制度方方面

---

2 寄宿学院在美国高等教育的语境中属于更广义的博雅教育的范畴，博雅教育包括正式化的通识课程和非正式化的寄宿学院制，前者的主要目标是智识训练，后者主要承担课堂所不能完全达成的功能，即学生的社会化与品格养成。通识教育一般专指前者。而在中国语境中，通识教育和博雅教育并不做严格区分，通识课程建设和寄宿学院制改革都被看做通识教育改革的重要部分。例如，自 2005 年，复旦大学从寄宿书院和通识课程两方面推进通识教育改革。

3 周光礼.论高等教育的适切性——通识教育与专业教育的分歧与融合研究[J].高等工程教育研究，2015（02）：62.

4 理查德·斯科特. 制度与组织——思想观念与物质利益[M]. 姚伟，王黎芳译. 北京：中国人民大学出版社，2012:65.

面的主线逻辑。我们可以藉由这一线索以及由此建立的分析框架，对通识教育改革的各主要面向进行总体检视，来解释与认识改革困境的本质。具体而言，本文分析改革实践中密切相关、循序推进的三个问题：第一，通识教育改革与制度化的大学体系遵循何种关系逻辑？这一逻辑将经由比较历史分析提炼出来，并作为本文检视中国研究型大学通识教育改革的核心机制与分析框架。第二，中国研究型大学的通识教育深受美国大学影响，后者对前者的塑造表现在哪些方面？而移植制度与制度化的本土大学体系的龃龉导致了通识教育改革的何种困境？第三，如何超越制度移植，探寻通识教育的美国模式与本土逻辑之间的契合性，并进而形成通识教育的中国模式？

一、基于历史社会学的理论检视：通识教育与制度化的研究型大学体系

以欧美大学对本科生进行博雅教育或通识教育的文理学院为例，分析这一组织在西方高等教育史上的演变与迥异命运会发现，通识教育的存在形态与改革路径必须与制度化的大学体系相契合。文理学院源于巴黎大学的艺学院，在不同的高等教育体系中有不同的称谓。德国、法国和日本这三个典型欧陆大学体系的国家，曾经各有一次建构（或保留）大学文理学院的改革尝试，但都是由于与制度化的大学体系严重冲突，而最终走向失败。德国的努力是在19世纪中后期，这一时期德国大学的文理学院即"哲学院"虽然业已深受专业化研究组织的严重冲击，但并未瓦解。19世纪70年代，德国大学的改革者和科学家们对哲学院存废问题争论不休，虽然赫尔姆霍茨等人继续保留哲学院作为基础文理教育组织的观点占据上风，[5]但最终哲学院还是因为无法与专业院系相兼容而逐渐走向消亡。至20世纪初，德国各大学基本都取消了哲学院。[6]法国在大革命时期撤销了巴黎大学的文理学院即"艺学院"，拿破仑则在"帝国大学"的名义之下将法国大学分解为一个个相互独立的专业学部。至19世纪中后期，法国开始重建大学，其核心议题之一就是重建文理学院，由其承担基础文理教育的心智训练与品格塑造等功能。然而，重建后

---

5 Lilge, F. The Abuse of Learning: The Failure of the German University[M]. New York: The Macmillan Company, 1948: 64-65.

6 Ruegg, W. A History of the University in Europe, vol Ⅲ. Universities in the Nineteenth and Early Twentieth Centuries[M]. New York: Cambridge University Press, 2004: 455.

的文理学院无法与专业学部相兼容，最初只能作为中学考试管理的组织，与改革者的设想大相庭径。这表明即便建立文理学院这样的组织实体，也未必能够保证博雅教育、通识教育的有效实施，更无法证明通识教育推进的广度与深度，其原因就是文理学院难以融入制度化的大学体系，组织变革并未进一步演化为制度变迁。正是由于欧陆大学体系难以处理文理学院与专业院系之间的关系，因此，通识教育最终都是以高中教育的形式被置于精英大学体系之外，由文理中学（德国）和国立中学（法国）等精英高中特别是它们的大学"预科班"来承担，预科班在学习时段和学习内容上，相当于美国大学一二年级的通识教育阶段。最具启发意义的是近邻日本的通识教育改革史，日本建立通识课程体系、打造美式文理学院的努力贯穿20世纪中后期。二战之后日本高等教育的重建是由美国扶持与主导的，日本研究型大学在重建时期普遍成立了美式文理学院，即"教养学部"。但是90年代初"大纲化"改革赋予了国立大学充分的自主权之后，几乎所有国立大学都迅速撤销了文理学院，目前日本依然保有独立文理学院的只有东京大学。[7]

而美国一流大学之所以保有多元而成熟的通识课程体系和文理学院模式，有其独特的历史渊源、文化语境和制度环境。首先，在大学化时代，早期文理学院博雅课程（liberal arts）的核心是一套独特的道德哲学课程与观念，它所蕴含的经验主义与温和包容取向，缓和了现代专业教育和传统博雅教育的矛盾，是后者没有遭受如欧陆那样革命性的冲击；[8]第二，现代大学的缔造者和改革者们如艾略特、洛威尔等人认为，创建研究型大学不能完全移植欧陆模式，不能以专业教育和专业院系替代博雅教育和文理学院。他们通过精妙的组织设计与重塑，在组织结构层面保障了通专兼容。[9]第三，在社会结构与制度环境上，美国将通识教育和文理学院（包括寄宿学院）被塑造为现代贵族精英再生产的教育结构，通过文理学院的通识课程完成贵族精英的心智训练；通过寄宿学院建构贵族精英社会交往的道德共同体，完成对精英群体的品格塑造和社会化。从而形成了成熟完善、并为世界其他国家趋之

---

7 陆一.教养与文明：日本通识教育小史[M].北京：三联书店，2012:238.

8 Rudolph，F. Curriculum：A History of the American Undergraduate Course of Study Since 1636[M]. San Francisco·Washington·London：Jossey-Bass Publishers，1978：39.

9 崔乃文.文理学院模式为什么独存于美国大学体系?[J].复旦教育论坛,2018,16(02):54-60.

若鹜的通识教育模式。也因此，通识教育和文理学院构成美国研究型大学的核心部分，它定义了美国精英高等教育的本质。而这一制度环境恰恰是欧陆体系的大学所不具备的。因此，当改革者试图将美国一流大学通识教育的文理学院模式，植入以专业院系为主体的大学之时，会与制度化的大学体系产生龃龉，导致改革的诸多困境，而这些在欧陆体系大学史曾上演的困境在当前中国研究型大学的通识教育改革中也几乎全部重演过。所以通识教育的美国模式与制度化的大学体系的关系，是中国研究型大学通识教育改革困境的基本线索与内在逻辑，贯穿从课程与教学到组织与制度的方方面面。

二、制度移植的批判性反思：中国研究型大学通识教育改革的路径选择

具体而言，美国模式对中国研究型大学通识教育改革的塑造主要表现在以下三点：第一，经典文本教育，选择性学习美国通识课程中的"巨作模式"，以经典文本特别是西方经典文本研习作为教学改革的共识。学者们认为，通识教育必须以"读先人经典为核心，"[10]而且"能否在必读经典上达成一定共识，是决定中国大学通识教育落地生根的本质"。因为"经典文本作为思想内容和修辞表达浑然一体的最高典范，既是思想与心智训练的好材料，也是表达风格的好范例"。[11]第二，文理学院，即改革的重要动力之一是建设世界一流大学的需要，因为美国的世界一流大学具有独立的文理学院对本科生进行通识教育已经被建构为客观的社会事实，通识教育和文理学院成为一种符号，定义了人们对美国一流大学的文化认知，所以中国应该效仿；[12]第二，寄宿学院，一流的通识教育和文理学院必须辅之于完善的寄宿制体系，它是课堂之外学生共同生活与学习的道德共同体。它们共同构成了美国一流大学通识教育的组织特质与制度逻辑。这套通识教育的美国逻辑塑造了中国的改革者对于通识教育的基本认知与共同想象，而当它被植入本土大学体系之时，会因制度冲突产生一系列的改革困境。

---

10 洪涛：通识教育当以读先人之经典为核心[J].开放时代，2005（01）：39.

11 陆一.从"通识教育在中国"到"中国大学的通识教育"[J].中国大学教学，2016（09）：23.

12 Xuehong Liao Excellence through General Education: The Status of General Education Reform in Chinese Universities［D］. Los Angeles：M. A. Thesis, University of California, Los Angeles, 2012：40-57.

1.课程与教学改革：经典文本教育与专业教育的制度逻辑冲突

从历史上看，美国的通识课程模式大致上存在两个形式相反的方向与理念："文化守成的经典浸淫"即经典文本教育和基于经验与实践情境、专业交叉整合的通用能力与创新能力教育。[13]而在以经典与理论为核心和以经验与实践为核心的两个路径之间又存在大量中间形态。改革先驱其实首先是基于自己的价值主张与立场选择了经典文本教育的模式，不过却没有看到它与专业教育存在的全面冲突，特别是制度逻辑上的。当我们将专业教育看作是一种制度逻辑之时，它就不仅仅是指围绕专业教育所形成的规则与安排，更是大学师生的头脑中对于什么是本科专业教育所固有的一套根深蒂固的共享文化认知和思维方式，可将其称之为"认知图式"。[14]两者在制度逻辑上的冲突，主要表现为通识教育和经典文本教育难以与专业教育的三种认识图式相兼容，即"主修专业图式"、"教学图式"和"教育目的图式"。

第一，"主修专业图式"，即本科生一般认为主修专业是最重要的，需要以最多的精力和时间来应付专业课程。而通识课程是非本专业和非本学科的，从而被认为是次要的，尽管通识课程和经典文本研读能够训练心智和塑造品格修养，对于专业课程的学习可能也非常有助益。实际上这正凸显了认知图式的强大之处，人们倾向于用熟悉的模式和框架来理解和兼容陌生事物，而大部分学生和教师实际就是以传统的"公共选修课"来认识和理解通识课程。由此，这一认知图式所产生的普遍影响是，第一，学生认为学习通识课程是一种业余兴趣；第二，通识课程存在的最重要意义是有助于学生混学分，这导致即便大学存在完善的通识课程安排和通识教育组织，也无法获得身份认同。而更深层的问题是，经典文本学习的艰深程度甚至大于专业课，它让本科生特别是理工科学生对相关课程心生畏惧。例如，上海某顶尖大学的一门阅读古希腊某经典文本的通识课程，由于其精品课程的身份和颇具吸引力的课程名称，每年都引来大量学生选修，但该课程一般也会在第二周出现大面积的退课现象，其原因无非是课程完全不符合学生对通识课的想象和期待，而他们对经典文本及其教学与学习方式更是颇感陌生并望而却步。这类课程最终只能对人文社科专业、或意图未来进入这些专业学习和研究的学

---

13 尤西林."知识分子"：专业与超专业矛盾及其改善之道[J].探索与争鸣,2019: 107.

14 柯政. 教师的文化-认知是如何影响课程政策实施的:以"研究性学习"政策为例[J].
　 全球教育展望,2011(03):39-48.

生产生较大吸引力和发挥更大作用，而有学者的调查也体现了这一点，其数据显示，人文社科学生的通识学习收获显著大于理工医类学生，究其原因，通识教育与人文社科类的专业目标更接近，[15]且阅读经典文本实际本身就是特别适合于人文学科的研习路径，它能让相关专业学生获得在传统概论课上所难以汲取的养分，所以这些学生最有动力完成艰苦的学习过程，而这导致的后果是人文通识课程越来越趋向专业化。因此，当前若干经典阅读课身上贴着通识课的标签，实际发挥的却是专业教育的功能，特别是那些以人文社科类课程为主体的实验性质的文理学院，它所扮演的角色越来越趋向于精英化的人文专业教育。总之，通识教育在主修专业图式主导的师生群体中难以获得合法性认同，被理解为"公共选修"课的另一种形式，而且业已建立的以经典文本教育为主的人文通识课程体系也越来越趋于专业化。也就说，不管何种教育教学模式，最终还是演变为制度化的大学体系所能接受的形式存在。

第二，"教学图式"，即教师和学生对于什么是专业教育的教学所形成的一系列根本性的、习以为常的认识。与经典文本教育相冲突的专业教育教学图式包括：第一，专业教育遵循一套循序渐进、逻辑一贯的课程知识体系和教学序列，由基础文理课程、专业理论课程和临床实践课程组成；第二，基础文理课程和专业理论课程以导论课、概论课或通史课为主，而非直接研习经典原著。国内很多大学文理学院的经典文本教育并没有遵循传统专业教育循序渐进的教学逻辑，若干课程设计跳过基础概论性或先导性课程，直接进入这些晦涩的经典文本攻坚。虽然很多通识教育改革者主张通识教育就是要让学生直接进入经典文本，以此来取代具有强烈"二手知识"意味的导论课，但其问题正如芝加哥大学社会学家安德鲁·阿伯特在质疑经典文本教育时所言："学生不可能通过阅读福柯来了解欧洲近现代史，在没有这些基础的情况下，阅读理论经常就成为了一个机械的过程。"阿伯特明言自己在研读的早期也经历了这样的过程，但是只有在他已经对欧洲历史相对了解的时候，他才开始真正感受和理解那些欧洲社会学经典。他甚至指出芝加哥的体系也不再以经典文本阅读为核心了。[16]实际上，美国通识教育的所谓"巨作模式"，只是众多课程模式中的一种，而且在那些实行经典文本教育的大学中，

---

15 陆一,黄天慧.通识教育效果的影响因素辨析[J].复旦教育论坛,2019(01):48.

16 安德鲁·阿伯特.理念是不能被传授的[EB/OL].https://www.thepaper.cn/newsDetail_forward_1529639，2016-09-16.

经典文本教育也是众多教学方法中的一种，且也并不排斥导论课、概论课。中国若干大学以经典文本为主体的通识课程体系，其问题就在于这些低年级本科生，即便智力优渥、出类拔萃，他们在完全缺乏相关学科知识与基本理论的系统学习与训练的情况下，就直接进入文本研读，其效果很有可能切中阿伯特所言。以一所完全以经典文本教育为主的顶尖大学文理学院为例，该院所开设的一门科学史通识课程的教学大纲显示，这些没有相关基础、专业背景差异很大的本科生要在教师的导引下直接研读库恩、科恩和伯特等科学史和科学社会学大师的经典著作。即便已经辅以教师的课堂讲授和助教的引导，这些本科生是否能够把握和理解这些经典文本的问题意识和历史与学术价值呢。在这些通识课程中，经典文本教育不是融入和补益已经比较成熟的专业教育课程学习序列，而是自成一体，学生直接进入经典文本，这不仅与学生头脑中的教学图式完全冲突，而且学习效果也十分可疑。

第三，"教育目的图式"，对本科生而言，所学专业课程理所当然要对未来工作有所助益，且这种功用必须是可见的。因此，专业教育必须与学生的经验世界与工作世界相联系，构成学生对于本科教育目的的共同期待和认识图式。而经典文本教育则与之完全悖反，它和专业教育本就各自建基于完全不同的本体论哲学。支配前者的是一种理性主义的古典教育理念，正如经典文本教育的旗帜赫钦斯的教育理想，通识教育的最终目的是通过经典文本研读来探寻"对世界和人的属性那些最为普遍的理解"即"形而上学"。从而就不再需要不可靠的意见和信念来生活，依从与终极实在相符合的知识来看待一切经验、生活与思想，[17]最终"为今天的高等教育寻找一个理性的和实践的次序"。[18]这一主张的问题意识正如芝加哥大学另一大力倡导经典文本教育的政治哲学家列奥·施特劳斯所言，现代性特别是自由主义意识形态主导的高等教育，导致学生堕入不知何为善恶与对错的道德虚无主义，而克服虚无主义的良药则蕴藏在古代人的伟大经典中。[19]这一主张奠定了中国通识教育改革一些重要行动者对于通识教育的基本理解和改革的问题意识。正如有学者认为的，赫钦斯等人对美国高等教育的批判"几乎完全适合于我国现在的

---

17 唐斌,施盛威."形而上学"的憧憬或拒斥:赫钦斯与杜威论争之实质[J].教育学报,2017(06):4.

18 赫钦斯.美国高等教育[M].汪利兵，译.杭州：浙江教育出版社，2001：56.

19 Strauss L. What Is Liberal Education?.[J]. Academic Questions, 2003, 17(01):4-8.

情况"。[20]专业教育的经验主义哲学理据则与理性主义针锋相对，认为人与世界的关系不是静态的认知关系，而是实践关系，正如杜威对经验的界定，它是反思前的、在生活中大量存在并起作用的关于"知道如何做"的知识。[21]因此，教育必须与学生的经验世界密切相关。而且随着高等教育的普及化趋势，高等教育越来越从社会边缘的象牙塔走向社会中心，这种相关性将被不断加强。虽然经典文本教育也并非与经验完全隔绝，但是在教学实践中，它要求学生浸淫于经典文本之中，学生难以自觉将经典世界与经验世界、工作世界相勾连，从而形成大量脱离经验与现实的意见性认识，"不了解社会运作的道理和规则，不了解人类思维的规则，不了解人的道德人格的成长规则"，[22]陶醉和沉浸于自以为掌握永恒真理和高贵品格的文本与意见世界。从未来趋势看，本科教育越来越向学生的经验世界与工作世界靠拢，传统的教育目的图式将不断被强化。实际上，回望美国通识课程与本科教育的演变史就不难发现，美国通识课程模式的代际转换之间存在一个明显的从重视经典到兼顾经典与经验、从重视学科理论到兼顾理论学习与学生经验和工作世界密切相关的跨学科学习和通用能力训练的演进过程。源自哥伦比亚和芝加哥大学等校的经典文本教育虽然影响甚大，但即便在美国本土亦遭遇强大阻力而并未被大部分大学接受，甚至连芝加哥大学如今也不以经典文本教育为主，这正是源于它与业已巩固并不断被强化的本科教育目的图式的根本冲突。而美国本科课程改革的上述路径是传统通识教育理念与经验主义、实用主义的教育目的图式相互调和的结果，中国研究型大学通识教育的课程与教学改革也只能遵循这一调和性的制度逻辑。否则后果就是，通识教育要么被师生用传统的专业教育认知图式来兼容与重新编码，以水课充斥的公共选修课来理解通识课程，以不断的专业化来开拓经典文本教育的生存空间；要么就是完全不被专业教育认知图式所兼容，被广大师生所排斥和边缘化处理，在争取合法性身份的漫长道路上举步维艰。

2.文理学院：专业院系丛林中的生存困境

通识课程与教学改革必须有组织化的保障，中国研究型大学效仿美国设

---

20 甘阳.通三统[M].北京：三联书店，2007:94.

21 陈亚军. 知行之辨：实用主义内部理性主义与实践主义的分歧与互补[J]. 中国高校社会科学, 2014(05):34-49.

22 渠敬东.通识教育值得讨论的几个问题[J].学海,2013(04):120-144.

置文理学院来专门对本科生进行通识教育。文理学院在不同大学有不同称谓，有的称博雅学院，有的直接称本科生院，有的则以校史上的伟大人物命名学院，有的则以大学的名称命名。这些文理学院的存在形态大体包括两种：精英性质的文理学院和全员纳入性质的文理学院，这两类学院都存在与制度化的大学体系相龃龉的问题，只不过两者表现形式不同。精英化路径就是在若干专业院系之外单独设置一个通识教育的文理学院，是众多学院中的一个学院，只是这个学院区别于专业学院和其它跨学科、研究型的精英人才项目，它是在所有本科生中二次选拔优秀学生纳入以通识教育为主的文理学院。精英学院相对比较容易被高校所认同和接受。首先，它是小范围、实验性质的，与以专业院系为主体的大学组织体系与制度环境并无实质性冲突，最多是若干专业院系之外又成立了一个院系。它在教师资源上对专业院系的借用甚至依赖也不会对后者造成太大影响。更何况目前各专业院系积极投入到通识教育的教学和研究中的学者，都是非常认同通识教育理念的，这一学术精英群体本身就是改革的中流砥柱之一。而有的学院更是有自己独立的师资。第二，精英学院的思路与以教育部"基础学科拔尖学生培养试验计划"即"珠峰计划"等为代表的拔尖人才培养项目相契合，后者在研究型大学中已经获得广泛的认同。所以这类学院实际具有双重身份，一个是实验性质的通识教育学院，同时又是精英人才培养的学院，而后一身份业已取得的组织认可能够使学院在研究型大学中获得更多认同。

但精英化路径存在的问题首先在于精英文理学院在以专业院系为主体的大学体系中的未来定位。从目前来看，这类学院有两种演变趋势，第一种趋势是专业化日益浓厚，他们以文史哲等人文社科课程为主，以经典文本教育为纲，趋向所谓的"博雅专业"，培养精英人文社科人才。只不过博雅专业的教育相对于专业院系，具有一定的综合性。还有一种趋势是演化为跨学科平台，其问题在于功能与身份的尴尬。例如，某顶尖大学正在着力将其精英文理学院建设为跨学科平台，每年有三分之一本科生进入这一跨学科领域学习。但是当他们将这一跨学科通识教育模式向各专业学院推广时才发现，这类项目在专业院系能够获得比在文理学院更好的支持，因此，文理学院的特点与定位也变得扑朔迷离。学院领导坦诚，对这一未来规划与发展趋势依然存在不小困惑。实际上，文理学院的跨学科平台化，依然是对美国模式的效仿，这是目前美国研究型大学的新一代通识课程模式，以斯坦福大学等校为代表。美国大学这一改革趋势不但有其清晰的问题意识，而且存在支持跨学科教育的组织结构与制度环境。就前者而言，跨学科模式是为了解决过去通行的分布必修课程中，学生在不同学科领域选修一堆不相关的课程所导致的知识碎片化问题。跨学科模式不是按照学科而是完全依据通识教育智识训练与品格塑造的基本目标，形成若干跨学科项目，例如斯坦福大学将通识必修课程划分为写作与修辞、口语交流、思维与实践方法和问题思考四大项目，每个项目再按照次级的教育目标细分为不同的模块，每个模块下又涵盖若干跨学科课程。其基本逻辑是整合相关课程，为提高学生某一方面能力服务。就后者而言，由于美国的基层学术组织具有充分的弹性与自治性，可以根据学术知识传播与生产的跨学科、综合化趋势进行组织变革。目前，跨学科这一组织形式在美国一流大学中特别是像斯坦福、麻省理工这样的创业型大学中已成主流，成立跨学科项目也比较容易。而部分师生对跨学科组织的认同与归属感已经远高于自己所在的专业系所，甚至学系对于某些学生唯一的意义就是获得学位。因此，通识课程的跨学科模式有充分的组织与制度支持，它与制度化的美国大学组织体系高度契合。而中国的类似改革显然不具备这样的制度环境，所以目前也很难被中国大学移植。

而这一困境的内在逻辑又反应在第二个问题中，就是精英文理学院只能是一种实验性质的边缘性存在，其个别化的经验难以向更高的制度层面推广。不管它在小范围内的尝试如何成功，如何风生水起，但如果它试图上升并融入整个大学组织体系建构的逻辑，将面临巨大的困难：不仅是组织结构的不兼容，更是与制度逻辑相龃龉。例如，有的研究型大学所成立的精英文理学院，至少在组织设计上与美国一流大学的文理学院高度一致。这类学院创造了"高等研究院+通识教育学院"模式，其中"高等研究院"（一般简称"高研院"）是近些年若干一流大学纷纷成立的、以跨学科基础理论研究与前沿研究为主的综合性研究机构与学术共同体，在人员上由专职研究人员和驻院访问学者构成，以某"985"大学博雅学院为例，该校的"人文高等研究院"与通识教育学院是同一个班子、同一套人马，他的组织内核非常接近于美国私立研究型大学文理学院的矩阵结构。高等研究院既从事跨学科的理论研究，又为博雅学院提供师资。所有进入高研院的学者，在符合研究院学术能力要求的同时，必须能够承担达到院方质量要求的通识课程。高研院考核与评价学者的学术成果，而学院统一设置通识教育课程体系，并监督与评估学者通识教育的教学。同时，在这一小而精的学院中也逐渐形成一个认同通识教育理念的学术共同体；另外，外聘的国内外高水平驻院学者也被邀请为本科生开设通识课程。由此，学者作为学术研究者和本科通识教育教学任务承担者的双重身份皆经由组织的确认与规制，通识教育的质量也能够得到保证。可见，这种组织的内在逻辑，与美国研究型大学的文理学院是一致的，后者在组织上也是矩阵结构，教师是矩阵的节点，受学系与文理学院的双重制约，具有双重身份。但是这套制度逻辑与组织架构想在大学层面推广，是完全不可能的。中国研究型大学是以专业院系为主导的单层线性结构，与这一矩阵结构及其背后的文化、制度逻辑完全相悖。

而这正构成了全员纳入型的文理学院的困境，即它们与美国研究型大学的文理学院还是存在根本上的差异。它无力打破院系分立的线性组织模式与格局，在师资上仍需依靠各专业院系，对教师行为并无约束与规制能力，在薪资与职称晋升等事关教师切身利益的问题上也无话语权。这导致这类学院的成立依旧不能从制度上保证通识教育的系统性和高水准，通识课程的质量还是更多依赖于教师个体的职业素养和对通识教育理念的内心认同与热爱。而某顶尖大学对自己通识教育实施情况的调查评估也显示，教师个人的影响力之于学生对课程的选择和学习投入最为重要。因此，学院的单独建制虽然已经是在组织结构层面寻求变革与突破，但如上文所言，大部分高校师生还是以公选课来认识通识课，使后者很大程度上成为一个披着诸如分模块选修等通识课程模式的扩大版全校公选课，教学质量低下的所谓"水课"众多。变革组织结构的努力如果不能转化为制度性变迁，往往成为换汤不换药的象征性效仿，而非有力推动通识教育的实质性改革。正如唐亚林对文理学院的分析："制度没有转为兼职导师的自觉行动，又缺少好的激励措施，最终只流于形式"。[23]这依然是欧陆体系无法在制度层面兼容文理学院，进而导致的通识教育资源与院系整合上的困境。实际上，相对于那些拥有独立师资的精英实验学院，全员纳入性质的文理学院对专业院系具有更强的依附性，这类学院的本质是本科教学的管理与研究组织，即它是整合了本科教务功能的通识教育教学管理与研究的组织，它与美国研究型大学文理学院的相似之处仅存于形式层面。

---

23 陈薇，邢荣. 复旦学院：迂回七年[J]. 中国新闻周刊，2012（44）：62.

3.寄宿书院："学生-学术"一元体系的强行二元化

相较于经典文本教育与文理学院，起步较晚的寄宿书院在研究型大学中的存在则更加尴尬。它所面临的第一个困境就是身份合法性广受质疑，书院所承担的学生管理、道德教育、生活与交往空间等功能，传统院系与学工系统完全可以承担。而这一身份困境源于，很多研究型大学为进行寄宿书院制改革，将原先的一元体系强行分轨为二元体系：专业学院原本同时承担学生事务（为学生提供与修养和品格熏陶相关的学习交流、社会交往和社团活动等生活环境与道德环境）和学术事务（学术知识传授与创新）两方面本科生工作，书院制改革将原先属于专业院系的部分学生事务转移到书院，尝试将专业院系的学生-学术同一体系二分为"专业院系-学术事务"和"寄宿书院-学生事务"的二元体系。这种二分将面临组织功能和文化认知上的双重困境。在组织功能上，专业学院和书院的关系不管在理论逻辑上还是在改革实践上都难以理清，且书院对专业学院具有高度依附性。实际上，一元体系强行二元化的困境，若干学校已有强烈感受并予以修正，以西部某顶尖研究型大学为例，该校自 2006 年就开始进行书院制改革，实行专业学院+书院的二元体系，强行二元化的困境逐渐呈现："两者的工作目标和评价体系存在较大差异，教学系统和学工系统两头各自使劲，造成学生在学院和书院两个对象之间定位模糊，主体不明，力量分散。"于是，学校不得不将专业学院+寄宿书院的二元体系，重新整合为教学与学术事务+学生事务一元体系，只不过承担"育人"功能的通识阶段辅导员和专业阶段辅导员由新成立的本科生院配合专业学院，统一安排。[24]

更深层次的困境则是在文化认知上，不管"书院"在命名上多么具有本土文化意味，但实际依然是对英美大学寄宿学院（residential college）制的效仿。而在英美大学中，本科生对寄宿学院的认同要高于专业院系。特别是在英国的牛津和剑桥，学生的归属感是由一个个寄宿学院建立的，大学的学系只是正式课程学习与学术研究的场所。这在录取规则上就有明显体现，牛津和剑桥的考生首先必须要有学院接纳，才能被专业学系录取。究其原因，寄宿学院不仅仅是学生的生活环境和生活空间，更是一个"道德共同体"，是学生身份认同的根基。社会学家麦克法兰将寄宿学院定义为"共同体"，

---

24 郑庆华.通识教育与专业教育融合发展:新时代中国特色一流本科人才培养路径探索[J].中国大学教学,2018(10):13.

将专业院系定义为"结社"，[25]前者规定了学生共享的生活方式、价值观与信仰，学院成员是一种身份纽带和身份象征；后者基于专业和学科共同目标的官方机构，不具备前者的身份与道德意义。英国古典大学一直保持这一寄宿书院加专业院系的二元结构，即便运行这一二元结构必须付出高昂的组织治理和管理成本，[26]但正是由于它是制度化的古典大学体系核心部分，构成了师生的认知图式，因而它难以被任何制度所取代。美国大学文理学院中的寄宿学院也是同样的逻辑，这一逻辑在美国的本土化体现是本科生对寄宿学院中的精英学生社团，如耶鲁大学骷髅会、普林斯顿大学饮食俱乐部等的高度认同与依附上。而中国研究型大学的寄宿学院完全缺乏这一深层次的文化认知与制度基础。道德空间和学术空间统一于专业院系这一格局，本科生的知识获取与学术训练、道德生活与品格塑造，都是由专业院系完成的，本科生的专业认同和身份认同，都是由专业院系塑造的。在这一强大的路径依赖与文化认知下，寄宿学院不可能被塑造为独立的组织场域与实体，它的存在只能依附于专业学院，这就是寄宿学院合法性问题的根本原因。因此，各大学不得不在建立寄宿书院合法性上做足功夫，而其结果是，书院开展各类教育活动的形式意义要大于实质意义，这就是书院制度改革的第二个困境。

这一困境突出表现在寄宿学院最重要的两种功能上，即学生活动和导师制度。就前者而言，根据李会春对 17 所进行寄宿书院制改革的"985"高校的调查，这些精英大学在"是否独立系统"、"有无学工系统"、"有无纳入学分管理正式课程"等方面存在很大差异与争议，各自考量和选择不同，但所有学校都有公共仪式和空间以及课堂外活动设计。这些仪式活动与空间，是"最为可视化的成果，也是多数高校推进书院建设的重要切入点"。[27]而作为寄宿书院制核心的导师制度，原本具有区别于课堂正式课程的非正式性，即它强调师生交往与活动对学生的智识与品格形成潜移默化的熏陶。但是导师制的这种特点不能迅速外显为改革成果且难以对师生形成约束，所以这一非正式性交往在寄宿书院中普遍被建构为正式性规则，要求书院导师在

25 麦克法兰. 启蒙之所，智识之源：一位剑桥教授看剑桥[M]. 管可秾，译. 北京：商务印书馆，2011：151-152.

26 陈廷柱，段梦涵.变迁中的英国寄宿制学院及其对我国高校书院制改革的启示[J].高等教育研究,2015(12):97-103.

27 李会春.书院建设在中国：制度与张力[J].教育学术月刊，2017（4）：56，52-54.

固定时间访问书院，与学生交流。但即便如此也很少会有学生主动去跟老师交谈，最后导致学院要么强制要求学生轮流与导师会面，要么将其改造为书院补课授课活动，与课堂正式课程无异。而每次会面都要做好"材料"，例如填写导师见面会记录表格等，作为书院开展导师制度的凭证。正式性规则与外壳取代了非正式性交往的精神内核。[28] 导师制跟其它学院活动一样，具有强烈的象征性与仪式性特点，也就是说，各高校普遍在形式化上下了大功夫。这些困境的核心逻辑就是全球化的制度形式在被植入本土之后，由于水土不服或本土化调试匮乏，所导致的脱耦效应，植入的制度只能作为象征性符号"摆放"在大学中，而无法影响院系的实质性运行。甚至也有研究型大学在成立寄宿书院的第十个年头，最终放弃了改革，取消了寄宿制度，由专业院系统整的一元体系重新恢复，而改革则几乎雁过无痕。

总之，中国通识教育改革对美国模式的学习与移植，由于与制度化的研究型大学组织体系相龃龉，在中国研究型大学的专业院系体系中遭遇各种水土不服。特别是改革普遍采取另起炉灶的做法，即在专业院系和专业教育之外，独立建构一套通识教育构架，导致后者与前者正面交火。第一，经典文本教育无法为制度化的专业教育体系所兼容，它同专业教育长期实践所形成的"专业主修图式"、"教学图式"和"教育目的图式"存在全面冲突；第二，不管是精英性还是全员化的文理学院都在艰难探索自己的未来定位，且无法深度影响大学层面的组织运行与制度逻辑；第三，寄宿书院的改革者则在一元体系正常运行的结构中，为植入西方大学寄宿制而强行进行二元化分离，寄宿学院难以明晰自身的功能与身份，具有强烈的象征性意义。正如有学者所尖锐指出的，实证研究表明当前通识教育的效果流于肤浅，这是由于改革与世界一流大学建设的政治策略或特定品牌创建的市场战略相结合的功利做法所致，这使得通识教育变成形式大于实质的现象，并未给学生带来学习经历方面的显著改进。[29]那么，通识教育改革的外来模式与制度化的本土研究型大学体系是难以调和的吗？制度移植的困境是不可解决的吗？也许未必。

---

28 程思祎.中国内地高校现代书院建设面临的制度性障碍——基于某校 A 书院的案例研究[J].通识教育评论.2017（01）：91-92.

29 查强,史静寰,王晓阳,王璐瑶.是否存在另一个大学模式?——关于中国大学模式的讨论[J].复旦教育论坛,2017(02):9.

三、超越制度移植：通识教育的中国模式何以可能

经由上文对囊括中国研究型大学通识教育改革主要内容的三个横切面的剖析，可以进一步提炼出贯穿中国通识教育改革困境的一套纵向逻辑，它包含了两条路径、四种后果：第一，新制度被纳入到已有的观念框架中来建构，例如师生普遍将通识课程理解为专业教育体系下的公选课，其后果是它并未触动人们业已形成的认知图式，更多是赋予了原有事物一些新名称；第二，新制度无法被纳入到已有的观念框架中来建构，或者说，后者无法认识和理解新制度，一般会出现三种后果：一种是"边缘化生存"，即新制度处于体系的边缘，由一小部分认同和倡导通识教育的学术精英和行政领导进行实验性质的改革探索，新制度以实验性精英学院的身份存在，而无法对整个制度构成影响；第二种是"脱耦"，改革更多是具有象征性意义，专业教育依然研究型大学体系是支配逻辑；第三种就是部分改革实在难以进行，只能终止。要避免这些后果，就必须探索如何使通识教育的存在形态和改革路径与制度化的中国研究型大学体系相契合，在此基础上超越制度移植，形成兼容国际与国内、通识与专业的本土模式。实际上，通专结合一直是中国研究型大学通识教育改革的基本方略，但是它目前更多是改革者和研究者们所接受的一种理念，如何落实到课程与教学上尚不清晰，而在改革实践中实现两者结合更是困难重重。根据本文的基本逻辑和分析框架，既然专业教育是制度化的大学体系的核心要素，那么改革也必须首先在专业教育的框架内寻求突破，换言之，这个契合点应首先从专业教育中寻找，这是改革或通专结合的方法论。具体而言就是要回答三个问题：第一，专业教育的课程体系是否能够实现通识课程（包括经典文本教育）的目标与功能？第二，是否一定要存在一个独立于专业院系之外的文理学院？第三，是否一定要存在一个独立于专业院系之外的寄宿书院？而这三个问题也可以汇聚为一个问题，即专业院系能否同时承担通识课程、文理学院和寄宿书院的使命？换言之，通识教育心智训练和品格塑造的功能能否在专业教育和专业院系的框架内完成？这一改革的方法论图景可以分解为以下三个具体方法。

第一，通过教学方法改革来在专业教育的框架中实现通识教育功能。根据哈佛红皮书中的经典论述，通识教育和专业教育的主要区别并不是教学内容而是教学方法。[30]以哲学类课程为例，专业教育的教法是在"哲学即哲学

---

30 哈佛委员会. 哈佛通识教育红皮书[M]. 李曼丽，译.北京：北京大学出版社,2010：43.

史"这一认识论基础上的教学论和教学方法，这一教法以哲学史经典文本为依托，其目标在于扎实掌握哲学理论演变的基本脉络，形成系统的哲学专业知识体系与哲学思维。而通识教育的教法是在"哲学史即哲学"这一认识论基础上的教学论与教学方法，其目标是通过"论证训练"，旨在提高学生逻辑思考、论证与写作的能力。[31]作为通识课和作为专业课的哲学课程在教学方法上存在不同，但是两种教学目标与方法完全可以统一于哲学专业教育课程体系中。只要不仅仅是把专业教育的教学方法理解为一种专业知识的灌输和专业技术的训练，而是聚焦于人格与心智的成长，那么专业教育实现通课程的功能，不仅是可欲的，而且是可能。社会学家丹尼尔·贝尔从另一视角表达了类似观点，他认为通识教育和专业化并不真的存在差异，"人们必须通过各个专门的学科来体现和说明通识教育，同时也必须延伸专业化的脉络，使它的知识基础更加清晰明确。而两者之间的联络在于概念上的探究。"要在这一层面调和通识教育与专业化，那么专业教育就不能只涉及狭义的技术，而是要"探索知识基础本身"。[32]例如，专门化的学科如何建立概念，如何修正这些概念以适应新问题，如何在多种探究方法之中确立选择的标准等。贝尔认为这一专业教育的内容恰恰体现了通识教育的本质。可见，贝尔认为藉由探究性的教学和学习，通识教育和专业教育在教学意义上是完全相通的。这是以专业教育实现通识教育功能的线索与切入点。

第二，从长远上看，以上述教学方法改革为起点和突破口，寻求专业教育的自我超越，推动专业教育的全面通识化。理论上讲，以经验主义为基础的现代专业教育构成了现代高等教育的逻辑内核，而它更有汲取、整合与改造通识教育的动力与可能性，实现通专结合的政策理想，而专业教育的"通识化"是未来本科教育几乎不可逆转的方向。其原因在于，在大学与社会充分交融、环境越来越趋于不确定性的时代，帮助学生形成应对复杂现实问题与不确定环境的"通用能力"是本科教育的主要目标。[33]这一未来趋势促使以与社会和经验世界相适切为安身立命之本的专业教育，不断吸收通识教育的

31 徐英瑾. 经典阅读,还是论证训练?——对中国的西方哲学教育的反思[J]. 学术月刊, 2010(06):36.

32 Bell D . The Reforming of General Education: The Columbia College Experience in Its National Setting[M].New Brunswick and London：Transaction Publishers, 2011：96.

33 周光礼.从就业能力到创业能力:大学课程的挑战与应对[J].清华大学教育研究,2018,39(06):28-36.

有用元素，"扩充应用学科的理智含量和人文精神"，以专业教育体系融合、改造与实现通识教育的功能。具体而言，专业教育的通识化，就是把通识教育方法和能力培养，如"创造性思维、审辨式思维、设计思维、实证思维、形式化分析、多媒介多模式交流、多因素复杂系统分析、价值辨析与诠释法、表达与交流能力、团队合作能力、领导能力等同事方法和能力"等全面渗透和融入到专业教育中去。由于通识教育培养的是人的一般智力和能力，所以凡是通识方法和能力都可以被融入到专业教育中去，如果不能就不是通识能力。[34] 实际上，师范教育、教师教育以及当前盛行的与通识教育同时在进行的其它类型的本科教学改革，如"以学生为中心"的本科教学改革、基于"新工科"的本科工程教育改革等，或者已经示范了专业教育对通识教育的全面吸纳与融合，或者未来方向是如此，这些都为通识教育改革提供了尚佳思路。首先，师范教育、教师教育属于前者。教师教育虽然是专业教育，但有其独特的属性，天然倾向通专融合。"师范生在未来工作中面对的既非客体的物，也非客体的人（如作为医学对象的病人），而是尚未进入职业分工、包含着未来丰富潜能的主体的人。所以师范专业本质上是培养作为主体的人而不是加工客体的手段技术，因而无论文理，均具有人文学科的共通特性。"尤西林以物理师范教育为例指出，当师范教育在传授人对物操作的物理学规律时，也注意到学生作为未来教师这一工作对象的人文性，会注重将相关的物理知识如何内化于学生的过程规律作为教学模式来讨论（其中包括职业伦理教育），而这恰是以主体性建构为目标的通识教育。[35]这样，培养教师的专业教育同时也是通识教育，两者是同一的。第二，基于新工科的工程教育改革属于后者，是本科教育改革的未来方向之一。新工科之新，在本科教学上的重要表现就是要彰显工程本身所蕴含的丰富的人文内涵，在工程教育中做到专科课程渗透人文精神，以工程训练学生思维能力与人文品格。[36]正如顾佩华所指出的，新工科的人才培养就是使学生掌握包括自然科学、数学、工程科学、人文社会科学在内的知识体系，具备包括运用理论知识解决工程问题、工程设计、创新创造创业能力、团队、沟通交流和领导能力、终身学习能力以及

---

34 赵炬明.聚焦设计:实践与方法(上)——美国"以学生为中心"的本科教学改革研究之三[J].高等工程教育研究,2018(02):30.

35 尤西林.师范教育对通识教育发展具有师范意义[N].社会科学报，2018-11-22（5）.

36 王义道.新工科建设的文化视角[J].高等工程教育研究,2018(01):16-23.

专业所涉及的核心技能和职业态度等。[37]也就说，新工科实际就是以工程专业教育来塑造人的通用能力与品格修养。当然，这里倡导专业教育的通识化，并非意欲且也绝不主张废止各研究型大学业已建立的独立通识课程体系，后者有其重要意义：第一，它作为辅助与支持系统，是通识化的专业教育的课程与教师来源之一，高质量的通识课程具有示范意义；第二，通过通识课程体系的完善和精品通识课程的建设，以体系化与质量提升来让学生逐渐去除通识课程的水课印象，可以增强通识教育在师生中的身份认同，深化通识教育在大学中的合法性地位。

第三，以专业学院协调与整合文理学院、寄宿书院，探索三者三位一体化的可能性与实现路径。西方大学的文理学院中，本科生对于寄宿学院的认同是基于阶层身份认同，即寄宿学院的本质是贵族精英社会化的道德共同体，而正是由于本科生对于寄宿学院是身份认同而非专业认同，所以学院中可以包含各个专业的学生。但这样一种贵族阶层及其身份认同在中国研究型大学是不存在的，所以寄宿书院缺少生存的制度环境与认同基础。对中国大学本科生的身份归属感起支配意义的是专业认同，本科生的学习空间和生活空间统一于专业院系：既然本科生的身份认同依附于专业院系，那么本科生的生活空间也主要依附于专业院系。由此，文理学院和寄宿学院制改革就不能完全移植英美模式，而是应该尝试整合在以专业学院为主体的框架中。实际上，有的学校已经在这一方面进行了有益尝试。以北京某顶尖工科大学为例，该校一开始并未采取整体移植西方通识教育模式的做法，而是循序渐进，从成立精英实验班这样的个别化通识教育试点，到逐渐推进大类招生，最后形成涵盖四个大类专业的文理学院，其寄宿书院也是按这四个大类专业划分，每个大类专业下设一或三个书院。本科生在大一进入专业大类以及相应的书院，以一主修加多辅修的模式接受通识教育，大一结束后在教师指导下选择专业学院，大二结束后再在专业学院中选择专业。虽然教师资源依然归属各专业学院，文理学院依然主要是统筹通识课程和本科生管理的机构，但是由于每个书院都依托于大类专业，所以书院与专业学院联系密切，专业大类中的各个学院都有积极性在书院中为大一本科生展开专业认知教育，以及提供通识课程与教师资源。就学生而言，这种专业学院与文理学院、寄宿学

---

37 顾佩华.新工科与新范式：概念、框架和实施路径[J].高等工程教育研究,2017(06):1-13.

院交叉的模式也容易使本科生构成对书院与专业学院的双重认同，书院也不再是尴尬的可有可无的存在，它在通识教育与专业教育中的功能和地位也更加彰显。可见，该校的改革并非简单的制度移植，而是在借鉴通识教育的美国模式的基础上，基于本土化探索所而形成的专业学院整合文理学院、寄宿书院的改革路径与基本格局。总之，上述三点只是分析了超越制度移植的思路与可能性，各研究型大学如火如荼进行的全面的本科教育改革与实验必然能够提供丰富的本土经验，逐渐形成不同于西方的中国通识教育模式。

参考文献

中文文献

1. 埃德加·沙因. 组织文化与领导力[M] 北京: 中国人民大学出版社, 2014

2. 埃利亚斯. 文明的进程[M]. 王佩莉, 袁志英, 译. 上海: 上海译文出版社, 2013

3. 爱德华·格兰特. 近代科学在中世纪的基础[M]. 张卜天, 译. 长沙: 湖南科学技术出版社, 2010

4. 安东尼·克龙曼. 教育的终结: 大学何以放弃了对人生意义的追去[M]. 诸惠芳, 译. 北京: 北京大学出版社, 2013

5. 巴里·巴恩斯. 局外人看科学[M]. 鲁旭东, 译. 北京: 东方出版社, 2001

6. 包尔生. 德国大学与大学学习[M]. 张弛等, 译. 北京: 人民教育出版社, 2009

7. 北航高研院通识教育研究课题组. 转型中国的大学通识教育——比较、评估与展望[M]. 杭州: 浙江大学出版社, 2013

8. 伯顿·克拉克. 高等教育新论——多学科的研究[M]. 王承绪, 徐辉等, 译. 杭州: 杭州大学出版社, 2001

9. 伯顿·克拉克 高等教育系统——学术组织的跨国研究[M] 王承绪, 译. 杭州: 杭州大学出版社, 1991

10. 伯顿·克拉克. 探究的场所[M]. 王承绪, 译. 杭州: 浙江教育出版社, 2001

11. 布鲁贝克. 教育问题史[M]. 单中惠, 王强, 译 济南: 山东教育出版社, 2012

12. 陈洪捷. 德国古典大学观及其对中国的影响[M] 北京：北京大学出版社，2006

13. 陈嘉映. 哲学·科学·常识[M]. 北京：东方出版社，2007：12

14. 陈那波. 历史比较分析的复兴[J]. 公共行政评论，2008（3）

15. 崔乃文，余东升. 科学增长的制度条件：本-戴维对德国大学变革的分析[J]. 现代大学教育，2014（1）

16. 崔乃文. 组织理论视域下的通识教育改革[J]. 江苏高教，2015（2）

17. 费希特. 论学者的使命[M]. 沈志学，沈真，译. 北京：商务印书馆，1984

18. 弗莱克斯纳. 现代大学论[M]. 徐辉，陈晓菲，译. 杭州：浙江教育出版社，2001

19. 傅军. 国富之道：国家治理体系现代化的实证研究[M]. 北京：北京大学出版社，2014

20. 甘阳. 通识教育：美国与中国[J]. 复旦教育论坛，2007（5）

21. 格里芬. 后现代科学：科学魅力的再现[M]. 马季方，译. 北京：中央编译出版社，2004

22. 哈佛委员会. 哈佛通识教育红皮书[M]. 李曼丽，译. 北京：北京大学出版社，2010

23. 黄旭华. 中世纪大学是职业教育吗？[J]. 现代大学教育，2014（5）

24. 哈耶克. 邓正来，译. 自由秩序原理[M]. 北京：生活·读书·新知三联书店，1997

25. 哈耶克. 科学的反革命：理性滥用之研究[M]. 南京：译林出版社，2003

26. 贺国庆，徐志强. 查理斯·艾略特与自由选修制度及其借鉴意义[J]现代大学教育，2013（5）

27. 江宜桦. 从博雅到通识：大学教育观念的发展与现况，政治与社会哲学评论，2005（9）

28. 杰罗姆·卡拉贝尔. 被选中的：哈佛、耶鲁和普林斯顿的入学标准[M]. 谢爱磊等，译. 北京：中国人民大学出版社，2014

29. 康德. 论教育学[M]. 赵鹏，何兆武，译. 上海：上海人民出版社，2005

30. 柯林武德. 自然的观念[M]. 吴国盛，译. 北京：北京大学出版社，2006

31. 孔飞力. 中国现代国家的起源[M]. 陈兼，陈之宏，译. 北京：生活·读书·新知三联书店，2013.

32. 拉斯达尔. 中世纪的欧洲大学：博雅教育的兴起[M]. 重庆：重庆大学出

版社，2011

33. 拉斯达尔. 中世纪的欧洲大学：大学的起源[M]. 重庆：重庆大学出版社，2011

34. 兰德尔·柯林斯. 哲学的社会学：一种全球的学术变迁理论（下）[M]. 北京：新华出版社，2004

35. 朗特里. 西方教育词典［K］. 陈建平等，译. 上海：上海译文出版社，1988

36. 劳伦斯·维赛. 美国现代大学的崛起[M]. 栾鸾，译. 北京：北京大学出版社，2011

37. 雷蒙斯，R. 关键词：文化与社会的词汇[M]. 刘建基，译. 上海：生活·读书·新知三联书店，2005

38. 李春萍. 哲学院与现代大学的学科制度[J]. 高等教育研究，2014（6）

39. 理查德·达夫特. 组织理论与设计[M]. 王凤彬等，译. 北京：清华大学出版社，2014

40. 罗斯布莱特，S. 现代大学及其图新[M]，别敦荣，译. 北京：北京大学出版社，2013

41. 吕埃格. 欧洲大学史（第1卷）[M]. 张斌贤，译. 保定：河北大学出版社，2008

42. 马克斯·韦伯. 学术与政治：韦伯的两篇演讲[M]. 冯克利，译. 上海：生活·读书·新知三联书店，1998

43. 麦克法兰. 启蒙之所，智识之源：一位剑桥教授看剑桥[M]. 管可秾，译. 北京：商务印书馆，2011

44. 梅尔茨. 十九世纪欧洲思想史[M]. 周昌忠，译. 北京：商务印书馆，1999

45. 纽曼. 大学的理念[M]. 高师宁等，译. 贵阳：贵州出版集团，2006

46. 茜达·斯考切波 国家与社会革命：对法国、俄国和中国的比较分析[M]. 何俊志，王学东，译. 上海：上海人民出版社，2007

47. 茜达·斯考切波. 历史社会学的视野与方法[M]. 封积文，译. 上海：上海人民出版社，2007

48. 乔治·马斯登. 美国大学之魂[M]. 徐弢等，译. 北京：北京大学出版社，2009

49. 渠敬东. 现代社会中的人性及教育[M]. 上海：上海三联书店，2006

50. 沈琛华，等. 耶鲁大学住宿学院内部组织结构、外部关系的比较研究[J]. 复旦教育论坛，2007（5）

51. 沈文钦. liberal arts 与 Humanities 的区别：概念史的考察[J]. 比较教育研究，2010（2）

52. 沈文钦. 近代英国博雅教育及其古典渊源[D]. 北京：北京大学，2008

53. 沈文钦. 西方学者对博雅教育思想史的研究：1980-2005[J]. 清华大学教育研究，2009（6）

54. 圣西门. 圣西门选集第一卷[M]. 王燕生等，译. 北京：商务印书馆，1979

55. 孙周兴. 技艺与自然[A]. 西方现代技术文化与后现代哲学论文集[C]. 兰州：兰州大学，2004

56. 涂尔干. 教育思想的演进[M]. 李康，译. 上海：上海人民出版社，2006

57. 文德尔班. 哲学史教程[M]. 罗达仁，译. 北京：商务印书馆，1991

58. 华勒斯坦. 开放社会科学[M]. 刘锋，译. 上海：生活·读书·新知三联书店，1997

59. 吴帆，吴毅. 历史社会学的发展与特征[J]. 华中科技大学学报. 2009（4）

60. 小威廉·休厄尔. 历史的逻辑：社会理论与社会转型[M]. 朱联璧，费滢，译. 上海：上海人民出版社，2013

61. 亚伯拉罕·弗莱克斯纳. 现代大学论——美英德大学研究［M］. 徐辉，陈晓菲，译. 杭州：浙江教育出版社，2001

62. 雅克·韦尔热. 中世纪大学[M]. 王晓辉，译. 上海：世纪出版集团，2007

63. 雅斯贝尔斯. 大学之理念[M]. 邱立波，译. 上海：上海人民出版社，2007

64. 亚里士多德. 尼各马可伦理学[M]. 廖申白，译. 北京：商务印书馆，2003

65. 亚里士多德. 诗学[M]. 陈中梅，译. 北京：商务印书馆，1996

66. 亚里士多德. 形而上学[M]. 苗力田，译. 北京：中国人民大学出版社，2003

67. 亚里士多德. 形而上学[M]. 吴寿彭，译. 北京：商务印书馆，1997

68. 杨少琳. 法国学位制度研究[D]. 重庆：西南大学，2009

69. 耶鲁大学. 耶鲁报告（一）[J]. 陈汉强等，译. 国际高等教育研究，2008（1）

70. 余东升，崔乃文. 自由教育：学院组织的历史考察[J]. 高等教育研究，2014（10）

71. 约瑟夫·本-戴维. 科学家在社会中的角色[M]. 成都：四川人民出版色，1988

72. 约瑟夫·本-戴维. 学术研究的目的、历史和组织[J]. 李亚玲，译. 外国

教育资料，1983（6）

73. 张斌贤等. 柏林大学建校史：1794-1810[J]. 高等教育研究，2010（10）

74. 张东辉. 历史文化视野下的美国博雅教育学院模式（上）[N]. 中国社会科学报，2010-06-24（9）

75. 张汝伦. 海德格尔与大学改革[J]. 读书，2006（12）

76. 赵鼎新. 社会与政治运动讲义[M]. 北京：社会科学文献出版社，2006

77. 赵鼎新. 西方社会运动与革命理论发展之评述——站在中国的角度思考[J]. 社会学研究，2005（1）

78. 赵鼎新. 在西方历史比较方法的阴影下——评许田波《古代中国和近现代欧洲的战争及国家形成》[J]. 社会学研究，2006（5）

79. 赵炬明. 论大学组织与大学德育[J]. 高等工程教育研究，1991（2）

80. 周雪光，艾云. 多重逻辑下的制度变迁：一个分析框架[J]. 中国社会科学，2010（4）

81. 周雁翎，周志刚. 学院传统与牛桥导师制[J]. 清华大学教育研究，2011（12）

82. 朱莉·罗宾. 现代大学的形成[M]. 尚九玉，译. 贵阳：贵州教育出版社，2004

外文文献

1. Adams，H. B. The College of William and Mary： A Contribution to the History of Higher Education，with Suggestions for Its National Promotion［M］. US Government Printing Office，1887

2. Albisetti，J，McClelland，C. E&Turner R. S. Science in Germany［J］. Osiris，1989（5）

3. Ash，J. German Universities Past and Future：Crisis Or Renewal［M］. New York：Berghahn Books，1997

4. Ash，M. Bachelor of What，Master of Whom? The Humboldt Myth and Historical Transformations of Higher Education in German-Speaking Europe and the US［J］，European Journal of Education，2006（2）

5. Association of American Colleges and Universities. College learning for the new global century［J］. 2007.

6. Aviram，A. The Humanist Conception of the University：A Framework for Post-Modern Higher Education［J］. European Journal of Education，1992

（4）

7. Awbrey, Susan M. General Education Reform as Organizational Change: Integrating Cultural and Structural Change [J]. The Journal of General Education, 2005（1）

8. Axtell, J. The Death of Liberal Arts College [J]. History of Education Quarterly, 1971（4）

9. Barrow, R&White, P. Beyond Liberal Education: Essays in Honour of Paul H. Hirst [M]. London&New York: Routledge, 1993

10. Bastedo, Macheal N. The organization of Higher education: Managing Colleges for a New Era [M]. Baltimore: The Johns Hopkins University press, 2012

11. Bell, D. The Reforming of General Education: The Columbia Experience in its National Setting [M]. New York: Columbia University Press, 1966

12. Ben-David, J. Science and the University System [J]. International Review of Education, 1972（1）

13. Ben-David, J. The Profession of Science and Its Powers [J], Minerva, 1972（3）

14. Ben-David, J. The Scientific Role: the Conditions of Its Establishment in Europe [J]. Minerva, 1965（1）

15. Ben-David, J& Zloczower, A. Universities and Academic Systems in Modern Societies [J]. European Journal of Sociology, 1962（3）

16. Ben-David, J&Collins, R. Social Factors in the Origins of a New Science: the Case of Psychology [J]. America Sociological Review, 1966（4）

17. Ben-David, J. American Higher Education: Directions Old and New [M]. New York: McGraw-Hill Book Company, 1972

18. Ben-David, J. Centers of Learning: Britain, France, Germany and United States [M]. New York: McGraw-Hill Book Company, 1977

19. Ben-David, J. Scientific Growth: Essays on the Social Organization and Ethos of Science [M]. Berkeley: University of California Press, 1991

20. Ben-David, J. Scientific Productivity and Academic Organization in Nineteenth Century Medicine [J]. American Sociological Review, 1960（6）

21. Ben-David, J. The Scientist's Role in Society: A Comparative Study[M].

New Jersey: Prentice-Hall, 1971

22. Bok, D. Higher Learning [M]. Cambridge: Harvard University Press, 1986

23. Boning, K. Coherence in General Education: A Historical Look [J]. The Journal of General Education. 2007

24. Breneman, D. W. Liberal Arts Colleges: Thriving, Surviving, or Endangered? [M] Washington, D. C: Booking Institution, 1994

25. Brint, S et al. General Education Models: Continuity and Change in the U. S. Undergraduate Curriculum: 1975-2000 [J]. The Journal of Higher Education, 2009（6）

26. Brubacher, J&Rudy, W. Higher Education in Transition: A History of American Colleges and Universities [M]. New-Jersey: Transaction Publishers, 1997

27. Butts, R. F. The College Charts Its Course: Historical Conceptions and Current Proposals [M]. New York: McGraw-Hill, 1939

28. Cahan, D. Hermann von Helmholtz and the Foundations of Nineteenth-century Science[M]. Berkeley/Los Angeles/London: University of California Press, 1994

29. Charle, C. A History of the University in Europe, vol. Ⅲ. Universities in the Nineteenth and Early Twentieth Centuries[M]. New York: Cambridge University Press, 2004

30. Clark, W. Academic Charisma and the Origins of the Research University [M]. Chicago&London: The University of Chicago Press, 2006

31. Cobban, A. B. The Medieval Universities: Their Development and Organization, 1795: 130-132

32. Cole, J R. The Great American University: Its Rise to Preeminence, Its Indispensable National Role, Why it Must be Protected[M]. PublicAffairs, 2012

33. Coleman, W&Holmes, F. L The Investigative Enterprise[M] Berkeley/Los Angeles/London: University of California Press, 1988

34. Crimmel, H H The liberal Arts College and the Ideal of Liberal Education: The case for Radical Reform[M]. Lanham: University Press of American, 1993

35. Dampier, W. A History of Science and its Relations with Philosophy and

Religion [M]. CUP Archive, 1948

36. Delbanco, A. College: What it Was, Is, and Should Be [M]. Princeton: Princeton University Press, 2012

37. Donghui Zhang. Tongshi Education Reform in a Chinese University: Knowledge, Values, and Organizational Changes [J]. Comparative Education Review, 2012 (4)

38. Dubrow, G. Collegiality and Culture: General Education Curriculum Reform at Western Protestant University [J]. The Journal of General Education, 2004 (2)

39. Duke, A. Importing Oxbridge: English Residential Colleges and American Universities [M]. New Heaven: Yale University Press, 1996

40. Fallon, D. The German University: A Heroic Ideal in Conflict with the Modern World [M]. Denver: Colorado Associated University Press, Boulder, CO 80309, 1980

41. Ferruolo, S. C. " Quid dant artes nisi luctum? " : Learning, Ambition, and Careers in the Medieval University [J]. History of Education Quarterly, 1988

42. Fiering, N. S. President Samuel Johnson and the Circle of Knowledge [J]. The William and Mary Quarterly: A Magazine of Early American History, 1971

43. Friedland, R& Alford, Robert. R. Bringing Society Back in: Symbols, Practices and Institutional Contradictions [J]. 1991

44. Gabriel, A. L. The College System in the Fourteenth-Century Universities [A]. The Forward Movement of the Fourteenth Century [C]. Ed. Utey, F. L. Ohio: Columbus, 1961: 124

45. Gaff, J. New Life for the College Curriculum: Assessing Achievements and Furthering Progress in the Reform of General Education [M]. San Francisco: Jossey-Bass, 1991

46. Gano-Pillips, S et al Rethinking the Role of Leadership in General Education [J]. The Journal of General Education, 2011 (2)

47. Glyer, D&Weeks, D L The liberal Arts in Higher Education [M] University Press of America, 1988

48. Gordon B. Arnold. Symbolic Politics and Institutional Boundaries in

Curriculum Reform: The Case of National Sectarian University [J]. The Journal of Higher Education, 2003（5）

49. Gordon, P. Curriculum [A]. A Century of Education [C]. ed. Aldrich, R. London&New Yorl: RoutledgeFalmer, 2002

50. Hachtmann, F. The Process of General Education Reform from a Faculty Perspective: A Grounded Theory Approach [J]. The Journal of General Education, 2012（1）

51. Hamann, J. 'Bildung' in German Human Sciences: The Discursive Transformation of a Concept [J]. History of Human Science, 2011（12）

52. Hangartner, C. A. Movement to Change American College Teaching, 1700-1830 [D]. New Heaven: Ph. D diss. Yale University, 1955

53. Hansen, K. H& Olson, J. How Teachers Construe Curriculum Integration: The Science, Technology, Society （STS） Movement as Bildung [J]. Journal of Curriculum Studies, 1996（6）

54. Herbst, J. Liberal Education and the Graduate School: An Historical View of College Reform [J]. History of Education Quarterly, 1996（4）

55. Hofstadter, R. &Wilson, S. American Higher Education [M]. Chicago: University of Chicago Press, 1986

56. Holliday, C. Our "Doctored" Colleges [J]. School and Society, 1915（2）

57. Hornberger, T. Scientific Thought in the American College, 1638-1800 [M]. Austin: University of Texas Press, 1945

58. John W. Meyer&Brain Rown. Institutionalized Organizations: Formal Structures as Myth and Ceremony [J]. American Journal of Sociology, 1997（2）

59. Kalberg, S. Weber's Critique of Recent Comparative-History Sociology and A Reconstruction of His Analysis of the Rise of Confucianism in China [A]. Lehmann, J. M. Current Perspective in Social Theory [C]. Stanford: JAI Press, 1999

60. Kearney, H. F. Schoolars and Gentlemen: Universities and Society in Pre-industrial Britain, 1500—1700 [M]. Ithaca: Cornell University Press, 1970.

61. Keller, P. Getting at the Core: Curricular Reform at Harvard [M]. Boston: Harvard University Press, 1982

62. Kimball, B. A. Orators and Philosophers: A History of the Idea of Liberal Education [M]. New York: Teacher College Press. 1986

63. Lattuca, L. R. Creating Interdisciplinarity: Interdisciplinarity, Research and Teaching among College and University Faculty [M]. Nashville: Vanderbilt University Press, 2001

64. Lenoir, T. Laboratories, Medicine and Public life inGermany 1830-1849: Ideological Roots of the Institutional Revolution [A]. The Laboratory Revolution in Medicine [C]. Andrew Cunningham, Perry Williams ed. Cambridge: Cambridge University Press, 1992

65. Leslie, W B. Gentlemen and Scholars: College and Community in the" Age of the University" [M]. Transaction Publishers, 1992.

66. Lieberson, S. Small N's and Big Conclusions: An Examination of the Reasoning in Comparative Studies Based on a Small Number of Cases [J]. Social Forces. 1991（2）

67. Lilge, F. The Abuse of Learning: The Failure of the German University [M]. New York: The Macmillan Company, 1948

68. Lovlie, L & Standish, P. Bildung and the Idea of a Liberal education [J] Jounal of Philosophy of Education, 2002（3）

69. Mahoney, J&Thelen, K. Explaining Institutional Change: Ambiguity, Agency, and Power. Cambrige: Cambridge University Press, 2009

70. Mahoney, J. Strategies of Causal Assessment in Comparative Historical Analysis[A] James, M&Rueschemeyer, D. Comparative Historical Analysis in the Social Science [C]. New York: Cambridge University Press, 2003

71. Mcclelland, C. E. State, Society and University in Germany, 1700-1914 [M]. New York: Cambridge University Press, 1980: 162

72. McGrath, E. J. Are Liberal Arts Colleges Becoming Professional schools [M]. New York: Bureau of Publications Teachers College, Columbia University, 1958

73. McGrath, E. J. Liberal Education in the Professions [M]. New York: Bureau of Publications Teachers College, Columbia University, 1958

74. McGrath, E. J. The Graduate School and the Decline of Liberal Education [M]. New York: Bureau of Publications Teachers College, Columbia University, 1959

75. Merz, J T. A History of European Thought in the Nineteenth century vol. 1 ［M］. Edinburgh&London: William Blackwood&Sons, 1923

76. Michael Delucchi. Liberal Arts Colleges and the Myth of Uniqueness ［J］. The Journal of Higher Education, 1997（4）

77. Michael Delucchi Staking a Claim: The Decoupling of Liberal Arts Mission Statements from Baccalaureate Degrees Awarded in Higher education ［J］. Sociological Inquiry, 2000（2）

78. Miller, G. The Meaning of General Education: The Emergence of a Curriculum Paradigm ［M］. Teacher's College Press, 1988

79. Newman, J. H. Historical Sketches ［M］. Nabu Press, 2010

80. Newton, R. R. Tensions and Models in General Education Planning ［J］. The Journal of General Education, 2002（3）

81. Nybom, T. A Rule-Governed Community of Scholars: The Humboldt Vision in the History of the European University. ［A］P. Massen&J. P. Olsen, University Daynamics and European Integration ［C］. Dordrent: Springer Science+Business Media B. V, 2007

82. Pace, R&Connolly, M. Where Are the Liberal Arts［J］. Research in Higher Education, 2000（1）: 55

83. Paletschek, S. The Invention of Humboldt and the Impact of National Socialism: The German University Idea in the First Half of the Twentieth Century［A］. Szollosi-Janze, M. Science in the Third Reich［C］. Oxford: Berg, 2001

84. Pearson, G. W. Yale College: An Education History, 1871-1921［M］: New Heaven: Yale University Press, 1952

85. Perry, W. C. German university education, or the Profession and Students of Germany ［M］London: Longman, Brown, and Longmans, 1848: 71

86. Pring, R. Liberal Education and Vocational Preparation ［A］. Barrow, J&White, P. Beyond Liberal Education ［C］. London: Routledge, 1993

87. Puikwan Lau. A Tale of Universities: Organization culture and General Education Reform［D］. HongKong: M A Thesis, the Chinese University of HongKong, 2011

88. Ratcliff, J. L&Johnson, K. D&Gaff, J. G. Changing General Education: New Directions For Higher Education ［ M ］ .

Francisco·Washington·London: Jossey-Bass Publishers, 2004.

89. Rothblatt, S&Wittrock, B. The European and American University Since 1800: Historical and Sociological Essays [M]. Cambridge: Combridge University Press, 1993

90. Rothblatt, S. The Limbs of Osis: Liberal Education in the English-speaking world[A] Sheldon Rothblatt The European and American University since 1800: Historical and Sociological Essays [C]. New York: Cambridge University Press, 1993

91. Rothblatt, S. The Revolution of the Dons: Cambridge and Society in Victorian England [M]. CUP Archive, 1981

92. Rothblatt, S. Tradition and Change in English Liberal Education [M]. London: Faber&Faber, 1976

93. Rudolph, J. Curriculum: A History of the American Underground Course of Study Since 1636 [M]. San Francisco·Washington·London: Jossey-Bass Publishers, 1978

94. Rudolph, J. The American College and University: A History[M]. Athens: University of Georgia Press, 1962

95. Ruegg, W. A History of the University in Europe, vol. Ⅲ. Universities in the Nineteenth and Early Twentieth Centuries[M]. New York: Cambridge University Press, 2004

96. Sack, J. Liberal Education: What Was It? What Is It? [J] History of Education Quarterly, 1962 (4)

97. Schubring, G. The Rise and Decline of the Bonn Nature Sciences Seminar [J]. Osiris, 1989 (5)

98. Schwertman, J. B. General Education and Specialized Education: A New Notion About Their Relationship [J]. The Journal of General Education, 1955 (1)

99. Science and the Practice of Medicine in the Nineteenth Century [M]. Cambridge: Cambridge University Press, 1994

100. Seward, E. Unity Through Diversity: The Educational Model of the Seven Liberal Arts in the Twelfth Century[D] Claremont: Ph D thesis, Claremont Graduate University, 2005

101. Simmons, M "Education Through Research" at European Universities: Notes

on the Orientation of Academic Research [J]. Journal of Philosophy of Education, 2006 (1): 31-50

102. Skocpol, T. Emerging Agendas and Recurrent Strategies in Historical Sociology [A]. Skocpol, T. Vision and Method in Historical Sociology [C]. 1984

103. Stark, D. Path Dependence and Privatization Strategies in East Central Europe [J]. East European Politics and Societies, 1991 (1)

104. Stiles, L. J. Liberal Education and the Professions[J] The Journal of General Education, 1974 (1)

105. Storr, R. F. The Beginning of the Future: A Historical Approach to Graduate Education in the Arts and Sciences [M]. New York: McGraw-Hill Book Company, 1973

106. Streeck, W&Thelen, K. Beyond Continuity: Institutional Change in Advanced Political Economies [M]. Oxford: Oxford University Press, 2005

107. Synnott, M. G. The Half-opened Door: Discrimination and Admissions at Harvard, Yale, and Princeton, 1900-1970 [M]. Greenwood Pub Group, 1979

108. Tapper, T& Palfreyman, D. Lessons from Continental Europe: The Collegial Tradition as Academic Power [A]. The Collegial Tradition in the Age of Mass Higher Education[C]. London: Springer Dordrecht Heidelberg, 2010

109. Tapper, T&Palfreyman, D. Uderstanding Collegiality: The Changing Oxbridge Model [J]. Tertiary Education and Management, 2002 (8)

110. Taylor, C. Modern Social Imaginaries[M]. Durham: Duke University Press Books, 2003

111. The Resident and Fellows of Harvard college. Report of the Task Force on General Education, 2007

112. Thelen, K. Beyond Comparative Stactics Historical Institutional Approaches to Stability and Change in the Political Economy of Labor [A]. Morgan, G et al. The Oxford Handbook of Comparative Institutional Analysis [C]. Oxford: Oxford University Press, 2010.

113. Tuchman, A. M. Science, Medicine, and the State in Germany: The Case of Baden, 1815-1817 [M]. Oxford: Oxford University Press, 1993

114. Turner, R. S. Justus Liebig versus Prussian Chemistry: Reflections on Early

Institute-Building in Germany [J]. Historical Studies in Physical Science, 1982 (1)

115. Turner, R. S. Paradigms and Productivity: The Case of Physiological Optics, 1840-1894 [J]. Social Studies of Science, 1987 (1)

116. Turner, R. S. The Growth of Professorial Research in Prussia, 1818 to 1848-Causes and Context [J]. Historical Studies in Physical Science, 1971 (3)

117. Von Helmholtz, H. On the Relation of Nature Science to Science in General [A]. Bois-Reymond, E. D. Uber Universitatseinrichtungen [C]. Berlin: Rektoratsrede, 1869

118. Von Helmholtz, H Popular Lectures on Scientific Subjects [M] Longmans, Greens, and Company, 1893

119. Von Hofmann, A W. The Question of a Division of the Philosophical Faculty [M]. Nabu Press, 2010

120. Warch, R. School of the Prophets: Yale College, 1701-1740 [M]. Yale University Press, 1973

121. Weick, K. E. Educational organizations as loosely coupled systems [J]. Administrative science quarterly, 1976

122. Weick, K. E. Administering Education in Loosely Coupled Schools [J]. Phi Delta Kappan, 1982

123. Wert, R. J. The Impact of Three Nineteenth Century Reorganizations upon Harvard University. Palo Alto: Ph. D diss. Stanford University, 1952

124. What is 21st Century Liberal Education? [EB/OL.[2014-12-05] http://www.aacu.org/leap/what-is-a-liberal-education.

125. White, C. R. A Model for Comprehensive Reform in General Education: Portland State University [J]. The Journal of General Education, 1994 (3)

126. William, G Tierney. Organization culture in Higher Education: Defining the Essentials [J]. The Journal of Higher Education, 1998 (1)

127. Xuehong Liao. Excellence through General Education: The Status of General Education Reform in Chinese Universities [D]. Los Angeles: M A Thesis, University of California, Los Angeles, 2012

128. Zeldin, T. Higher Education in France, 1848-1940 [J]. Journal of Contemporary History, 1967

129. Ziman, J. The College System at Oxford and Cambridge [J]. Minerva, 1963 (2)

130. Zloczower, A. Career Opportunities and the Growth of Scientific Discovery in 19th Century Germany: with Special Reference to Physiology [D]. Jerusalem: M. A. Thesis, Hebrew University of Jerusalem, 1960